面向21世

U0792027

# 金融企业会计

JINRONG QIYE KUAIJI

（第三版）

王晓枫 毕金玲 主编

东北财经大学出版社 · 大连
Dongbei University of Finance & Economics Press

**图书在版编目（CIP）数据**

金融企业会计 / 王晓枫，毕金玲主编．—3 版．—大连：东北财经大学出版社，2025.2.—（面向 21 世纪金融投资精编教材）．—ISBN 978-7-5654-5553-7

Ⅰ. F830.42

中国国家版本馆 CIP 数据核字第 20252Q14N3 号

东北财经大学出版社出版
（大连市黑石礁尖山街 217 号　邮政编码　116025）
网　　址：http://www.dufep.cn
读者信箱：dufep@dufe.edu.cn

大连永盛印业有限公司印刷　　东北财经大学出版社发行

幅面尺寸：170mm×230mm　字数：350 千字　印张：20　插页：1

2025 年 2 月第 3 版　　2025 年 2 月第 1 次印刷

责任编辑：石真珍　周　晗　　责任校对：赵　楠

封面设计：张智波　　版式设计：原　皓

定价：46.00 元

教学支持　售后服务　　联系电话：（0411）84710309

如有印装质量问题，请联系营销部：（0411）84710711

# 第三版前言

本教材自2008年出版以来，得到了许多高校及金融机构的大力支持。他们在使用本教材过程中，给我们提出了许多有益的、具有建设性的意见和建议。在此，我们表示衷心的感谢。

数字技术的发展对我国众多行业产生了深刻的影响，企业的组织架构、经营模式都发生了翻天覆地的变化，各行各业都面临数字化转型。数字技术在带来行业嬗变的同时，以商业银行为主体的金融业需要重新审视自身的业务类型，传统的资产业务、负债业务及中间业务无论在业务种类上，还是在经营模式及服务策略上，都需要做出改变。金融企业会计作为金融企业业务的核心内容，也需要相应做出调整。为了让广大读者了解金融企业业务的最新动态，方便高校及各类金融机构在教学和业务培训中正确地参考使用，我们对本教材进行修订，适时推出第三版。

本次修订的主要内容包括：

1. 反映金融企业业务的新变化及新要求。

2. 增加“本章导读”和“本章小结”，既有课程思政，也有对所述内容的总结与反思，以增强教材的引导与启发作用。

3. 对每章末的复习思考题做了补充和完善，增补了综合训练的内容。

为方便教学，本书配有电子课件和习题答案，选用本教材的老师可以登录东北财经大学出版社官网（http：//www.dufep.cn/）查询和下载。

本教材在修订过程中得到了东北财经大学金融学院孔力平教授、广东东软学院陈柏希老师的大力支持和帮助，东北财经大学出版社石真珍编辑提出了许多宝贵的建议，在此一并表示衷心感谢。

王晓枫

2024年冬于佛山

第一版和第二版前言

# 目　录

# 第一章

## 金融企业会计总论

### 本章导读

金融企业会计既是会计体系的组成部分，又是金融企业业务工作的重要内容。作为经营货币资金的金融企业，其业务内容与其他企业完全不同，决定了金融企业会计区别于其他企业有其独有的特征。同时，不同的金融企业经营活动的内容不同，业务处理的流程不一样，会计核算的账务处理也不同。但是所有企业的会计核算基本原理是相同的。金融企业除了要以《中华人民共和国会计法》《企业会计准则》为法律依据外，还要遵循有关部门的政策规范，这也反映了金融企业经营的特点和要求。本章是全书的理论基础，通过本章的学习，我们可以了解金融企业会计的对象及范畴、金融企业会计的理论依据，正确理解金融企业会计与其他企业会计，以及不同金融企业相互之间的特点，把握金融企业会计信息质量的要求，掌握金融企业会计要素的内容。

### 基本概念

金融机构体系　金融企业　会计法律法规　会计要素　会计信息质量　会计计量属性

金融企业会计是我国会计体系的一个重要组成部分，是把会计的基本原理和基本方法具体运用到金融企业这一特殊行业的专业会计。它以辩证唯物主义的立场、观点和方法为指导，以《中华人民共和国会计法》（以下简称《会计法》）、《企业会计准则》等法律规章为理论依据，以国家金融政策为指导，研究会计在金融企业的对象、特点、作用和方法，反映金融企业会计制度改革和金融创新的研究成果，阐述金融企业业务的流程及处理规范，探讨金融企业存款业务、贷款业务及资金清算业务背后的会计处理。

## 第一节 金融机构体系与金融企业会计的作用

### 一、我国的金融机构体系

金融机构体系是指银行、非银行金融机构的体系结构以及构成这一体系的银行与非银行金融机构的职责分工及相互关系。我国金融机构体系是以中央银行为领导、商业银行为主体、政策性金融机构为补充、多种金融机构并存、金融市场逐步发展的新型金融机构组织体系。

《中华人民共和国中国人民银行法》规定，中国人民银行是我国的中央银行。中国人民银行在国务院领导下，制定和执行货币政策，防范和化解金融风险，维护金融稳定。中国人民银行在国务院领导下依法独立执行货币政策，履行职责，开展业务，不受地方政府、各级政府部门、社会团体和个人的干涉。中国人民银行的全部资本由国家出资，属于国家所有。其具体职能有：发布和履行与其职责有关的命令和规章；依法制定和执行货币政策；发行人民币，管理人民币流通；监督管理银行间同业拆借市场和银行间债券市场；实施外汇管理，监督管理银行间外汇市场；监督管理黄金市场；持有、管理、经营国家外汇储备、黄金储备；经理国库；维护支付、清算系统的正常运行；指导、部署金融业反洗钱工作，负责反洗钱的资金监测；负责金融业的统计、调查、分析和预测；作为国家的中央银行，从事有关的国际金融活动；国务院规定的其他职责。

《中华人民共和国商业银行法》规定，商业银行是指依照本法和《中华人民共和国公司法》设立的吸收公众存款、发放贷款、办理结算等业务的企业法人。

商业银行以安全性、流动性、效益性为经营原则，实行自主经营，自担风险，自负盈亏，自我约束。商业银行可以经营下列部分或者全部业务：吸收公众存款；发放短期、中期和长期贷款；办理国内外结算；办理票据承兑与贴现；发行金融债券；代理发行、代理兑付、承销政府债券；买卖政府债券、金融债券；从事同业拆借；买卖、代理买卖外汇；从事银行卡业务；提供信用证服务及担保；代理收付款项及代理保险业务；提供保管箱服务；经国务院银行业监督管理机构批准的其他业务。

政策性银行是指那些由政府创立、参股或保证，不以营利为目的，专门为贯彻、配合政府社会经济政策或意图，在特定的业务领域内直接或间接地从事政策性融资活动，充当政府发展经济、促进社会进步、进行宏观经济管理工具的金融机构。自1994年以来，我国先后成立了几家政策性金融机构，如国家开发银行（2015年定位为开发性金融机构）、中国进出口银行、中国农业发展银行等。这些政策性金融机构在其特定的业务领域内为国家承担了大量的融资性业务，在我国金融机构组织体系中发挥了巨大的作用。

除上述银行机构外，凡从事融资业务活动又不称为银行的机构，按国际惯例均划为非银行金融机构，如金融资产管理公司、基金管理公司、期货经纪公司、保险公司、信用合作社、信托公司、金融租赁公司、证券公司、财务公司等。

综上所述，金融企业是国民经济中经营货币信用业务的特殊企业，这一特殊性决定了金融企业会计核算的内容、范围与方法均不同于其他企业会计。

## 二、金融企业会计的作用

金融企业会计是以货币为主要计量单位，按照会计学的基本原理和基本方法，对金融企业经营活动进行连续、系统、完整的核算和监督，从而为投资者、债权人、政府及有关部门和社会公众等提供财务状况和经营成果等会计信息的一种管理活动。其作用体现在：

### （一）帮助投资者、债权人、政府及有关部门和社会公众做出合理的决策

金融企业是国民经济中经营货币信用业务的特殊企业，它服务的对象极其广泛，有政府部门、企事业单位，也有社会公众，他们可以是投资人，可以是债权人，也可以是债务人。金融企业会计的最主要目标就是帮助投资者、债权人做出合理的投资和信贷决策。他们需要了解企业某一时日的财务状况、某一期间的经营绩效和财务状况的变动。从决策有用性的观点看，不论是投资者还是债权人甚至是政府或社会公众，他们的经济利益都同金融企业未来的现金流动密切相关，如存款人的本金和利息、投资者应分得的股利等，都需要预测企业现金流量的信息。

### （二）考评企业经营者的责任和绩效

金融企业的经济资源是由投资者及债权人所提供的，委托金融企业经营者保管和经营，投资人和经营者之间存在着一种委托和代理关系。投资人和债权人要随时了解和掌握企业经营管理和资源运用的情况，以便考评经营者的经营绩效，适时改变投资方向或更换经营者。这就要求企业财务会计报告提供这方面的信息，说明企业的经营者怎样管理和使用企业的资源，向所有者报告其经营情况，以便明确其经营责任。

### （三）为国家提供宏观调控所需要的特殊信息

金融企业作为经营货币资金的特殊企业，担负着融通资金、分配资金，引导社会资金流向，调节社会经济的重任。金融企业会计通过履行其核算职能，

能够及时和准确地反映国民经济各行业活动情况，使国民经济各部门、各单位的资金运用情况在金融企业的会计账簿和会计报表中都能够体现出来。国家作为国民经济的组织者与管理者，为了实现国民经济发展目标，要通过金融企业提供的会计报表获取进行宏观调控所需要的特殊信息，从而进行科学决策。

（四）为企业经营者提供经营管理所需要的各种信息

金融企业会计是金融企业的一项基础性工作，不仅对组织、管理、经营金融企业各项业务，而且对提高经营管理水平和经济效益起着重要的促进作用。金融企业管理人员可以利用企业的财务会计信息，了解企业的财务收支状况，通过对企业的收入与成本费用进行分析，能够发现企业在经营过程中存在的问题，以便采取措施，提高其经营管理水平。

## 第二节　金融企业会计的特点

金融是现代经济的核心，是国民经济的综合部门和宏观经济管理部门，是连接生产、交换、分配和消费的枢纽，在国民经济中发挥着重要作用。我国目前已建立起综合运用各种政策工具的中央银行宏观调控体系，即以中国人民银行为中央银行，包括政策性银行、国有商业银行、其他商业银行、城乡合作金融机构、非银行金融机构在内的种类齐全、功能互补的金融机构组织体系，由货币市场、资本市场、外汇市场等构成的金融市场体系。在金融机构组织体系中，除了中央银行属于国家机关外，其余都归属金融企业范畴。金融企业会计就是对上述金融机构组织体系中的各个部门的业务活动和财务活动进行核算和监督。

从金融企业的范围看，既有银行业金融机构（政策性银行、国有商业银行、其他商业银行），又有非银行金融机构，如城乡信用社、信托投资公司、租赁公司、证券公司、财务公司、保险公司，近年又出现了大量互联网金融企业。上述各金融企业业务活动不尽相同，有些甚至相差很大，但它们的共性都是运用货币这一特殊商品形式筹集、融通和分配资金。无论是办理吸收存款、发放贷款、办理转账结算业务，还是信托投资、发行债券、证券交易、吸收保费及保险理赔等基本业务，都表现为货币资金的付出与返回，业务活动始终表现为货币资金的运动。具体地说，金融企业会计同国民经济其他部门的行业会计相比较，具有如下特点：

### 一、反映国民经济活动的综合性

金融企业的服务对象包括政府部门、企事业单位以及社会公众，因此金融企业的业务活动和财务活动所引起的资金运动，是国民经济中由上述企业单位生产建设和商品流通以及社会公众经济活动所引起的。从社会再生产过程来考察，金融企业会计核算和监督的内容是全国范围内的主要产品的生产、流通和分配的综合情况，体现着整个国民经济物资运动的过程和结果，是国民经济各部门、各单位及社会公众的经济活动在金融企业账表上通过货币形式所进行的综合反映。

**二、业务处理和会计核算的统一性**

社会经济活动在多数情况下表现为业务活动和财务（会计）活动相分离，即业务活动由业务部门处理，财务会计活动由会计部门以货币形式集中反映在账簿和报表中，工、农、商等行业部门的业务处理和会计核算就是典型的相分离的。而金融企业则不然，它经营的商品是特殊的商品即货币资金，金融企业各项业务活动都表现为货币资金的收入和付出，会计核算反映的都是货币资金的增减变动。可以说，金融企业在办理各项具体业务的同时也就是在进行会计核算，业务处理过程也就是会计核算的过程，它的业务处理和会计核算是统一的而不是分离的。

**三、监督和服务的双重性**

金融企业是社会资金活动的枢纽，作为经营货币资金的特殊部门，其在社会经济活动中发挥着信贷中心、转账结算中心、现金出纳中心和外汇收支中心等作用。在办理各项业务中，金融企业必须根据国家的有关方针政策、法令法规、制度办法、契约合同，严格审查经济业务的合理合法性，监督各部门、各单位、社会公众及金融企业内部执行财经纪律，防止弄虚作假、投机倒把、突击花钱等不正之风的发生，打击贪污、盗窃、内外勾结骗取国家资金等经济犯罪行为，维护国家财产的安全。同时，金融企业作为国家第三产业的重要部门，属于服务行业，还要履行优质文明服务的职责，对各部门、各单位及社会公众的经济活动在合理合法的前提下，提供各种方便，加速资金周转，保证经济活动往来交易双方债权债务的及时清偿。

**四、会计核算方法的独特性及多样性**

金融企业是经营货币资金的特殊企业，金融企业会计核算除了要按照一般会计业务的要求进行之外，还形成了自己独特的会计核算方法。不同的金融企业、不同的业务，由于其内容、特点与管理要求不同，具体的处理方法也不一样。如有些业务必须运用借贷记账法在表内进行核算，有些业务需要运用单式记账方法在表外核算，而有些业务则需要表内、表外同时核算。因此，不同的金融企业、不同的业务种类，其会计业务所涉及的凭证、账簿、报表和账务处理程序等都存在一定的差异。

## 第三节 金融企业会计的工作组织

金融企业会计的工作组织，就是根据相关法律法规的要求，在金融系统内部设置负责会计工作的职能机构，建立和健全会计的规章制度，配备必要的会计人员，按照会计管理的客观规律，将会计工作科学地组织起来，保证会计工作的顺利完成，发挥会计职能的作用。

### 一、会计机构

会计机构是金融企业内部组织领导和直接从事会计工作的职能部门，是金融企业职能机构体系中的重要组成部分。金融企业会计机构的设置应与其管理体制、任务要求和业务量规模相适应。随着金融体制改革的不断深化，各个金融企业会计机构的设置也并不完全一致，应根据自身情况设定。目前来看，金融企业会计机构大体上划分为两种类型：一种是不直接对外办理业务的内部会计工作的领导和管理机构，如银行、保险、证券等的会计部、处、科等会计部门；另一种是直接对外办理业务的会计机构，如金融企业基层单位的营业部、处等会计机构。此外，对于一些业务较少、不进行独立核算的下属部门，一般不设置独立的会计机构，但是必须配备专职会计人员和会计主管，负责处理会计工作。各级金融企业的会计部门必须在企业领导人的领导下工作，同时接受上级会计部门的指导、监督和检查。会计部门办理的财务收支和会计事务，应当依法接受审计机关的审计监督。

### 二、会计规律法规

会计法律法规是金融企业组织和开展会计工作必须遵循的依据，它能够保证金融企业工作正确地发挥其核算和监督的职能，保证各项业务活动有组织、有秩序地进行。因此，认真贯彻执行国家及有关部门关于会计工作的法律法规是组织和管理会计工作的重要前提。

金融企业会计工作中涉及的法律法规包括《中华人民共和国会计法》、《企业会计准则——基本准则》及具体准则、人民银行及其他有关部门制定的各项与金融企业会计工作相关的法律法规。上述各项法律规范不仅包含了对金融企业会计事务处理的具体方法规定，还体现了国家的财政方针政策，其中的许多会计处理方法与国际惯例相接近，但也有根据我国实际情况做出的独特规定。对于这些法律法规，金融企业必须严格地贯彻执行。

随着我国经济金融的不断发展和金融管理规范的不断完善，会计工作法律法规也将随之而变化，不可能一成不变。同时，会计法律法规是会计工作实践经验的总结，新的会计方法会不断出现，因此必须在总结经验的基础上，对会计法律法规进行修订、补充，使之不断提高和完善，以适应经济金融发展和金融企业会计工作的需要。

**三、会计人员**

各级会计机构都是由一定的会计人员组成的，各级机构的会计工作都必须由会计人员来实现和完成，因此配备具有一定业务水平和足够数量的会计人员是做好会计工作、发挥会计职能的决定性因素。

金融企业的会计人员包括会计主管人员、复核人员、记账员、出纳员、稽核人员、检查人员、辅导人员和其他从事财务工作的人员。会计人员应当具有国家规定的会计工作职业资格，具备从事会计工作所需要的专业能力，对不适宜从事会计工作的人员应及时进行调整。会计人员是决定会计工作质量的关键，因此，应加强对会计人员思想品德、职业道德教育和专业知识的培训，不断提高其政治素质和业务水平以适应金融企业会计工作发展的需要。

## 第四节　金融企业会计信息质量要求

金融企业会计信息质量要求是对金融企业财务报告中所提供的会计信息质量的基本要求，是使财务报告中所提供会计信息对投资者等使用者决策有用应具备的基本特征。根据《企业会计准则——基本准则》的规定，它包括可靠性、相关性、可理解性、可比性、实质重于形式、重要性、谨慎性和及时性等。其中，可靠性、相关性、可理解性和可比性是会计信息的首要质量要求，是企业财务报告中所提供会计信息应具备的基本质量特征；实质重于形式、重要性、谨慎性和及时性是会计信息的次级质量要求，是对可靠性、相关性、可理解性和可比性等首要质量要求的补充和完善，特别是在对某些特殊交易或者事项进行处理时，需要根据这些质量要求来把握其会计处理原则。另外，及时性还是会计信息相关性和可靠性的制约因素，企业需要在相关性和可靠性之间寻求一种平衡，以确定信息及时披露的时间。

（一）可靠性

可靠性要求金融企业应当以实际发生的交易或事项为依据进行确认、计量和报告，如实反映符合确认和计量要求的各项会计要素及其他相关信息，保证会计信息真实可靠、内容完整。

（二）相关性

相关性要求金融企业提供的会计信息应当与投资者等财务报告使用者的经济决策需要相关，有助于投资者等财务报告使用者对企业过去、现在和未来的情况做出评价或者预测。

（三）可理解性

可理解性要求金融企业提供的会计信息应当清晰明了，便于投资者等财务报告使用者理解和使用。

（四）可比性

可比性要求金融企业提供的会计信息应当相互可比。这主要包括两层含义：一是同一企业不同时期会计信息的可比；二是不同企业相同会计期间会计信息的可比。

（五）实质重于形式

实质重于形式要求金融企业应当按照交易或事项的经济实质进行会计确认、计量和报告，不仅仅以交易或者事项的法律形式为依据。

（六）重要性

重要性要求金融企业提供的会计信息应当反映与企业财务状况、经营成果和现金流量有关的所有重要交易或者事项。如果财务报告中提供的会计信息的省略或者错报会影响投资者等会计信息使用者据此做出决策的，该信息就具有重要性。

（七）谨慎性

谨慎性要求金融企业对交易或事项进行会计确认、计量和报告时保持应有的谨慎，不应高估资产或收益，低估负债或费用。

（八）及时性

及时性要求金融企业对于已经发生的交易或者事项，应当及时进行确认、计量和报告，不得提前或者延后。

## 第五节　金融企业会计要素及其确认与计量原则

会计要素是根据交易或者事项的经济特征所确定的财务会计对象的基本分类。《企业会计准则——基本准则》规定，金融企业的会计要素按照性质分为资产、负债、所有者权益、收入、费用和利润。其中，资产、负债和所有者权益要素侧重于反映金融企业的财务状况，收入、费用和利润要素侧重于反映金融企业的经营成果。会计要素的界定和分类是进行会计核算的基础，能够保证为投资者等财务报告使用者提供更加具体有用的信息。

### 一、会计要素的定义及确认

（一）资产的定义及确认条件

资产是指企业过去的交易或事项形成、由企业拥有或者控制、预期会给企业带来经济利益的资源。其包括各种财产、债权和其他权利。

将一项资源确认为资产，需要符合资产的定义，还应同时满足以下两个条件：一是与该资源有关的经济利益很可能流入企业；二是该资源的成本或者价值能够可靠地计量。

资产按其流动性可分为流动资产和非流动资产。流动资产是指预计能够在一个正常营业周期中变现、出售或耗用的资产，或主要为交易目的而持有的资产。如商业银行的流动资产包括现金、存放中央银行款项、存放同业款项、短期贷款及贴现、交易性金融资产、应收利息等；非流动性资产是指流动性资产以外的资产，包括长期贷款、长期股权投资、固定资产、无形资产、其他资产等。

金融企业的资产还可分为金融资产和非金融资产。金融资产包括现金、存放中央银行款项、贵金属、存放和拆放同业款项、贷款和应收款项、股权投资、债券投资、形成本行资产的衍生金融工具和其他金融资产。非金融资产是指金融资产以外的资产，包括固定资产、无形资产、在建工程、抵债资产、投资性房地产和库存物资等。

（二）负债的定义及确认条件

负债是指企业由过去的交易或者事项形成的，预期会导致经济利益流出企业的现时义务。将一项现时义务确认为负债，需要符合负债的定义，还应当同时满足以下两个条件：一是与该义务有关的经济利益很可能流出企业；二是未来流出的经济利益的金额能够可靠地计量。

金融企业的负债按照偿还期长短可分为流动负债和非流动负债。流动负债是指预计在一个正常营业周期中可以动用流动资产或其他流动负债进行清偿的短期负债。如商业银行的流动负债一般包括吸收单位和个人的各项活期存款、吸收的同业存放款项、借入的各项短期借款、应付利息、应交税费、应付股利等；非流动负债是指需要在下一年或下一个营业周期内加以清偿的负债，包括吸收单位或个人的定期存款、长期借款、应付债券及其他长期应付款等。

金融企业的负债还可以分为金融负债和非金融负债。金融负债划分为以公允价值计量且其变动计入当期损益的金融负债以及其他金融负债。以公允价值计量且其变动计入当期损益的金融负债，包括交易性金融负债和指定为以公允价值计量且其变动计入当期损益的金融负债。其他金融负债包括存款、融资性负债、应付债券、应付款项等。非金融负债是指企业在经营过程中除金融工具外的其他事项所承担的负债，其主要特点是不具有金融工具合同和不需要支付利息，如应交税费、其他应付款、应付职工薪酬等。

（三）所有者权益的定义及确认条件

所有者权益是指企业资产扣除负债后由所有者享有的剩余权益，是投资人对企业资产的剩余所有权。所有者权益也是金融企业的主要资金来源，它等于企业资产扣除全部负债后的净额。

金融企业所有者权益的来源包括所有者投入的资本、资本公积、直接计入所有者权益的利得和损失，以及盈余公积和未分配利润等。利得是指企业非日常活动所形成的、会导致所有者权益增加、与所有者投入资本无关的经济利益的流入。损失是指由企业日常活动发生的、会导致所有者权益减少、与向所有者分配利润无关的经济利益的流出。所有者权益体现的是所有者在企业中的剩余权益，因此，所有者权益的确认主要依赖于其他会计要素，特别是资产和负债的确认。所有者权益金额的确定也主要取决于资产和负债的计量。

（四）收入的定义及确认条件

收入是指企业在日常活动中形成的、会导致所有者权益增加的、与所有者投入资本无关的经济利益的总流入。收入有广义与狭义之分，广义的收入包括所有的经营和非经营活动所取得的收入，包括主营业务收入、其他业务收入、投资收益和营业外收入等。会计上一般所指的收入是狭义的收入，即仅指经常性的经营业务所取得的收入，包括主营业务收入、其他业务收入、投资收益等，而不包括营业外收入。

金融企业收入的来源渠道很多，不同收入来源的特征有所不同，其收入确认条件也存在差别，如商业银行的收入包括利息收入、手续费及佣金收入、金融企业往来收入、汇兑收益、其他营业收入等。

收入的确认至少应符合以下条件：一是与收入相关的经济利益很可能流入企业；二是经济利益流入企业的结果会导致企业资产增加或者负债减少；三是经济利益的流入额能够可靠计量。

（五）费用的定义及确认条件

费用是指金融企业日常活动中发生的、会导致所有者权益减少、与向所有者分配利润无关的经济利益的总流出。费用也有广义与狭义之分。广义的费用泛指所有的各项费用和损失，包括主营业务支出、其他业务成本、税金及附加、各项管理费用、资产减值损失、营业外支出等。狭义的费用仅指为获取营业收入、提供劳务而发生的各项耗费，而不包括营业外支出。

费用的确认至少应当符合以下条件：一是与费用相关的经济利益很可能流出企业；二是经济利益流出企业的结果会导致资产的减少或者负债的增加；三是经济利益的流出额能够可靠地计量。

金融企业的费用包括吸收存款的利息支出、手续费支出、金融企业往来支出、资产减值损失、汇兑损失、业务管理费、业务招待费、设备运转费、职工薪酬、其他营业支出等。

（六）利润的定义及确认条件

利润是指企业在一定会计期间的经营成果。利润包括收入减去费用后的净额、直接计入当期利润的利得和损失等。其中，收入减去费用后的净额反映的是企业日常活动的经营业绩，直接计入当期利润的利得和损失反映的是企业非日常活动的业绩。利润的确认主要依赖于收入和费用以及利得和损失的确认，其金额的确定也主要取决于收入、费用、利得、损失金额的计量。

**二、会计要素计量属性及其应用原则**

（一）会计要素的计量属性

会计要素的计量是为了将符合确认条件的会计要素登记入账并列报于财务报表而确定金额的过程，是会计的核心基础，而计量属性是会计计量的核心，对会计计量行为和结果起关键性作用。因此，不同的计量属性会产生不同的会计计量行为和结果，也就会出现不同的会计信息，对会计工作产生不同影响。

《企业会计准则——基本准则》规定，会计要素的计量属性主要包括历史成本、重置成本、可变现净值、现值和公允价值等。企业应当按照规定的会计计量属性进行计量，确定相关金额。

1.历史成本

历史成本又称实际成本，是企业取得或制造某项财产物资时所实际支出的现金或现金等价物，不考虑市场价格变动的影响。在历史成本下，资产按照其购置时支付的现金或者现金等价物的金额，或者按照购置资产时所付出的对价的公允价值计量。负债按照其因承担现时义务而实际收到的款项或者资产的金额，或者承担现时义务的合同金额，或者按照日常活动中为偿还负债预期需要支付的现金或者现金等价物的金额计量。

2.重置成本

重置成本又称现行成本，是指按照当前市场条件，重新取得同样一项资产所需支付的现金或者现金等价物的金额计量。负债按照现在偿付该项债务所需支付的现金或者现金等价物的金额计量。

3.可变现净值

可变现净值是指在正常生产经营过程中，以预计售价减去进一步加工成本和预计销售费用以及相关税费后的净值。在可变现净值计量下，资产按照其正常对外销售所能收到现金或者现金等价物的金额扣减该资产至完工时估计将要发生的成本、估计的销售费用以及相关税费后的金额计量。

4.现值

现值是指对未来现金流量以恰当的折现率进行折现后的价值，是考虑货币时间价值的一种计量属性。在现值计量下，资产按照预计从其持续使用和最终处置中所产生的未来净现金流入量的折现金额计量。负债按照预计期限内需要偿还的未来净现金流出量的折现金额计量。

5.公允价值

公允价值是指在公平交易中，熟悉情况的交易双方自愿进行资产交换或者债务清偿的金额。在公允价值计量下，资产和负债按照在公允交易中熟悉情况的交易双方自愿进行资产交换或者债务清偿的金额计量。

（二）会计计量属性的应用原则

上述五种计量属性中每一种计量属性都有各自适用的环境和计量方法，各有利弊，它们在时间上和空间上又存在着密不可分的联系。计量属性的选择不仅受社会经济发展水平的影响，而且其应用前景也各不相同，既要考虑不断变化的经济环境，又要考虑不同计量属性带来的不同后果。每一种属性都无法解释所有的问题，并且相互之间不能完全替代，因此我国现行会计准则采用了多种属性并存的会计计量模式。在选择会计计量属性时一般应当遵循以下原则：

1.权衡会计信息质量的相关性和可靠性要求

相关性强调提供的会计信息要有用，能够为信息使用者提供决策帮助。可靠性主要强调经济业务的真实可靠。会计信息的使用者包括投资者、债权人、社会公众及政府部门，从提供决策有用信息的角度考虑，最重要的是信息质量的相关性。在当前经济活动中，投资者、债权人最关心的并非通常的历史成本资料，他们需要的是当前条件下的现实信息，这些信息必须具有预测性、反馈价值和及时性，这样的信息能够有助于减少或者避免决策失误。

2.具有可操作性

会计计量属性自身的客观复杂性会对会计计量属性的选择产生影响，会直接影响信息使用者，因此，要保证金融企业会计人员能熟练掌握并灵活运用，从而不影响信息的可靠性和及时性。

3.与国家的宏观经济环境相适应

不同的宏观经济形势，对会计计量属性要求不同，其影响也不同。在经济动荡情况下，风险和不确定性增大，会计核算的谨慎性非常重要，此时可以以历史成本计量为主；但当经济金融形势较为稳定情况下，可以考虑其他计量属性。

**本章小结**

金融企业是经营货币资金的特殊企业，经营商品的特殊性决定了其会计要素的内容与其他企业完全不同，会计处理程序及方法上与其他生产经营企业具有鲜明的特点。我国的金融机构体系是以人民银行为核心，商业银行为主体，多种金融机构并存的金融机构组织体系。不同的金融机构经营活动的内容也不同，业务流程不同，会计处理也不完全不一样。但所有的企业遵循的法律及行政法规是相同的，依据的会计基本理论是相同的，提供会计信息的基本要求是一致的。

**综合训练**

1. 多项选择题

(1) 下列属于金融企业的有（　　）。

A. 工商银行　　B. 建设银行　　C. 中国人民银行
D. 中国银行　　E. 佛山农商银行

(2) 下列属于商业银行经营的业务有（　　）。

A. 发放贷款　　B. 吸收存款　　C. 办理支付结算
D. 货币发行　　E. 金融监管

(3) 下列属于商业银行资产项目的有（　　）。

A. 贷款　　B. 固定资产　　C. 同业拆出
D. 活期存款　　E. 应收利息

(4) 下列属于商业银行流动资产的有（　　）。

A. 短期贷款　　B. 现金　　C. 同业拆入
D. 活期存款　　E. 应收利息

(5) 下列属于商业银行金融资产的有（　　）。

A. 贷款　　B. 固定资产　　C. 同业拆出
D. 吸收存款　　E. 应收利息

(6) 下列属于商业银行负债项目的有（　　）。

A. 活期存款　　B. 银行存款　　C. 同业拆入
D. 存放同业　　E. 应收利息

(7) 下列属于商业银行流动负债的有（　　）。

A. 定期存款　　B. 银行存款　　C. 同业拆入
D. 活期存款　　E. 贴现贷款

(8) 下列属于商业银行金融负债的有（　　）。

A.活期存款　　B.应交税费　　C.同业拆入
D.其他应付款　　E.应付利息

(9）会计信息的首要质量要求包括（　　）。

A.可靠性　　B.及时性　　C.相关性
D.谨慎性　　E.可理解性

(10）会计要素的计量属性包括（　　）。

A.历史成本　　B.重置成本　　C.可变现净值
D.现值　　E.公允价值

第一章即测即评

2.复习思考题

(1）简述我国金融机构体系的构成。

(2）简述金融企业会计信息的质量要求。

(3）金融企业会计区别于其他企业会计的特点。

(4）金融企业会计工作组织由哪几部分构成?

(5）金融企业会计要素包括哪些?如何对这些会计要素进行确认?

(6）会计要素的计量属性有哪几种?它们之间有何区别?

# 第二章

## 基本核算方法

### 本章导读

金融企业会计基本核算方法是根据会计的基本原则，结合金融企业的业务特点而制定的一套科学的会计方法体系。基本核算方法是各项业务处理方法的共性所在和总体概括，是会计核算方法的基本原理以及账务处理的一般程序，是会计核算所必须遵循的基本要求和规定，各项业务处理方法是基本核算方法在各项业务中的具体运用。通过本章学习，我们可以了解金融企业会计科目的设置原则与要求，掌握金融企业会计科目特别是商业银行会计科目的设置方法及内容，从而将会计学原理正确地应用于金融企业各项业务中。

### 基本概念

表内会计科目　表外会计科目　资产类科目　负债类科目　所有者权益类科目　损益类科目　资产负债共同类科目　借贷记账法　基本凭证　专用凭证

金融企业会计核算方法是根据会计方法的一般原理，结合金融企业的业务特点和经营管理的要求而采取的一种具有行业特点的会计核算方法。它是对金融企业会计对象进行连续、系统、完整的记录、计算与监督的方法。它分为基本核算方法和各项业务的核算处理方法两大部分。会计基本核算方法是各项业务核算处理方法的基础，是各项业务核算处理方法所必须遵循的共同规定和要求。各项业务核算处理方法是会计基本核算方法在各项业务中的具体运用，是对金融企业会计对象核算和监督的实现和完成。

金融企业会计基本核算方法主要包括设置会计科目、确定记账方法、审核与填制凭证、登记账簿、清查财产、计算成本、编制会计报表等项内容，以及相应的账务组织和账务核对程序。

## 第一节　会计科目

金融企业的会计科目是将其错综复杂的业务活动和财务活动按一定标准、

冠以一定的名称进行科学分类的标志，是金融企业会计核算的重要工具和手段。设置会计科目，是正确区分会计对象内容，分门别类地核算、监督会计对象的一种专门方法。

## 一、会计科目的设置原则和要求

我国目前金融管理体制是以中央银行（中国人民银行）为领导、金融企业为核心、多种金融机构并存的金融机构体系。在会计科目体系的设置上既有中央银行的会计科目体系，又有商业银行的会计科目体系，以及非银行金融机构的会计科目体系。各个金融机构都是根据自己的核算对象内容、经营管理的要求和业务核算的需要来分别设置各自的会计科目进行核算。在具体设置时，应考虑以下基本要求：

1.必须体现党和国家的方针、政策，充分发挥会计的职能作用

金融企业是国民经济的综合部门，是全社会资金运动的枢纽，金融企业会计所反映和监督的经营业务有很强的政策性。通过会计科目核算和提供的数据是检查执行政策的依据，也是制定政策的重要参考。比如在存贷款业务中，按工业、农业、商业、交通运输、基本建设、行政事业单位等不同经济部门设立科目，也可以按国有、民营、私营不同经济成分和按外资、合资不同经济组织设置会计科目进行核算，以反映党和国家对不同经济部门、不同经济成分和不同经济组织的政策。在金融企业往来业务中，为了资金清算以及缴存法定存款准备金的需要，各金融企业必须设立“存放中央银行款项”科目来办理。不同的科目反映了不同业务的需要，能够体现支持什么、限制什么、方便什么，从而真正发挥会计的职能作用，促进国民经济的发展。

2.必须根据业务需要反映专业特点

金融企业作为经营货币信用的特殊企业，其业务活动与国民经济的发展相适应，其业务分工有很大差别。商业银行以开展存贷款及结算业务为主，信托投资机构主要开展信托投资业务，证券公司主要开展证券业务，保险公司开展保险业务。不同的金融企业在会计科目的设置上，是按其自身业务活动的特点设置会计科目，以便反映出专业特点。比如，按照权责发生制要求，商业银行办理贷款业务应当按期计收贷款利息，会计核算上要相应设置“应收利息”科目，保险公司吸收保费也要设置“应收保费”科目。

3.必须采用国际通用标准，与国际会计准则接轨

根据市场经济和对外改革开放的需要，必须从计划经济向市场经济过渡，逐步顺应国际社会发展趋势，因此，会计科目的设置必须采用国际会计的通用标准，与国际通行的做法相一致。比如，根据权责发生制的要求设立“应收利

息”“应付利息”等科目，以真实地反映债权、债务情况；又比如，根据稳健（谨慎）性要求设立“贷款损失准备金”“坏账准备金”“投资风险准备金”等会计科目，以应对金融企业经营过程中可能发生的风险。再比如，根据资本保全要求设立“实收资本”“资本公积”等科目，以反映金融企业自有资本增减变动情况。

4.必须根据会计核算的需要，讲求实效、方便使用、提高质量

会计科目是资金分类的标志，是对会计对象内容进行划分的标识。在设置会计科目时要做到名称准确、含义清楚、界限分明；要做到繁简适宜、多寡合适，既能满足对会计对象核算监督的要求，又能减轻会计人员的工作负担，便于会计人员掌握使用，具有实效性；要做到与金融企业信贷、计划、统计等部门的经济指标的口径尽量一致，相互联系、相互适应、相互衔接、相互利用，具有可比性。

## 二、会计科目的分类

会计科目的分类，就是按会计科目反映会计对象内容的属性来确定分类标准。由于我国存在着中央银行、商业银行、非银行金融机构等不同性质的金融机构，会计科目的分类也不尽相同。

### （一）按资金性质分类

金融企业会计科目按资金性质可分为四类：资产类、负债类、所有者权益类和损益类。银行业本身因核算上的需要，还增加了特有的资产负债共同类科目。

1.资产类科目

资产类科目反映金融企业资金的占用和分布，包括各种财产、债权和其他权利，可分为流动资产、长期投资、固定资产、无形资产等。

2.负债类科目

负债类科目反映金融企业资金取得和形成的渠道，包括各种债务、应付款项和其他偿付债务，可分为流动负债和非流动负债等。

3.所有者权益类科目

所有者权益类科目是金融企业资本项目的分类名称，反映所有者投入的资金以及经营所得或亏损情况，包括资金投入者的资金及留存收益等。

4.损益类科目

损益类科目反映金融企业经营收入和费用支出情况，包括金融企业的利息收入、利息支出、手续费及佣金支出、销售费用等。

5.资产负债共同类科目

该科目既能反映银行的资产业务，又能反映银行的负债业务，在账务核算体系中起着平衡、桥梁的作用。当该科目的余额在借方时表现为资产，余额在贷方时表现为负债。在编制会计报表时应根据其余额方向，分别纳入资产类或负债类科目进行反映。

（二）按与资产负债表的关系进行分类

金融企业会计科目按与资产负债表的关系可以分为表内科目和表外科目。

1.表内科目

表内科目是指体现在资产负债表当中，反映金融企业资金增减变化的科目，如各项存款科目、贷款科目等。

2.表外科目

表外科目是指不反映在资产负债表当中，用来核算不涉及金融企业资金增减变化的一些重要的业务事项的科目，如有价单证、空白重要凭证、银行承兑汇票等。

金融企业的表内会计科目参见表2-1，表外会计科目参考表2-2。表中对《企业会计准则》中所规定的会计科目做了适当删节。

表2-1 **金融企业表内会计科目**

| 序号 | 会计科目名称 | 序号 | 会计科目名称 |
|---|---|---|---|
| | 一、资产类 | 61 | 其他应付款 |
| 1 | 库存现金 | 62 | 应付保单红利 |
| 2 | 银行存款 | 63 | 应付分保账款 |
| 3 | 存放中央银行款项 | 64 | 代理买卖证券款 |
| 4 | 存放同业 | 65 | 代理承销证券款 |
| 5 | 其他货币资金 | 66 | 代理兑付证券款 |
| 6 | 结算备付金 | 67 | 代理业务负债 |
| 7 | 存出保证金 | 68 | 递延收益 |
| 8 | 交易性金融资产 | 69 | 长期借款 |
| 9 | 买入返售金融资产 | 70 | 应付债券 |
| 10 | 应收股利 | 71 | 未到期责任准备金 |

续表

| 序号 | 会计科目名称 | 序号 | 会计科目名称 |
|---|---|---|---|
| 11 | 应收利息 | 72 | 保险责任准备金 |
| 12 | 应收代位追偿款 | 73 | 保户储金 |
| 13 | 应收分保账款 | 74 | 独立账户负债 |
| 14 | 应收分保合同准备金 | 75 | 长期应付款 |
| 15 | 其他应收款 | 76 | 未确认融资费用 |
| 16 | 坏账准备 | 77 | 预计负债 |
| 17 | 贴现资产 | 78 | 递延所得税负债 |
| 18 | 拆出资金 | | 三、共同类 |
| 19 | 贷款 | 79 | 清算资金往来 |
| 20 | 贷款损失准备 | 80 | 货币兑换 |
| 21 | 代理兑付证券 | 81 | 衍生工具 |
| 22 | 代理业务资产 | 82 | 套期工具 |
| 23 | 贵金属 | 83 | 被套期项目 |
| 24 | 抵债资产 | | 四、所有者权益类 |
| 25 | 融资租赁资产 | 84 | 实收资本 |
| 26 | 债权投资 | 85 | 资本公积 |
| 27 | 其他权益工具投资 | 86 | 盈余公积 |
| 28 | 其他债权投资 | 87 | 一般风险准备 |
| 29 | 长期股权投资 | 88 | 本年利润 |
| 30 | 长期股权投资减值准备 | 89 | 利润分配 |
| 31 | 投资性房地产 | 90 | 库存股 |
| 32 | 长期应收款 | | 五、损益类 |
| 33 | 未实现融资收益 | 91 | 利息收入 |

续表

| 序号 | 会计科目名称 | 序号 | 会计科目名称 |
|---|---|---|---|
| 34 | 存出资本保证金 | 92 | 手续费及佣金收入 |
| 35 | 固定资产 | 93 | 保费收入 |
| 36 | 累计折旧 | 94 | 租赁收入 |
| 37 | 固定资产减值准备 | 95 | 其他业务收入 |
| 38 | 在建工程 | 96 | 汇兑损益 |
| 39 | 固定资产清理 | 97 | 公允价值变动损益 |
| 40 | 无形资产 | 98 | 投资收益 |
| 41 | 累计摊销 | 99 | 摊回保险责任准备金 |
| 42 | 无形资产减值准备 | 100 | 摊回赔付支出 |
| 43 | 商誉 | 101 | 摊回分保费用 |
| 44 | 长期待摊费用 | 102 | 营业外收入 |
| 45 | 递延所得税资产 | 103 | 税金及附加 |
| 46 | 独立账户资产 | 104 | 利息支出 |
| 47 | 待处理财产损溢 | 105 | 手续费及佣金支出 |
| | 二、负债类 | 106 | 提取未到期责任准备金 |
| 48 | 短期借款 | 107 | 提取保险责任准备金 |
| 49 | 存入保证金 | 108 | 赔付支出 |
| 50 | 拆入资金 | 109 | 保单红利支出 |
| 51 | 向中央银行借款 | 110 | 退保金 |
| 52 | 吸收存款 | 111 | 分出保费 |
| 53 | 同业存放 | 112 | 分保费用 |
| 54 | 贴现负债 | 113 | 销售费用 |

续表

| 序号 | 会计科目名称 | 序号 | 会计科目名称 |
| --- | --- | --- | --- |
| 55 | 交易性金融负债 | 114 | 管理费用 |
| 56 | 卖出回购金融资产款 | 115 | 财务费用 |
| 57 | 应付职工薪酬 | 116 | 资产减值损失 |
| 58 | 应交税费 | 117 | 营业外支出 |
| 59 | 应付利息 | 118 | 所得税费用 |
| 60 | 应付股利 | 119 | 以前年度损益调整 |

表2-2　**金融企业表外会计科目**

| 序号 | 科目代号 | 科目名称 |
| --- | --- | --- |
| 一、或有事项和承诺 | | |
| | 612 | 开出债券款单证 |
| | 614 | 银行承兑汇票 |
| | 631 | 未收贷款利息 |
| | 634 | 代理开发银行贷款 |
| | 635 | 代理开发银行逾期贷款 |
| | 636 | 代理开发银行贷款利息 |
| | 651 | 收到信用证及保证凭信 |
| | 652 | 开出信用证及保证凭信 |
| | 653 | 应收信用证及保证凭信款项 |
| | 654 | 商业承兑汇票贴现 |
| | 655 | 外汇期权和其他保值业务 |
| | 656 | 产权待界定的财产 |
| | 658 | 贷款承诺 |
| | 659 | 未达境外借入款项 |

续表

| 序号 | 科目代号 | 科目名称 |
| --- | --- | --- |
| 二、保管债券、单证、财产登记 | | |
| | 601 | 有价单证 |
| | 602 | 空白重要凭证 |
| | 611 | 未发行债券 |
| | 613 | 待销毁有价单证 |
| | 621 | 代保管有价值品 |
| | 622 | 低值易耗品 |
| | 623 | 待处理抵押质押品 |
| | 641 | 代收托收款项 |
| | 642 | 应收托收款项 |
| | 660 | 出让方式土地使用权估价升值 |
| | 661 | 本行购买债券 |
| | 666 | 特定业务 |

## 第二节　记账方法

记账方法是按一定的记账规则，使用一定的记账符号，将经济业务进行整理、分类和记入会计账簿的一种专门方法。它是随着会计的产生、发展而形成的一种对经济业务进行处理的特定技术方法，最初是单式记账法，后来逐步演变为复式记账法。记账方法在会计核算方法体系中占据重要地位。

单式记账法是一种比较简单的不完整的记账方法。它对每项经济业务只通过一个科目、一个账户记一笔账，单方面反映现金、实物或人欠、欠人等事项。这种记账方法内容单一、手续简便，各科目之间的记录没有直接的联系，也没有内在的平衡关系，不能全面、系统地反映经济业务的来龙去脉，也不便于检查账簿记录是否正确。

复式记账法是对每项经济业务以相等的金额同时通过相互对应的两个或两个以上的会计账户进行对照登记的一种方法。它是以资产负债平衡原理为依据，以经济业务相互联系的等量关系为记账基础，全面、完整反映资金运动全貌的记账方法。它能反映资金的来龙去脉，而且在记账的科目之间保持对应的平衡关系，也便于检查会计记录的正确与否，防止会计差错，比较具有科学性。

## 一、借贷记账法

借贷记账法是根据复式记账原理，以资产等于负债加所有者权益的平衡公式为基础，以“借”和“贷”为记账等号，按照“有借必有贷，借贷必相等”的记账规则在账户中进行登记的一种复式记账方法。借贷记账法是复式记账法的先驱，是目前世界各国广泛采用的一种记账方法。其主要内容包括记账主体、记账符号、记账规则和试算平衡四个方面。

### （一）记账主体

借贷记账法是以会计科目为主，根据复式记账的平衡关系，将金融企业会计对象内容按会计科目划分为资产、负债、所有者权益、共同和损益五类，经济业务发生后，根据其内在联系，按会计科目的性质来确定记账方向及其对应关系。

### （二）记账符号

借贷记账法是以“借”“贷”作为记账符号，将每个会计科目所属账户的账页都划分为借方、贷方、余额三栏，通常是借方在左，贷方在右，余额可以在借方，也可以在贷方。借和贷在金融企业的资金运动中只是记账的符号，指明记账的方向，并不具体说明资金增加或减少的含义。借和贷对不同类型的账户代表着不同的含义。资产类账户，增加记借方，减少记贷方，余额在借方；负债及所有者权益类账户，增加记贷方，减少记借方，余额在贷方。损益类账户分为损失和收益，发生的各项支出、费用和损失记借方，实现的各项收入或利得记贷方。

上述各类科目的记账方向可以参见表2–3。

表2–3　**各类科目的记账方向**

| 借　　方 | 贷　　方 |
|---|---|
| 资产增加 | 资产减少 |
| 负债减少 | 负债增加 |
| 权益减少 | 权益增加 |
| 损失增加 | 损失减少 |
| 收益减少 | 收益增加 |
| 余额表示资产或损失 | 余额表示负债和所有者权益或收益 |

（三）记账规则

借贷记账法是以“有借必有贷，借贷必相等”作为记账规则。当经济业务发生时，会同时引起至少两个账户发生变化，根据所涉及资金增减变化的内在联系，在确定应记科目的基础上，以同等的金额记入一个账户的借方、另一个或两个账户的贷方；或者记入一个账户的贷方、另一个或两个账户的借方。现举例说明。假设某银行某日发生以下业务：

（1）发放给××化工企业流动资金贷款一笔，金额为50 000元。转入该企业存款账户。其会计分录为：

借：贷款——××化工企业贷款户　　50 000（资产增加）

　贷：吸收存款——××化工企业活期存款户　　50 000（负债增加）

（2）××机械企业归还所借流动资金贷款本金40 000元，利息1 440元，从其存款账户支付。会计分录为：

借：吸收存款——××机械企业活期存款户　　41 440（负债减少）

　贷：贷款——××机械企业贷款户　　40 000（资产减少）

　　利息收入——××利息收入　　1 440（收益增加）

（3）收兑黄金一份，价格为1 000元，以现金支付给客户。其会计分录为：

借：贵金属——黄金　　1 000（资产增加）

　贷：库存现金　　1 000（资产减少）

（4）向中央银行借款60 000元，归还某商业银行的拆入资金。其会计分录为：

借：拆入资金　　60 000（负债减少）

　贷：向中央银行借款　　60 000（负债增加）

（5）预提××化工企业存款利息3 000元。其会计分录为：

借：利息支出——××利息支出　　3 000（费用增加）

　贷：应付利息——吸收存款利息　　3 000（负债增加）

（6）将100 000元盈余公积转增资本金。其会计分录为：

借：盈余公积　　100 000（所有者权益减少）

　贷：实收资本　　100 000（所有者权益增加）

（四）试算平衡

借贷记账法是根据复式记账法原理，按照“资产=负债+所有者权益”的平衡理论来检查和平衡账务的。由于每笔业务始终坚持“有借必有贷，借贷必相等”的记账规则，所以，每天或一定时期内的借方发生额和贷方发生额必然是相等的，本期借方余额与贷方余额也必然是相等的。其账务平衡公式有两个：

1.发生额平衡

各科目借方发生额合计=各科目贷方发生额合计

2.余额平衡

各科目借方余额合计=各科目贷方余额合计

现根据上述六笔经济业务会计分录，通过试算平衡表试算平衡。试算平衡表见表2-4。

表2-4 **试算平衡表** 单位：元

| 会计科目 | 上日余额（假设） | | 本日发生额 | | 本日余额 | |
|---|---|---|---|---|---|---|
| | 借方 | 贷方 | 借方 | 贷方 | 借方 | 贷方 |
| 吸收存款 | | 60 000 | 41 440 | 50 000 | | 68 560 |
| 贷款 | 294 000 | | 50 000 | 40 000 | 304 000 | |
| 贵金属 | 30 000 | | 1 000 | | 31 000 | |
| 库存现金 | 100 000 | | | 1 000 | 99 000 | |
| 利息收入 | | 23 000 | | 1 440 | | 24 440 |
| 利息支出 | 21 000 | | 3 000 | | 24 000 | |
| 拆入资金 | | 60 000 | 60 000 | | | 0 |
| 向中央银行借款 | | 0 | | 60 000 | | 60 000 |
| 应付利息 | | 2 000 | | 3 000 | | 5 000 |
| 实收资本 | | 100 000 | | 100 000 | | 200 000 |
| 盈余公积 | | 200 000 | 100 000 | | | 100 000 |
| 合　　计 | 445 000 | 445 000 | 255 440 | 255 440 | 458 000 | 458 000 |

## 二、表外科目的记账方法

表外科目用以记载不涉及金融企业资金运动的重要业务事项。在金融企业的业务活动和财务活动中，会计对象的具体内容都是通过纳入账内核算的表内科目进行分类核算的，但也有些业务事项不经过账内核算而又必须记载反映的，则要通过表外科目进行核算，比如未发行的国家债券、重要空白凭证、银行承兑汇票及代保管的有价值品等。金融企业的会计核算以表内科目为主，表外科目作为补充。因此，表外科目相对于表内科目一般数量不多，核算方法相对比较简单。目前我国金融企业表外科目采用单式收付记账方法，即以收入或付出作为记账符号。当表外科目涉及的业务事项发生时，记收入；注销或冲减时，记付出；余额表示尚未结清的表外业务事项。表外科目只单方面反映经济业务，不能反映资金的来龙去脉，因此，也不存在科目间的平衡关系。

## 第三节 会计凭证

金融企业会计凭证是记录经济业务、明确经济责任、具有法律效力、作为记账根据的书面证明，是完成金融企业会计工作任务、实现会计基本职能不可缺少的工具和手段。正确地填制和审核会计凭证是一种主要的会计核算方法。

### 一、会计凭证的作用

金融企业的会计凭证种类繁多，在金融企业会计核算中发挥着重要作用。

1.实现业务的标志，会计核算的基础

金融企业是经营货币信用业务的经济组织，一切经营业务和财务活动的发生都必须有据可证、有录可记，而会计凭证就是经济业务发生的书面证明。取得和填制会计凭证，标志着经济业务已经完成和实现，从而开始了会计核算的第一步，是会计核算的起点，然后再按照一定的程序有条不紊地进行，否则其他会计核算方法也发挥不了作用，会计工作任务就无法完成。

2.账务处理的客观凭据，法律和经济责任的书面证明

无论是记账凭证还是原始凭证，都必须有经办人及相关负责人的签章。原始凭证主要来自开户单位或个人，来自单位的凭证上必须有单位的财务专用章及法人印鉴；个人的凭证上必须有个人签名。金融企业的基本凭证上一般都有记账员、复核员、会计主管的印章，而专用凭证，如票据，除了上述经办人员的签章外，还要有票据专用章。通过签章明确了经济责任，具有法律效力，当发生问题或者纠纷的时候可以作为法律依据。

3.贯彻国家政策的体现，保证国家财产安全的手段

会计凭证是各项业务和财务活动的真实记录，对会计凭证的填制和审核直接体现了党和国家的方针政策的落实情况，通过会计凭证反映的业务活动和财务活动可以了解金融企业及其客户是否违反财经纪律和经济法规，是否违反党和国家的方针政策。同时，会计凭证必须是客观实际的真实反映，必须具有真实性，经过账务处理后，账据、账证必须相符，这样才能够保证国家财产的安全。

## 二、会计凭证的种类

金融企业会计凭证的种类可以从不同的角度和内容来划分。按照用途可以分为原始凭证和记账凭证；按照使用方式可分为基本凭证和专用凭证；按照核算方法的不同，可分为表内科目凭证和表外科目凭证；按照表面形式的不同，可分为单式凭证和复式凭证。

### （一）原始凭证和记账凭证

原始凭证是在交易或者事项发生时，由经办人员直接取得或者填制、用以表明交易或者事项已经发生或完成，并明确有关经营责任的书面证明。原始凭证按来源分为外来原始凭证和自制原始凭证。外来原始凭证是由经办人员在交易或者事项发生或者完成时从本企业以外单位取得的凭证，如供应商发票；自制原始凭证是由企业自行制定并由有关部门或人员填制的凭证，如收款收据、付款通知等。

记账凭证是对交易或者事项按其性质加以分类，确定会计分录，并据以登记会计账簿的凭证。凡具备记账凭证要素的原始凭证可直接用作记账凭证。

### （二）基本凭证和专用凭证

基本凭证是金融企业根据原始凭证或业务事实自行编制的记账凭证。金融企业的基本凭证按格式和用途的区别又分现金凭证、转账凭证、表外科目凭证等。基本凭证从形式上看，基本都是单联，用于内部核算。

专用凭证是适应金融企业有关业务的特殊需要而使用的、对外业务的专门凭证，如银行业的各种结算凭证、贷款凭证、国库凭证、资金清算凭证等。专用凭证多为一式数联，由金融企业和开户单位分别使用，据以处理业务和账务。

## 三、会计凭证的基本内容

金融企业会计凭证的内容是指使凭证合理合法所应具备的基本要素。虽然金融企业的各种凭证种类不一、结构有别、用途各异，但都具备一些共同的内容，这些内容包括：

（1）凭证的时间，年、月、日（以特定凭证代替时，还应注明记账日期）；

（2）凭证的金额，人民币或外币的符号及大小写金额；

（3）款项来源、用途或摘要及附件张数；

（4）单位、金融企业及有关人员的签章等。

如果是专用凭证还应包括收付款单位的名称和账号，以及收付款单位开户银行的行名和行号。

## 四、会计凭证的基本要求

（1）原始凭证的内容必须具备：凭证的名称；填制凭证的日期；填制凭证单位名称或者填制人姓名；经办人员的签名或者盖章；接受凭证单位名称；经济业务内容；数量、单价和金额。

（2）取得外单位填制的原始凭证，必须盖有填制单位的公章；从个人取得的原始凭证，必须有填制人员的签名或者盖章。自制原始凭证必须有经办单位负责人或者其指定的人员签名或者盖章。对外开出的原始凭证，必须加盖本单位公章。

（3）凡填有大写和小写金额的原始凭证，大写与小写金额必须相符。

（4）经上级有关部门批准的经济业务，应当将批准文件作为原始凭证附件；如果批准文件需要单独归档的，应当在凭证上注明批准机关名称、日期和文件字号。

（5）原始凭证不得涂改、挖补。发现原始凭证有错误的，应当由开出单位重开或者更正，更正处应当加盖开出单位公章或以经营所在地法律、法规认可的形式签字等。发现原始凭证金额有错误的，应当重开，不得在原始凭证上更正。

（6）手工条件下，会计人员要根据审核无误的原始凭证填制记账凭证。会计信息化条件下，记账凭证可由业务系统自动生成。凡具备以下信息（要素）的均可以称为记账凭证：填制凭证日期；会计科目或账号；起息日；摘要及有关业务编号；货币、金额及借贷方向；经办和复核人员签名或印章，如为电子凭证，可为经办和复核柜员编号；凭证编号；所附原始凭证张数。

## 五、会计凭证的审核和传递

### （一）会计凭证的审核

填制完了的会计凭证需要经过进一步审核才能进行银行内外的传递。审核的内容包括：

（1）手工填制的记账凭证必须做到正确、完整，并经过复核。复核时应以原始凭证及交易事实为依据，并注意以下要点：核算编码或账号是否正确；会计分录是否正确；货币金额是否正确，借贷是否平衡；起息日是否正确；摘要及业务编号有无遗漏；附件是否齐全。

（2）电子系统记账凭证应具备规定的要素，采取相应的安全防范措施，必要时须经会计主管或其授权人员确认，事后应根据监督、内外部检查等工作需要按规定的格式打印纸质记账凭证。记账过程中，纸质凭证转电子凭证，或电子凭证转为纸质凭证，均不得改变凭证基本要素和内容。

（3）电子业务系统应具备自动生成记账凭证的功能。其中，电脑自动转账交易可以用会计传票流水代替记账凭证。

（二）会计凭证的传递

会计凭证的传递是指会计凭证按照规定程序在金融企业内部各部门或所属分支机构之间进行传送流转。金融企业会计凭证的传递过程实际上就是资金的周转过程，直接关系到收付款单位资金的使用，反映银行会计工作的质量和效率，因此，一切会计凭证的传递都要求严密、合理、科学。凭证处理的原则为，先急后缓，先外后内；现金收款业务要先收款后记账，现金付款业务要先记账后付款；转账业务先付款单位账后收款单位账。

会计凭证传递应符合业务特点，做到准确及时、安全高效、手续严密、先外后内、先急后缓。内部凭证由专门人员负责传递，不得通过客户传递。

**本章小结**

金融企业经营业务的特点决定了金融企业会计基本核算上具有独特的特点。在会计科目设置与分类上，除了按照资金性质划分为资产类、负债类、所有权益类和损益类，还设有资产负债共同类；同时还按照与资产负债表的关系划分了表内科目和表外科目。在会计记账方法上，除了按借贷记账方法对表内科目进行核算之外，还采用单式记账方法对表外科目进行核算。在会计凭证使用上，除了有对内业务的凭证，还要有对外业务的凭证，对内业务采用通用基本凭证，对外业务采用专业凭证。

**综合训练**

1．多项选择题

（1）金融企业会计科目按照与资产负债表的关系可分为（　　）。

A．表内科目　　B．表外科目　　C．损益类科目
D．共同类科目　　E．资产类科目

（2）金融企业会计科目按照资金性质可分为（　　）。

A．资产类　　B．负债类　　C．所有者权益类
D．损益类　　E．资产负债共同类

（3）下列属于负债类科目的有（　　）。

A．贷款　　B．吸收存款　　C．应收利息
D．应付利息　　E．存放中央银行款项

（4）“票据贴现”属于（　　）。

A．资产类科目　　B．负债类科目　　C．资产负债共同类科目
D．表内科目　　E．表外科目

（5）下列属于基本凭证的有（　　）。

A.现金凭证　　B.特种转账凭证　　C.表外科目凭证

D.存款凭证　　E.贷款凭证

（6）下列属于专业凭证的有（　　）。

A.结算凭证　　B.贷款凭证　　C.存款凭证

D.现金凭证　　E.资金清算凭证

（7）商业银行会计核算可以采用的记账方法有（　　）。

A.借贷记账法　　B.复式收付记账法　　C.增减记账方法

D.单式收付记账方法　　E.单式记账法

第二章即测即评

2.复习思考题

（1）会计科目设置的原则是什么?

（2）简述借贷记账法的记账原理、记账规则和平衡公式。

（3）金融企业表内科目和表外科目设置的目的意义是什么?

（4）资产负债共同类科目的作用是什么?

（5）金融企业为什么既采用借贷记账方法，又采用单式收付记账方法?

# 第三章

## 存款业务的核算

### 本章导读

存款业务是金融企业以信用方式吸收社会闲置待用资金的一种信用活动，是商业银行重要的负债业务。首先，存款业务可以为金融企业带来大量的客户群体，这些客户群体为金融企业不断创新金融产品提供了广阔的基础；其次，吸收存款也是商业银行资产扩张的基础，可以为银行的个人消费信贷、财富管理、信用卡等中间性收费业务实现利息收入和手续费收入提供源泉。通过本章学习，我们可以了解单位及个人的银行结算账户的开立种类、渠道及要求，掌握现金存取的业务流程及会计处理方法，掌握存款利息的计算原理及其会计处理。

### 基本概念

单位银行结算账户　个人银行结算账户　基本存款账户　一般存款账户　专用存款账户　临时存款账户　银行存款实名制

## 第一节　存款业务概述

### 一、存款业务的意义

存款是商业银行以信用方式吸收的国民经济各部门、各单位和个人的暂时闲置和待用的货币资金，具有稳定性强、成本低的特点。存款是商业银行负债的重要组成部分，是商业银行发放贷款的基础。同时，客户将闲置资金存入银行，又是银行办理转账结算的前提。商业银行广泛地吸收存款，不仅可以增加其信贷资金来源，满足其资金运用及盈利的需要，而且可能支持企业生产建设、商品流通的正常运转，可以帮助人民群众合理地安排生活，满足其资金配置的需要。总之，积极开展存款业务，对于扩大银行信贷资金来源、平衡社会资金需求、稳定和调节货币流通具有重要意义。

### 二、存款业务的种类

1.按存款资金性质及计息范围划分，有财政性存款业务和一般存款业务

财政性存款是指各级财政拨入的预算资金或应上缴财政的各项资金以及财

政安排的专项资金；一般存款是指部队、各企事业单位、机关团体及个人存入的，并由其自行支配的各种资金。财政性存款一般不计付利息，而一般存款则应计付利息。

2.按存款期限长短划分，有活期存款业务和定期存款业务

活期存款和定期存款是两种流动性、稳定性各有差异的存款。活期存款是指可以随时存取的存款，利率较低；定期存款则指存入时有明确的储存期限，到规定期限支取或续存的存款，其利率相对活期存款较高。金融企业吸收存款时，既要考虑资金来源的稳定性，又要着眼于资金运用的需要，合理掌握活期存款和定期存款的数额，保持合理的比例结构。这样不仅有利于加强资产、负债期限的对应管理，而且有利于降低银行的资金成本，提高效益。

3.按存款对象不同划分，有对公存款业务和个人存款业务

对公存款的来源是企事业单位、机关团体及个体工商户的暂时闲置资金。个人存款的来源主要是个人生活节余或待用的收入所得。

4.按存款币种不同划分，有人民币存款业务和外币存款业务

## 三、存款账户的开立及使用

### （一）对公存款账户

对公存款账户，即单位存款账户，也是单位结算账户。任何单位的经济业务往来所发生的资金收付都需要借助银行渠道来完成，因此，凡是有经济业务发生的企业都必须在银行开立账户，通过账户办理转账结算。

1.对公存款账户的种类

单位在银行开立的存款账户按资金管理要求划分为基本存款账户、一般存款账户、临时存款账户和专用存款账户。

（1）基本存款账户

基本存款账户是指独立核算的单位在银行开立的，用于办理日常转账结算和现金收付的账户。该账户的资金主要来源于单位的流动资金存款和机关团体单位的经费存款，其用途也只能用于单位的生产周转及经费开支，不能用于基本建设。单位职工工资、奖金的发放也只能通过基本存款账户办理。

（2）一般存款账户

一般存款账户是为了适应企业向多家银行借款的需要而在其他银行的一个营业机构开立的借款转存账户，以及与基本存款账户的存款人不在同一地点的附属非独立核算单位开立的账户。该账户只能办理转账结算和现金缴存，不能办理现金支取。

（3）临时存款账户

临时存款账户是存款人因异地临时经营活动、设立临时机构或注册验资等业务需要而开立的账户。存款人可以通过该账户办理转账结算和根据国家现金管理的规定办理少量现金收付。

（4）专用存款账户

专用存款账户是存款人因特定用途需要而开立的账户，如基本建设的资金、更新改造的资金和其他具有特定用途而需要专户管理的资金等。

2.对公存款账户的开立

存款人申请开立对公账户时，应填制开户申请书，并提供规定的证明文件。

申请人开立基本存款账户时，应向开户银行出具市场监督管理机关核发的《企业法人营业执照》或《营业执照》正本，有关部门的开户证明、批文、承包协议等证明文件之一。申请开立一般存款账户，应向开户银行出具借款合同或借款借据，基本存款账户的存款人同意其附属非独立核算单位开户的证明等。申请开立临时存款账户，存款人应向银行出具市场监督管理机关核发的临时执照或有关部门同意设立外来临时机构的批文。申请开立专用存款账户时，存款人应出具经有关部门批准立项的文件或国家有关文件的规定。申请开户的存款人还应送交盖有存款人印章的印鉴卡片。开户银行审核上述证件后，为其开立相应的存款账户。银行为存款人开立账户，应登记开销户登记簿，编列账号，设立分户账，并向存款人发售有关结算凭证。存款人可根据需要签发各种结算凭证，通过账户办理资金收付。

3.对公存款账户的管理

存款账户一经开立，银行就必须加强对账户的管理，监督开户单位正确使用账户。各单位通过银行账户办理资金收付必须遵守银行的有关规定：

（1）一个单位只能选择一家银行的一个营业机构开立一个基本存款账户，不允许在多家银行开立基本存款账户。开户实行双向选择。存款人可以自主选择银行，银行也可以自愿选择存款人开立账户。任何单位和个人都不能干预存款人在银行开立或使用账户，银行也不得违反规定强拉客户在本行开户。

（2）存款人应以实名开立银行存款账户，并对其出具的开户申请资料实质内容的真实性负责，法律、行政法规另有规定的除外。严禁企业冒名开户、空壳公司开户、虚假证明文件开户。银行应负责对存款人开户申请资料的真实性、完整性和合规性进行审查。中国人民银行应负责对银行报送的银行结算账户开户资料的合规性以及存款人开立基本存款账户的唯一性进行审核。

（3）存款人的账户只能办理存款人本身的业务活动，不允许多头开户、乱开账户，出租、出借、出售账户。严防利用银行账户进行电信网络诈骗、洗钱、偷逃税款等违法犯罪活动。对于出租、出借银行账户的，银行除将按规定没收出租、出借账户的非法所得外，还将对账户出租、转让及透支的金额处以罚款。对于涉及诈骗、洗钱等违法犯罪的，还要承担刑事责任。

（二）个人存款账户

1.个人存款账户的申请

根据2015年12月《中国人民银行关于改进个人银行账户服务 加强账户管理的通知》，开立个人银行账户必须实名制，即银行业金融机构（以下简称银行）为开户申请人开立个人银行账户时，应核验其身份信息，对开户申请人提供身份证件的有效性、开户申请人与身份证件的一致性和开户申请人开户意愿进行核实，不得为身份不明的开户申请人开立银行账户并提供服务，不得开立匿名或假名银行账户。具体包括以下几点：

（1）审核身份证件。银行为开户申请人开立个人银行账户时，应要求其提供本人有效身份证件，并对身份证件的真实性、有效性和合规性进行认真审查。银行通过有效身份证件仍无法准确判断开户申请人身份的，应要求其出具辅助身份证明材料。

有效身份证件包括：①在中华人民共和国境内已登记常住户口的中国公民为居民身份证；不满十六周岁的，可以使用居民身份证或户口簿。②香港、澳门特别行政区居民为港澳居民来往内地通行证。③台湾地区居民为台湾居民来往大陆通行证。④定居国外的中国公民为中国护照。⑤外国公民为护照或者外国人永久居留证（外国边民，按照边贸结算的有关规定办理）。⑥法律、行政法规规定的其他身份证明文件。

辅助身份证明材料包括但不限于：①中国公民为户口簿、护照、机动车驾驶证、居住证、社会保障卡、军人和武装警察身份证件、公安机关出具的户籍证明、工作证。②香港、澳门特别行政区居民为香港、澳门特别行政区居民身份证。③台湾地区居民为在台湾居住的有效身份证明。④定居国外的中国公民为定居国外的证明文件。⑤外国公民为外国居民身份证、使领馆人员身份证件或者机动车驾驶证等其他带有照片的身份证件。⑥完税证明、水电煤缴费单等税费凭证。

军人、武装警察尚未领取居民身份证的，除出具军人和武装警察身份证件外，还应出具军人保障卡或所在单位开具的尚未领取居民身份证的证明材料。

（2）核验身份信息。银行可利用政府部门数据库、本银行数据库、商业化数据库、其他银行账户信息等，采取多种手段对开户申请人身份信息进行多重交叉验证，全方位构建安全可靠的身份信息核验机制。

提供个人银行账户开立服务时，有条件的银行可探索将生物特征识别技术和其他安全有效的技术手段作为核验开户申请人身份信息的辅助手段。

（3）留存身份信息。成功开立个人银行账户的，银行应登记存款人的基本信息、与存款人身份信息核验有关的身份证明文件信息、完整的身份信息核验记录，留存存款人身份证件、辅助身份证明文件的复印件或者影印件、以电子方式存储的身份信息，有条件的可留存开户过程的音频或视频等。

银行在确保分支机构能够及时获得相关存款人身份信息的前提下，可以将分支机构登记的存款人身份信息集中管理。

（4）建立健全个人银行账户数据库。银行应建立健全以存款人为中心的个人银行账户管理系统，按照公民身份证号码、护照号等实现对个人银行账户的统一查询和管理。对于存款人为非中国居民的，银行应按照存款人国籍（地区）进行标识并实现对非中国居民银行账户的分类查询和管理。

（5）停用或注销银行账户。银行发现或者收到被冒用身份的个人声明，并确认该银行账户为假名或虚假代理开户的，应立即停止相关个人银行账户的使用；在征得被冒用人或被代理人同意后予以销户，账户资金列入久悬未取专户管理。

2.个人银行账户的管理

个人银行账户实行分类管理。银行应按照“了解你的客户”原则，采用科学、合理的方法对存款人进行风险评级，根据存款人身份信息核验方式及风险等级，审慎确定银行账户功能、支付渠道和支付限额，并进行分类管理和动态管理。

银行可通过柜面、远程视频柜员机和智能柜员机等自助机具、网上银行和手机银行等电子渠道为开户申请人开立个人银行账户。银行通过自助机具和电子渠道提供个人银行账户开立服务的，开户申请人只能持居民身份证办理。

3.个人银行账户的种类及使用规定

个人银行账户分为Ⅰ类银行账户、Ⅱ类银行账户和Ⅲ类银行账户（以下分别简称Ⅰ类户、Ⅱ类户和Ⅲ类户）。银行可通过Ⅰ类户为存款人提供存款、购买投资理财产品等金融产品、转账、消费和缴费支付、支取现金等服务。银行可通过Ⅱ类户为存款人提供存款、购买投资理财产品等金融产品、限定金额的消费和缴费支付等服务。银行可通过Ⅲ类户为存款人提供限定金额的消费和缴费支付服务。

通过柜面受理银行账户开户申请的，银行可为开户申请人开立Ⅰ类户、Ⅱ类户或Ⅲ类户。通过远程视频柜员机和智能柜员机等自助机具受理银行账户开户申请，银行工作人员现场核验开户申请人身份信息的，银行可为其开立Ⅰ类户；银行工作人员未现场核验开户申请人身份信息的，银行可为其开立Ⅱ类户或Ⅲ类户。通过网上银行和手机银行等电子渠道受理银行账户开户申请的，银行可为开户申请人开立Ⅱ类户或Ⅲ类户。

通过电子渠道开立Ⅱ类户的，银行应通过绑定开户申请人的同名Ⅰ类户（以下简称绑定账户，信用卡除外），作为核验开户申请人身份信息的手段之一，确认绑定账户的所有人是开户申请人本人，绑定账户的开户银行名称和账号与开户申请人提供的信息一致。Ⅱ类户与绑定账户的资金划转限额由银行与存款人协商确定；银行应根据自身风险管理水平和存款人风险等级，与存款人约定办理消费和缴费支付的单日累计支付限额，但最高额度不超过10 000元。

通过电子渠道开立Ⅲ类户的，银行应通过开户申请人从同名Ⅰ类户向Ⅲ类户转入任意金额的方式激活账户，并确认开户申请人是同名Ⅰ类户的所有人。Ⅲ类户账户余额不得超过1 000元，账户剩余资金应原路返回同名Ⅰ类户。

**四、存款业务核算的要求**

商业银行会计部门在组织和办理存款业务的核算过程中，要求做到：

（一）切实维护存款单位和个人的合法权益

各单位和个人存入银行的存款，其所有权属于存款人。银行应尊重单位和个人选择存款银行和存款种类的权利，坚持谁的钱进谁的账、由谁支配使用原则，切实维护存款人对存款的合法支配权。除按照国家法令和有关规定办理扣款外，任何人不得停止单位和个人存款的正常支付。

（二）正确使用账户，加强柜面监督

存款账户是银行办理存款业务的工具，又是各单位之间进行经济往来的基础，使用上必须正确，并且合理合法。因此，经办人员要经常检查账户使用情况，分析账户资金收付情况，发现异常要及时记录并上报。对外要防止利用存款账户进行诈骗、洗钱等违法行为，对内也要防范内部欺诈等操作风险。

（三）准确及时地进行核算，提高服务质量

银行办理各种存款要做到手续简便、迅速及时、方便群众。账务记录要准确、及时，以维护存款单位和存款人的经济利益。防止账户发生透支以免影响单位或个人资金的正常使用。认真做好对账工作，保证银行和单位账项一致。

## 第二节　存款业务的核算

### 一、个人存款业务核算

（一）活期储蓄存款的核算

活期储蓄存款是指不规定存期，存款人随时可以存取，每次存取金额不限的存款方式。个人活期存款在“吸收存款——××个人活期储蓄存款户”科目下核算。

1.活期存款存入的核算

活期储蓄存款1元起存，多存不限。存款人存入现金时，应将个人有效身份证件连同现金交银行。银行柜台清点现金无误后，办理转账。会计分录为：

借：库存现金

　贷：吸收存款——××个人活期储蓄存款户

2.活期储蓄存款取款

办理取款时，存款人应将存折或借记卡交给柜台经办员，口述要支取的金额。银行核对密码或预留印鉴无误后，打印取款凭证由存款人签字确认后，将款项交给取款人。会计分录为：

借：吸收存款——××个人活期储蓄存款户

　贷：库存现金

3.活期储蓄存款的销户

存款人如不再需要该银行存款账户，可以办理销户。销户时，存款人应将存折或借记卡交给银行柜台人员，由银行核对密码或预留印鉴无误后，办理销户。销户时，要结清账户存款利息，打印取款凭证和利息清单，由存款人在取款凭证上签字确认。会计分录为：

借：吸收存款——××个人活期储蓄存款户

　　利息支出

　贷：库存现金

（二）定期储蓄存款的核算

银行定期储蓄存款包括整存整取、零存整取、整存零取、存本取息等。对于定期储蓄存款，银行设置“吸收存款——××个人定期储蓄存款户”科目进行核算。

1.存入定期存款

存款人办理定期存款时，应将个人有效身份证件、现金一并交银行柜台。银行柜员清点无误后，使用银行会计核算系统打印定期储蓄存单。会计分录为：

借：库存现金（或吸收存款——××个人活期储蓄存款户）

　贷：吸收存款——××个人定期储蓄存款户

2.定期存款到期支取

定期储蓄存款到期，存款人办理支取时，银行通过会计核算系统核对密码等事项后，将此笔定期存单进行销户处理，同时计结利息，然后将款项付给取款人或按取款人要求转入其活期储蓄存款账户。会计分录为：

借：吸收存款——××个人定期储蓄存款户

　　应付利息或利息支出

　贷：库存现金（或吸收存款——××个人活期储蓄存款户）

3.提前支取与过期支取

存款人在定期储蓄存款未到约定支取日期前要求支取存款的，应向银行说明情况并提交银行卡或存折及个人有效身份证件，银行审核无误后通过会计核算系统计算利息，并打印计息清单交取款人签字确认，然后将款项交付取款人或按取款人要求转入其活期储蓄存款账户。会计分录同到期支取。

## 二、对公存款业务核算

### （一）对公活期存款业务的核算

单位活期存款可以是现金存，也可以转账存。转账存款主要是通过各种结算工具来实现，具体核算方法在本书“支付结算业务的核算”一章中叙述，本节只介绍现金存取的处理方法。

1.单位存取现金的核算

（1）存入现金

单位向开户银行存入现金时，应填写一式三联现金存款单。根据现金收入先收款后记账的原则，现金和存款单交银行出纳部门。出纳部门经审查凭证点收现金，据第三联登记现金收入日记簿，并复核签章，第二联加盖“现金收讫”章后退交存款人，第一联送会计部门，凭以登记单位存款分户账。其会计分录为：

借：库存现金

贷：吸收存款——××单位活期存款户

（2）支取现金

根据现金付出先记账后付款的原则，单位向银行支取现金时，应签发能够支取现金的支票，并在支票上加盖预留印鉴，由收款人背书后送交银行会计部门。银行会计部门接到现金支票后，应认真审查：支票的真伪；是否超过付款期；支票大小写金额是否相符；支票是否透支；印鉴与预留印鉴是否相符；背书是否正确等。经审查无误后，将出纳对号单交给收款人，凭以到出纳窗口取款。同时，以现金支票代现金付出传票登记分户账。其会计分录为：

借：吸收存款——××单位活期存款户

贷：库存现金

出纳员根据现金支票登记现金付出日记簿，票款复核后，凭对号单向取款人支付现金。

2.对账

对账是指银行会计部门将为开户单位记载的活期存款账同开户单位的银行存款账进行核对，以保证双方存款账的一致。一般来说，银行同单位的存款账应该是一致的，但由于双方记账时间有先有后以及发生技术性差错等原因，会导致产生未达账项。为此，银行与开户单位之间就有必要定期或不定期地进行账务核对。

银行同开户单位的对账工作，可分为随时对账和定期对账两种形式。

随时对账是指银行平时为单位办理每笔业务时记录的发生额，在月度终了时，打印出对账单交开户单位进行核对。开户单位收到对账单应进行逐笔勾对，如有不符，及时纠正。这种对账方式只是核对发生额，防止双方账务记载的错误。

定期对账是指除发生额核对外，银行还应于每季度末及每年11月末与开户单位核对存款余额。每季度末和11月末银行要向开户单位填发“余额对账单”，交给开户单位对账。开户单位核对如发现不符，应在对账单上注明未达账项及金额，以便双方查找处理。

3.销户

存款单位因迁移、合并、停产等原因不再使用原来的存款账户时，应及时到银行办理销户手续。银行办理销户时，应首先与销户单位核对存款账户余额，核对相符后，对应计算利息的存款账户要结清利息。然后将原存款账户的余额按开户单位要求转入其他存款账户或指定的其他金融机构。要收回所有未用的空白支票。销户后的账户应停止使用。

（二）对公定期存款业务的核算

单位定期存款是存款单位存入款项时约定期限，到期支取本息的一种存款。单位定期存款的期限分三个月、半年、一年三个档次。起存金额1万元，多存不限。

1.存入定期存款

存款时，应按存款金额签发活期存款账户转账支票交开户银行会计部门，同时须提交开户申请书、营业执照正本等，并预留印鉴。印鉴应包括单位财务专用章、单位法定代表人章（或主要负责人印章）和财会人员章，会计部门按规定审查无误后，根据转账支票登记单位分户账，填制一式三联单位定期存款存单，第二联加盖业务公章和经办人员名章后交会计办理转账。会计分录为：

借：吸收存款——××单位活期存款户

　贷：吸收存款——××单位定期存款户

会计部门给存款单位开出“单位定期存款开户证实书”（以下简称“证实书”），证实书仅对存款单位开户证实，不得作为质押的权利凭证。

2.支取定期存款

存款单位支取定期存款只能以转账方式将存款转入其基本存款账户，不得将定期存款用于结算或从定期存款账户中提取现金。

单位定期存款到期时，存款单位应填写一式三联“单位定期存款支取凭证”，第二联加盖预留印鉴，提交银行办理定期存款支取手续。银行会计人员收到后认真审查，无误后按规定利率计算利息，另填制利息清单，并以“单位定期存款支取凭证”借方凭证作扣款的记账依据，贷方凭证作收款的记账凭证，回单联签章后与利息清单一并退存款单位。会计分录为：

借：吸收存款——××单位定期存款户

　　利息支出（或应付利息）——定期存款利息支出户

　贷：吸收存款——××单位活期存款户

定期存款到期后，如果单位要求续存，可以按结清旧户另开新存单办理。

## 三、存款利息的计算

按照存款有息的原则，银行对单位和个人的存款都需要计付利息。

（一）计算利息的时间规定

单位和个人活期存款均采取按季结算利息的方法，规定每季度末月20日为结息日，计息时间是从上季度末月21日至本季度末月20日。如在结息前销户，应于销户时计付利息。

单位和个人的定期存款，应按照权责发生制的原则，按期预提应付利息，一般为按季计算，单位支取定期存款时再冲减应付利息。

（二）存款利率

（1）单位和个人活期存款按结息日挂牌公告的活期存款利率计息，遇利率调整，不分段计息。

（2）单位和个人定期存款在存期内按存款存入日挂牌公告的定期存款利率计付利息，遇利率调整，不分段计息。

定期存款可以全部或部分提前支取，但只能提前支取一次。全部提前支取的，按支取日挂牌公告的活期存款利率计息；部分提前支取的，提前支取的部分按支取日挂牌公告的活期存款利率计息，其余部分如不低于起存金额由金融机构按原存期开具新的证实书，按原存款开户日挂牌公告的同档次定期存款利率计息，不足起存金额则予以清户。定期存款到期不取，逾期部分按支取日挂牌公告的活期存款利率计付利息。

（三）存款利息的计算方法

利息计算的基本公式为：

利息=本金×存期×利率

存期是指该笔存款的时间期限，计算时“算头不算尾”，也就是存入日计算利息，支取日不计算利息，其计算方法是从存入日算至支取的前一日为止。在计算时，应注意存期与利率应保持一致，即存期以天数计算时用日利率，存期以月计算时用月利率，存期以年计算时用年利率。

1.单位活期存款利息和个人活期储蓄存款利息计算

活期存款存取次数频繁，余额经常发生变动，计算利息可采用积数法。其计算公式为：

利息=计息积数×日利率

积数是按日累加的存款余额之和，所以采用日利率。利用积数计算利息，关键在于计息积数的计算。目前一般使用余额表计算积数。

采用余额表计算积数，银行会计部门每日营业终了，应根据每日各科目分户账当日最终余额按户抄列余额表，每旬末、月末加计累计未计息积数，余额表中各户余额逐日相加之和即为计息积数。如遇错账冲正应调整积数。结息日根据本期未计息累计积数乘以日利率，即为利息。

我们以表3-1的资料为例计算的本季度利息为：

3 231 324.24×（1.5‰÷30）=161.57（元）

表3-1 **中国××银行×分行余额表**

科目：××科目 2×××年9月份 复核 记账 第 页

共 页

| 账户 | ××001 | 利率 | 1.5‰ | | | | | | | 复核盖章 |
| --- | --- | --- | --- | --- | --- | --- | --- | --- | --- | --- |
| 户名 | | 某单位 | | | | | | | | |
| 上月底止累计积数 | | 2 502 438.25 | | | | | | | | |
| 1 | | 39 736.11 | | | | | | | | |
| 2 | | 32 688.43 | | | | | | | | |
| 3 | | 45 229.72 | | | | | | | | |
| 4 | | 45 229.72 | | | | | | | | |
| 5 | | 40 712.41 | | | | | | | | |
| 6 | | 41 796.38 | | | | | | | | |
| 7 | | 40 796.38 | | | | | | | | |
| 8 | | 42 796.38 | | | | | | | | |
| 9 | | 30 285.25 | | | | | | | | |
| 10 | | 35 333.71 | | | | | | | | |
| 10天小计 | | 394 604.49 | | | | | | | | |
| ⋮ | | ⋮ | | | | | | | | |
| 20天小计 | | 770 885.99 | | | | | | | | |
| ⋮ | | ⋮ | | | | | | | | |
| 月末合计 | | | | | | | | | | |
| 应加积数 | | | | | | | | | | |
| 应减积数 | | 42 000.00 | | | | | | | | |
| 计息积数 | | 3 231 324.24 | | | | | | | | |
| 累计计息积数 | | | | | | | | | | |

计算利息后，应填制银行特种转账凭证及“存款利息通知单”一式三联，第一联作贷方凭证，第二联作借方凭证，第三联代收账通知交给存款单位。其转账的会计分录为：

借：利息支出——单位存款（或个人储蓄存款）利息支出户

　贷：吸收存款——××单位活期存款户（或××个人活期储蓄户）

2.单位定期存款和定期储蓄存款利息计算

对于1年以上的定期存款，商业银行按照权责发生制原则，采用预提应付利息的办法来解决，即按定期存款不同存期档次设立计息余额表，每日抄列余额。结息日累计各存期档次的计息积数后，乘以同档次存款的日利率，即得出该结息日银行应当支付的利息。会计分录为：

借：利息支出——单位定期存款利息支出户（或定期储蓄存款利息支出户）

　贷：应付利息——定期利息户（或定期储蓄存款户）

**【例3-1】**某支行6月20日结息时，1年期单位定期存款累计应计息积数为17 500 000元，2年期单位定期存款累计应计息积数为18 200 000元。假设1年期存款月利率为4.725‰，2年期存款月利率为4.95‰，计算利息如下：

17 500 000×（4.725‰÷30）=2 756.25（元）

18 200 000×（4.95‰÷30）=3 003（元）

转账的会计分录为：

借：利息支出——定期存款利息支出户　　5 759.25

　贷：应付利息——定期利息户　　5 759.25

实际支付利息时：

借：应付利息　　5 759.25

　贷：吸收存款——××单位活期存款户　　5 759.25

**本章小结**

吸收存款是商业银行负债的主要来源，也是商业银行资产扩张的重要基础。在当前经济金融发展的新形势下，商业银行面临更加复杂的市场环境，在履行核算与监督职能前提下，存款策略也应与时俱进地变化。第一，存款业务作为银行资金流入的主要通道，具有发现洗钱活动的技术条件，因此，在存款业务的操作流程中，认真执行中国人民银行的《金融机构反洗钱规定》，通过保存客户的交易记录，防止洗钱犯罪，保证资金来源合理合法。第二，认真执行监管部门关于存款地域及利率的规定，杜绝违法违规开展互联网存款和异地存款业务，严禁高息揽存行为。第三，在线上金融服务模式不断创新发展的今天，传统金融业态下主要通过物理网点吸收存款的模式，以及传统金融业态下的产品宣传与推广渠道受到挑战，现代金融科技的发展可以为客户提供综合化、全景化的金融信息服务，以及低成本实现金融产品的宣传与推广，可以有效拓展金融产品的营销渠道，降低资金成本。

**综合训练**

1.单项选择题

(1) 存款人因借款或其他结算需要，在基本账户开户银行以外的银行营业机构开立的银行结算账户称为（　　）。

A.一般存款账户　　B.专用存款账户

C.基本存款账户　　D.临时存款账户

(2) 单位或个人活期存款利率执行（　　）。

A.存入日挂牌公告的利率　　B.结息日挂牌公告的利率

C.到期日挂牌公告的利率　　D.清算日挂牌公告的利率

(3) 单位或个人定期存款全部提前支取，则按（　　）计付利息。

A.支取日挂牌公告的活期存款利率　　B.支取日挂牌公告的定期存款利率

C.存入日挂牌公告的活期存款利率　　D.存入日挂牌公告的定期存款利率

(4) 对于期限在1年以上的定期存款采取预提应付利息的办法，这符合（　　）。

A.客观性原则　　B.权责发生制原则

C.谨慎性原则　　D.收付实现制原则

(5) 商业银行对活期存款采用积数法计息，计算公式为（　　）。

A.利息=本金×存期×利率　　B.利息=本金×月份×月利率

C.利息=计息积数×月利率　　D.利息=计息积数×日利率

2.判断题

(1) 存款业务是商业银行重要的资产业务。（　　）

(2) 个体工商户凭营业执照以字号或经营者姓名开立的银行结算账户纳入单位银行结算账户管理。（　　）

(3) 存款人因临时经营活动需要可以申请开立一般存款账户。（　　）

(4) 符合条件的存款人可以在各家银行机构开立一个基本存款账户。（　　）

(5) 一般账户可以办理转账结算和现金存取。（　　）

(6) 存款人可以自主选择银行，但银行不能自愿选择存款人开立账户。（　　）

(7) 境内已登记常住户口的中国公民开立银行账户时的有效身份证件必

须是居民身份证。（　）

（8）银行通过自助机具和电子渠道提供个人银行账户开立服务的，开户申请人只能持居民身份证办理。（　）

（9）个人银行账户分为Ⅰ类银行账户和Ⅱ类银行账户。（　）

（10）银行可通过Ⅰ类户为存款人提供存款、购买投资理财产品等金融产品、限定金额的消费和缴费支付等服务。（　）

（11）对通过网上银行和手机银行等电子渠道受理银行账户开户申请的，银行可为开户申请人开立Ⅰ类户。（　）

（12）同一人在同一银行只能开立一个Ⅰ类户。（　）

（13）个人在银行开立的Ⅰ、Ⅱ、Ⅲ类账户有不同的功能和权限。（　）

第三章即测即评

3. 复习思考题

（1）银行吸收存款的种类有哪些？

（2）单位银行结算账户按用途有哪些？

（3）个人银行结算账户的种类及功能有哪些？

（4）个人银行结算账户开户的渠道有哪些？不同的开户渠道对开立账户的要求是什么？

（5）互联网存款与银行存款有什么不同？如何理解风险与利益并存？

# 第四章

## 贷款业务的核算

### 本章导读

党的二十大报告指出“坚持把发展经济的着力点放在实体经济上”，2023年2月中国人民银行召开的金融市场工作会议指出，要提高金融服务扩大国内需求和建设现代化产业体系的能力，支持加快构建新发展格局；完善支持普惠小微、绿色发展、科技创新等政策工具机制，精准加强重点领域和薄弱环节金融支持。贷款业务作为商业银行重要的资产业务，是实现金融服务实体经济的重要渠道，是商业银行金融业务政治性、人民性的重要体现。通过本章的学习，我们一方面可以了解商业银行信贷业务的种类、贷款政策的最新内容、贷款利率的最新规定，掌握贷款业务包括票据贴现业务的基本流程及账务处理，以及贷款利息的计算及账务处理；另一方面可以深刻领会贷款业务对商业银行等金融机构的重要意义，即在有效服务实体经济发展的前提下实现价值最大化。

### 基本概念

信用贷款　抵押贷款　质押贷款　保证贷款　票据贴现　非应计贷款　委托贷款　自营贷款　LPR

## 第一节　贷款业务概述

贷款是商业银行对外融通资金的业务。办理贷款业务是商业银行的重要资产业务，是根据信贷政策和国家产业政策，按照贷款的原则对国民经济各部门进行的资金再分配。通过发放贷款，可以支持企业生产发展和商品流通，满足个人或企业单位对资金的需求；通过调整贷款的投向和支持的重点，可以调节产业结构和产品结构，满足国家宏观调控的需求；通过对贷款的监督，可以促进企业改善经营管理，节约资金使用，提高企业经济效益，减少银行贷款损失；贷款的利息收入是商业银行利润的重要来源。通过发放贷款，商业银行可以实现贷款的利息收入，弥补吸收存款的利息支出及各项管理费用，从而实现盈利。

对贷款业务的核算，是实现商业银行基本职能、完成其信贷计划的基本环节。

**一、贷款业务的种类**

1.按贷款期限划分，可分为短期贷款和中、长期贷款

短期贷款是指期限在一年以内（包括一年）的贷款；中期贷款是指期限在一年以上五年以内（包括五年）的贷款；长期贷款是指期限在五年以上的贷款。

2.按贷款发放的基础不同，银行贷款可分为信用贷款、担保贷款和票据贴现

信用贷款是指仅凭借款人的信誉而发放的贷款。担保贷款又分为保证贷款、抵押贷款和质押贷款。保证贷款是指按照《中华人民共和国民法典》所规定的保证方式，由第三人承诺在借款人不能偿还贷款时，由其按约定承担一般保证责任或者连带责任而发放的贷款；抵押贷款是指按规定的抵押方式，以借款人或第三人的财产作为抵押物发放的贷款；质押贷款是指按规定的质押方式，以借款人或第三人的动产或权利作为质物发放的贷款。票据贴现是指贷款人以购买借款人未到期商业票据的方式发放的贷款。

3.按银行承担责任的不同，银行贷款可划分为自营贷款和委托贷款

自营贷款是指贷款人以合法方式筹集资金自主发放的贷款，其风险由贷款人承担，并由贷款人收取本金和利息；委托贷款是指由政府部门、企事业单位及个人等委托人提供资金，由贷款人（亦即受托人）根据委托人确定的贷款对象、用途、金额、期限、利率等而代理发放、监督使用并协助收回的贷款，其风险由委托人承担，贷款人即受托人只收取手续费，不代垫资金。

4.按贷款的风险程度，银行贷款可分为正常贷款、关注贷款、次级贷款、可疑贷款和损失贷款

正常贷款是指借款人能够履行合同，有充分把握按时足额偿还本息的贷款；关注贷款是指尽管借款人目前有能力偿还贷款本息，但是存在一些可能对偿还产生不利影响因素的贷款；次级贷款是指借款人的还款能力出现了明显的问题，依靠其正常经营收入已无法保证足额偿还本息的贷款；可疑贷款是指借款人无法足额偿还本息，即使执行抵押或担保，也肯定要造成一部分损失的贷款；损失贷款是指在采取了所有可能的措施和一切必要的法律程序以后，本息仍然无法收回或只能收回极少部分的贷款。

5.按贷款对象不同，银行贷款可分为个人贷款和公司贷款

个人贷款是指银行向个人购买房屋、汽车以及个人求学等提供的融资。我国针对个人的贷款业务主要有个人住房贷款、个人汽车贷款、信用卡透支、个人助学贷款等。公司贷款包括短期贷款、中长期贷款及贸易融资贷款。短期贷款通常包括流动资金贷款、流动资金循环贷款和法人账户透支。中长期贷款包括项目贷款、房地产开发贷款和银团贷款等。贸易融资贷款包括信用证、押汇、保理和福费廷。

## 二、贷款业务核算的基本要求

商业银行发放的贷款，其核算应当遵循以下基本原则和要求：

1.本息分别核算

商业银行发放的各类贷款，应当按照实际贷出的贷款金额入账。期末，应当按照贷款本金和适用的利率计算应收取的利息，并分别将贷款本金和利息进行核算。

2.自营贷款和委托贷款分别核算

自营贷款由银行自主发放，风险由商业银行承担，并由商业银行收取本金和利息。委托贷款风险由委托人承担，商业银行发放委托贷款时，只收取手续费，不代垫资金，并应当分别进行核算。

3.非应计贷款和应计贷款分别核算

非应计贷款是指本金或利息逾期90天没有收回的贷款；应计贷款是指非应计贷款以外的贷款。当贷款的本金或利息逾期90天时，应单独核算。

## 三、贷款业务的基本流程

### （一）受理与调查

商业银行应要求借款人以书面形式提出贷款申请，提供能够证明其符合贷款条件的相关资料。银行受理借款人贷款申请后，应履行尽职调查职责，对贷款申请内容和相关情况的真实性、准确性、完整性进行调查核实，形成调查评价意见。贷款调查应以实地调查为主、间接调查为辅，采取现场核实、电话查问以及信息咨询等途径和方法。

### （二）风险评价与审批

贷款审查应对贷款调查内容的合法性、合理性、准确性进行全面审查，重点关注调查人的尽职情况和借款人的偿还能力、诚信状况、担保情况、抵（质）押比率、风险程度等。

对于个人贷款，应以分析借款人现金收入为基础，采取定量和定性分析方

法，全面、动态地进行贷款审查和风险评估。贷款人应建立和完善借款人信用记录和评价体系。对于单位贷款，应根据借款人经营规模、业务特征及应收账款、存货、应付账款、资金循环周期等要素测算其营运资金需求，综合考虑借款人现金流、负债、还款能力、担保等因素，合理确定贷款结构，包括金额、期限、利率、担保和还款方式等。

（三）合同签订

商业银行应和借款人及其他相关当事人签订书面借款合同及其他相关协议，需担保的应同时签订担保合同。在合同中与借款人约定具体的贷款金额、期限、利率、用途、支付、还贷保障及风险处置等要素，以及各方当事人的权利、义务及违约责任，避免对重要事项未约定、约定不明或约定无效。

（四）支付管理

商业银行应按照借款合同约定，通过贷款人受托支付或借款人自主支付的方式对贷款资金的支付进行管理与控制。

贷款人受托支付是指贷款人根据借款人的提款申请和支付委托，将贷款资金支付给符合合同约定用途的借款人交易对象。借款人自主支付是指贷款人根据借款人的提款申请将贷款资金直接发放至借款人账户，并由借款人自主支付给符合合同约定用途的借款人交易对象。对于个人贷款资金一般应当采用贷款人受托支付方式向借款人交易对象支付。

（五）贷后管理

个人贷款支付后，贷款人应采取有效方式对贷款资金使用、借款人的信用及担保情况变化等进行跟踪检查和监控分析，确保贷款资产安全。

经银行同意，个人贷款可以展期。一年以内（含）的个人贷款，展期期限累计不得超过原贷款期限；一年以上的个人贷款，展期期限累计与原贷款期限相加，不得超过该贷款品种规定的最长贷款期限。

银行应加强贷款资金发放后的管理，针对借款人所属行业及经营特点，通过定期与不定期现场检查与非现场监测，分析借款人经营、财务、信用、支付、担保及融资数量和渠道变化等状况，掌握各种影响借款人偿债能力的风险因素。

**四、贷款账户的设置**

1.“贷款”科目

“贷款”科目属于资产类科目，用于核算商业银行按规定发放的各种客户贷款，包括信用贷款、抵押或质押贷款、银团贷款、贸易融资、协议透支、信用卡透支、转贷款及垫款等，该科目不包括商业银行与其他金融机构往来中形成的利息收入。

按照实质重于形式原则及银行内部管理需要，商业银行应设置“逾期贷款”“非应计贷款”科目分借款人进行明细核算。其中，贷款到期无法收回的贷款为“逾期贷款”；贷款逾期超过90天仍无法收回的则记入“非应计贷款”进行核算。

2.“应收利息”科目

“应收利息”科目属于资产类科目，用于核算商业银行发放各项贷款应收取而尚未收取的利息。该科目可按借款人或被投资单位进行明细核算。“应收利息”科目期末借方余额，反映商业银行尚未收回的利息。

3.“利息收入”科目

“利息收入”科目属于损益类科目，用于核算商业银行确认的利息收入，包括发放的各类贷款（银团贷款、贸易融资、贴现和转贴现融出资金、协议透支、信用卡透支、转贷款、垫款等），不包括与其他金融机构（中央银行、同业等）之间发生资金往来业务、买入返售金融资产等实现的利息收入。“利息收入”科目可按业务类别进行明细核算。资产负债表日，企业应按合同利率计算确定的应收未收利息，借记“应收利息”等科目，贷记本科目。期末，应将“利息收入”科目余额转入“本年利润”科目，结转后本科目无余额。

## 第二节 贷款业务的核算

### 一、单位贷款业务核算

（一）贷款发放的处理

1.签订借款合同

借款人申请贷款时，首先向银行公司业务部门提交借款申请书，经审核批准后，公司业务部门应和借款人及其他相关当事人签订书面借款合同和其他相关协议，有担保的应同时签订担保合同。在借款合同中与借款人明确约定贷款金额、期限、利率、用途、贷款的支付及还款方式等条款。公司业务部门还要在借款合同中与借款人约定明确、合法的贷款用途。流动资金贷款不得用于固定资产、股权等投资，不得用于国家禁止生产、经营的领域和用途。借款合同申请书的格式见表4-1。

表4-1　　**借款合同申请书**

<table>
<tr><td>借款人</td><td></td><td>账号</td><td></td><td>已借款金额</td><td></td></tr>
<tr><td>申请贷款金额</td><td></td><td>还款日期</td><td></td><td>借款利息（月息）</td><td></td></tr>
<tr><td>借款用途及理由</td><td colspan="5"></td></tr>
<tr><td colspan="2">借款方<br>借款单位（章）<br>负责人（章）<br>经办人（章）</td><td colspan="2">借款担保方<br>担保单位（章）<br>负责人（章）</td><td colspan="2">贷款方<br>贷款银行（章）<br>经办人（章）</td></tr>
<tr><td colspan="6">银行审核意见：</td></tr>
<tr><td colspan="6">上列贷款按银行核定金额，双方商定如下合同，共同遵守：<br>贷款方应按核定的贷款金额、用途，保证按计划提供贷款，否则，应按规定付给借款方违约金。<br>借款单位保证按规定的用途使用贷款，未经贷款方的同意，不得挪作他用。如转移贷款用途，贷款方有权进行处罚，采用收取罚息、提前收回贷款、停止发放新的贷款等信用制裁措施。<br>上列借款，借款方应保证按期归还。如需延期使用，借款方最迟在贷款到期前3天提出延期使用申请，经贷款方同意办理延期手续。贷款方未同意延期或未办理延期手续的逾期贷款，按政策规定加收20%～50%的罚息。<br>贷款到期一个月后，如借款方未按期归还贷款本息，由担保单位负责为借款方偿还本息和逾期罚息。<br>本合同一式三份，借款方、贷款方、担保方各持一份。</td></tr>
</table>

贷款经业务部门发起后，遵循审贷分离、分级审批的原则，报风险管理部门履行规定审批程序，由有权审批人在授权权限内审批贷款。

2.发放和支付审核

银行公司业务部门负责接收客户提供的用款申请材料和支付申请材料，并对材料真实性和完整性负责，发起放款和支付申请，向授信执行部门提交送审材料。授信执行部门根据借款人用款和支付申请及公司业务部门的送审意见，进行发放和支付审核。

对于首次在银行办理信贷业务，且借款人信用评级较低的，或支付对象明确且单笔支付金额较高的一般都采取受托支付方式。

对于采取受托支付方式的，借款人应在《提款申请书》上填写受托支付条款和单笔具体支付信息，同时，还应提供相应的商务合同或其他交易背景证明资料，以及每笔受托支付的支付凭证。公司业务部门应审查用途的合理性，以及交易背景证明材料的真实性。

对于采取自主支付方式的，公司业务部门应向授信执行部门提供证明借款人在银行办理过信贷业务的相关材料（如授信批复、签订的借款合同等）或证明借款人信用评级符合自主支付要求的有效的信用评级通知书。授信执行部门对借款人发放和支付审核同意后，制作注明贷款支付方式的《授信发放通知书》。

3. 会计部门发放贷款

公司业务部门对《授信发放通知书》中注明采取受托支付方式的，通过发放和支付审核后，应将贷款借据和支付凭证送至会计部门，会计部门在收到日期一致的贷款借据和支付凭证时方能发放贷款。会计部门在发放贷款后应将支付凭证直接提交至结算部门，结算部门将支付凭证与《用款申请书》中受托支付清单相核对，核符后，于放款当日将款项由借款人账户划入其交易对手账户。会计分录为：

借：贷款——××借款人户

　贷：吸收存款——××借款人交易对手活期存款户

对《授信发放通知书》中注明采取自主支付方式的，会计部门根据《授信发放通知书》向借款人发放贷款，结算部门根据借款人支付申请完成资金支付。会计分录为：

借：贷款——××借款人户

　贷：吸收存款——××借款人活期存款户

银行（贷款）借款凭证见表4-2。

表4-2 **银行（贷款）借款凭证（申请书代付出凭证）**

单位编号：　　　　　　年　　月　　日　　　　　银行编号：

<table>
<tr><td rowspan="3">收款单位</td><td>名称</td><td></td><td rowspan="3">借款单位</td><td colspan="5">名称</td><td colspan="5"></td></tr>
<tr><td>往来户账号</td><td></td><td colspan="5">放款户账号</td><td colspan="5"></td></tr>
<tr><td>开户银行</td><td></td><td colspan="5">开户银行</td><td colspan="5"></td></tr>
<tr><td>借款期限</td><td></td><td>利率</td><td></td><td colspan="5">起息日</td><td colspan="5"></td></tr>
<tr><td colspan="2" rowspan="2">借款申请金额</td><td colspan="2" rowspan="2">人民币（大写）</td><td>千</td><td>百</td><td>十</td><td>万</td><td>千</td><td>百</td><td>十</td><td>元</td><td>角</td><td>分</td></tr>
<tr><td></td><td></td><td></td><td></td><td></td><td></td><td></td><td></td><td></td><td></td></tr>
<tr><td rowspan="2">借款原因及用途</td><td rowspan="2"></td><td colspan="2" rowspan="2">银行核定金额</td><td>千</td><td>百</td><td>十</td><td>万</td><td>千</td><td>百</td><td>十</td><td>元</td><td>角</td><td>分</td></tr>
<tr><td></td><td></td><td></td><td></td><td></td><td></td><td></td><td></td><td></td><td></td></tr>
<tr><td colspan="3" rowspan="3">银行审批<br>负责人　　信贷部门主管　　信贷员</td><td>期限</td><td colspan="5">计划还款日期</td><td colspan="5">计划还款金额</td></tr>
<tr><td></td><td colspan="5"></td><td colspan="5"></td></tr>
<tr><td></td><td colspan="5"></td><td colspan="5"></td></tr>
<tr><td colspan="4">兹根据你行贷款办法规定，申请办理上述借款，请核定。<br>此致<br>（借款单位预留往来户印鉴）</td><td colspan="10">会计分录：借：________<br>对方科目：贷：________<br>会计　　复核　　记账</td></tr>
</table>

### （二）贷款到期收回的处理

按时收回贷款是银行放款的一项重要原则，也是贷款业务核算的重要内容。银行会计部门应经常查看贷款借据的到期情况，在贷款快要到期时，与信贷部门联系，通常提前3天通知借款单位准备还款资金，以便到期时按期还款。收回贷款的核算主要有以下情况：

（1）贷款到期，借款单位主动归还贷款。当借款单位主动归还贷款时，应签发转账支票及填制一式四联的还款凭证办理还款手续。还款凭证的格式见表4-3。

表4-3　　**银行（贷款）还款凭证**

年　　月　　日　　　　合同编号：

<table>
<tr><td rowspan="3">借款单位</td><td>名称</td><td></td><td rowspan="3" colspan="3">付款单位</td><td colspan="4">名称</td><td colspan="4"></td></tr>
<tr><td>放款户账号</td><td></td><td colspan="4">往来户账号</td><td colspan="4"></td></tr>
<tr><td>开户银行</td><td></td><td colspan="4">开户银行</td><td colspan="4"></td></tr>
<tr><td>还款日期</td><td colspan="2">年　　月　　日</td><td colspan="3">还款次序</td><td colspan="8">第　　次还款</td></tr>
<tr><td rowspan="2">偿还金额</td><td colspan="2" rowspan="2">人民币（大写）</td><td>亿</td><td>千</td><td>百</td><td>十</td><td>万</td><td>千</td><td>百</td><td>十</td><td>元</td><td>角</td><td>分</td></tr>
<tr><td></td><td></td><td></td><td></td><td></td><td></td><td></td><td></td><td></td><td></td><td></td></tr>
<tr><td>还款内容</td><td colspan="2"></td><td colspan="11"></td></tr>
<tr><td colspan="3">由我单位往来划转归还上述借款<br>（借款单位预留往来账户印鉴）<br>（银行主动收贷时免盖）</td><td colspan="11">会计分录：借：________<br>对方科目：贷：________<br>会计　　　复核　　　记账</td></tr>
</table>

银行会计部门收到借款人提交的还款凭证后，应与贷款账簿进行核对，按照借款单位所填的原借款凭证上的银行贷款编号，抽出留存的原到期卡，核对无误后，于贷款到期日办理收回贷款的转账手续。在到期日转账时，应认真核对支票的印鉴，查看借款单位存款账户是否有足够的余额等，然后以转账支票作为借方凭证，以还款凭证作为附件，以还款凭证第二联作为贷方凭证办理转账。第三联还款凭证在转账后，由会计部门送信贷部门核销原放款记录。第四联还款凭证由会计部门在办妥还款转账手续后，在回单上加盖公章，交还借款单位，作为归还贷款的通知。若借款属分次归还，则应在原借据上做分次还款记录。

会计部门收到借款人还款凭证，审查无误后办理转账。会计分录为：

借：吸收存款——××借款人活期存款户

　贷：贷款——××借款人户

（2）贷款到期，由银行主动扣收。若贷款到期后借款人未能主动归还贷款，且其存款账户中的存款余额又足够还款的，会计部门可及时与公司业务部门联系，征得同意后，由信贷部门填制《贷款收回通知单》，加盖公司业务部业务公章交会计部门。会计部门凭以办理转账，相关的会计分录同上。

（三）贷款到期不能归还的处理

1.贷款展期

若贷款到期后由于客观情况发生变化，借款人经过努力仍不能还清贷款的，由借款人向银行提出贷款展期的书面申请，写明展期的原因，公司业务部门视具体情况决定是否展期。对于同意展期的贷款，应在展期申请书上签署意见，然后将展期申请书交给会计部门。每一笔贷款只能展期一次，短期贷款展期不得超过原贷款的期限，中长期贷款展期不得超过原贷款期限的一半，最长不得超过3年。

会计部门收到贷款展期申请书后，应主要审查以下内容：信贷部门是否批准、有无签章；展期贷款的金额与借款凭证上的金额是否一致；展期时间是否超过规定期限；展期利率的确定是否正确。审核无误后，在贷款分户账及到期卡上批注展期还款利率及还款日期，同时将一联贷款展期申请书加盖业务公章后交借款单位收执，另一联贷款展期申请书附在原借据后，按展期后的还款日期排列。贷款展期无须办理转账手续。

2.贷款逾期

贷款到期后，若借款单位事先未向银行申请办理展期手续，或申请展期未获得批准，或者已经办理展期，但展期到期日仍未能归还贷款的，就作为逾期贷款。银行应将贷款转入该单位的逾期贷款账户。银行会计部门与公司业务部门联系后，应根据原借据，分别编制特种转账借方凭证和特种转账贷方凭证办理转账。会计分录为：

借：贷款——逾期贷款——××借款人户

　贷：贷款——××借款人户

待借款单位存款账户有款支付时，一次或分次扣收。

贷款本金或利息逾期90天没有收回的贷款通过“非应计贷款”科目核算。本科目应按贷款种类设置一级科目，再按借款人设专户进行明细核算。期末借方余额反映银行按规定发放的客户贷款余额。

当应计贷款转为非应计贷款时，会计分录为：

借：贷款——非应计贷款——××借款人户

　贷：贷款——逾期贷款——××借款人户

（四）贷款利息的核算

银行发放的各种贷款，除国家有特殊规定外，均应按规定计收利息。

1.贷款利率及利息计算的有关规定

（1）贷款利率采取贷款市场报价利率LPR为定价基准加点形成。

自2019年8月20日起，中国人民银行授权全国银行间同业拆借中心于每月20日（遇节假日顺延）9时30分公布贷款市场报价利率。我国商业银行贷款业务统一实行市场报价利率，即LPR（Loan Prime Rate）。5年期以内（含5年）贷款参照1年期LPR定价，5年期以上贷款参照5年期以上LPR定价。

银行对公贷款定价主要受银行自身的资金成本、经济资本成本、运营成本、收益要求四个基础要素影响。

第一，银行自身的资金成本体现为内部FTP定价，主要取决于该银行吸收存款的平均价格，一般大型国有及股份制银行由于网点广泛、存款客户众多，吸收存款的成本相对较低，地方城市商业银行及农商行成本相对较高。

第二，经济资本成本。经济资本也称风险资本，是指商业银行用来承担非预期损失和保持正常经营所需的资本。依照《商业银行资本管理办法》等规定，商业银行会参考该笔贷款相关的市场风险、信用风险和操作风险等因素设计一套经济资本的计量公式，并按照既定方法估算出该笔贷款对应的风险资产及经济资本。由于经济资本耗用了银行股东的资本金，因此需要计量一定的费率（相当于股东回报率，如1%），各家银行要求略有不同。

第三，银行运营成本主要取决于巴塞尔协议项下对于信贷资产计提风险资本的要求，具体包括相关信贷资产对应的风险资产权重、费率等因素。

第四，收益要求是银行根据该笔信贷业务风险、中后台运营成本等多种因素设定的预期收益指标。

在满足以上要求基础上，银行会得出贷款业务的最低报价，并结合授信客户的市场地位、本行对贷款规模的需求程度等因素，最终做加减点处理，进而得出贷款的实际定价利率。

贷款定价后，对外（对客户）报价是采用参考LPR加减点的方式写入合同的。

（2）贷款可以按日、周、月（或季）结息，也可以利随本清。其中，按月结息的，每月的20日为结息日；按季结息的，每季度末月的20日为结息日，次日扣款。一年以内的流动资金贷款一般采取利随本清的计息方法。

（3）逾期贷款按规定收取罚息。对逾期或未按合同约定用途使用贷款的，从逾期或未按合同约定用途使用贷款之日起，按罚息利率计收利息，直至清偿本息为止。逾期贷款罚息利率在合同载明的贷款利率水平上上浮30%～50%。借款人未按合同约定用途使用贷款的罚息利率，在借款合同载明的贷款利率水平上上浮50%～100%。

2.贷款利息的计算方法

商业银行对贷款利息的计算，按照结计利息的时间不同，分为定期结息和利随本清两种方法。

（1）定期结息。定期结息是指银行按规定的结息期结计利息，一般为按月结息或按季结息，结计的利息于结息日次日办理转账。其利息的计算与活期存款利息的计算相同，具体可采用余额表计算累计计息积数。

将计算的各贷款户利息，编制一式三联贷款利息清单，第一联作转账贷方传票，第二联作转账借方传票，第三联作回单交借款人，同时汇总编制“应收利息”科目凭证办理转账。会计分录为：

借：吸收存款——××单位活期存款户

　　贷：利息收入

若借款人存款账户无款支付或不足支付，对未收回的利息，应按前述规定的利率计收复息。会计分录为：

借：应收利息

　　贷：利息收入

银行收回应当收取的利息时，会计分录为：

借：吸收存款——××单位活期存款户

　　贷：应收利息

（2）利随本清。商业银行对一年以内的流动资金贷款，一般采取利随本清方式，即在收回贷款本金的同时计收利息。

在利随本清方式下，贷款利息计算的公式为：

贷款利息=贷款本金×期限×利率

其中，贷款期限按实际天数计算，算头不算尾。

银行收回贷款本息时，应填制两借一贷特种转账传票及利息清单，办理转账。会计分录为：

借：吸收存款——××借款人活期存款户

　贷：贷款——××借款人户

　　利息收入

对逾期贷款，除按前述规定利率计算到期利息外，还应按逾期贷款利率计算逾期利息。逾期贷款利息的计算公式如下：

逾期贷款利息=逾期贷款本金×逾期期限×合同利率×（1+加息率）

## 二、个人贷款业务核算

根据国家金融监督管理总局[①]发布的《个人贷款管理办法》，个人贷款是指贷款人向符合条件的自然人发放的用于个人消费、生产经营等用途的本外币贷款。目前针对个人的贷款业务主要是个人住房贷款、个人汽车贷款、信用卡透支、个人助学贷款等。这里主要介绍个人住房贷款。

个人住房贷款是银行向购买、建造、大修各类型住房的自然人发放的贷款，即通常所说的个人住房按揭贷款，包括个人住房商业性贷款、住房公积金贷款和个人住房组合贷款。

### （一）个人住房贷款发放的核算

申请个人住房贷款时，借款人应提出书面申请，并提供银行要求的具有法律效力的身份证件或有效居留证件、已支付所购住房首付款的证明、经济收入证明、合法有效的购房合同或协议等材料。银行对借款人贷款申请内容和相关情况的真实性、准确性、完整性进行调查核实。贷款批准后，业务经办机构应根据贷款批准的要求，通知借款人（包括房屋共有人）及其他有关当事人在规定时间内办理相关手续，签订书面借款合同，并指定还款账户。借款合同生效后，贷款银行应按合同约定及时发放贷款。

个人住房贷款一般采取受托支付方式，即根据借款人的提款申请和支付委托，将贷款资金支付给符合合同约定用途的借款人交易对象。

会计分录为：

借：贷款——××借款人个人住房贷款户

　贷：吸收存款——××售房单位活期存款户

### （二）贷款收回的核算

个人住房贷款期限在1年以下的，采用利随本清的还款方式。期限在一年以上的，采用按月或按季还款方式偿还本息。

---

① 2018年3月批准的国务院机构改革方案将中国银行业监督管理委员会和中国保险监督管理委员会职责整合，组建中国银行保险监督管理委员会。2023年3月，中共中央、国务院印发了《党和国家机构改革方案》，决定在中国银行保险监督管理委员会基础上组建国家金融监督管理总局，不再保留中国银行保险监督管理委员会。2023年5月18日，国家金融监督管理总局揭牌。

收回贷款的会计分录为：

借：吸收存款——××借款人活期储蓄存款户

　贷：贷款——××借款人个人住房贷款户（本金）

　　利息收入——个人住房贷款利息收入

（三）个人住房贷款利率及还本付息方式

1.个人住房贷款利率

个人住房贷款利率遵循利率市场化原则，在遵守国家有关规定的前提下，按照银行个人住房贷款利率定价政策的要求执行。与对公贷款类似，个人以房产抵押为担保方式的贷款定价受银行自身资金成本和经济资本两个主要因素影响。差异主要体现在：第一，国家经济政策对个人住房贷款的倾向性，在不同的经济周期下，监管部门会通过再贷款、窗口指导等政策工具引导银行降低或提高对应的贷款利率定价；第二，个人住房贷款因具有较好的抵押物做担保，在巴塞尔协议框架下的经济资本占用较少。

2.个人住房贷款的还本付息方式

个人住房贷款按月归还贷款本息，原则上采用等额本息或等额本金还款方式。一是等额本息还款法，贷款期限内每月以相等的数额偿还贷款本息；二是等额本金还款法，每月等额偿还贷款本金，贷款利息随本金逐月递减。

等额本息还款法下利息的计算公式为：

$$每月等额还本付息额 = P \times \frac{r \times (1 + r)^n}{(1 + r)^n - 1}$$

其中：P——贷款本金；r——月利率；n——还款期数，还款期数=贷款年限×12。

等额本金还款法下利息的计算公式为：

$$每月还款额 = \frac{P}{n} + (P - A) \times r$$

其中：P——贷款本金；r——月利率；n——还款期数，还款期数=贷款年限×12；A——已归还贷款本金。

**【例4-1】** 客户张××的商业性个人住房贷款总额为120万元，贷款期为10年，如采取月等额本金还款法，假设年贷款利率为6%，请试算他每个月的还款额。

张××每月等额归还的本金数=1 200 000÷（10×12）=10 000（元）

第1个月支付的利息=1 200 000×（6%÷12）=6 000（元）

第1个月还款额=10 000+6 000=16 000（元）

银行办理收回本息的会计分录为：

借：吸收存款——张××活期储蓄存款户　16 000

　贷：贷款——张××个人住房贷款户　10 000

　　　利息收入　6 000

第2个月利息=（1 200 000-10 000×1）×（6%÷12）=5 950（元）

第2个月还款额=10 000+5 950=15 950（元）

银行收回本息的会计分录为：

借：吸收存款——张××活期储蓄存款户　15 950

　贷：贷款——张××个人住房贷款户　10 000

　　　利息收入　5 950

以此类推，第120个月利息=（1 200 000-10 000×119）×（6%÷12）=50（元）

第120个月的还款额=10 000+50=10 050（元）

银行收回本息的会计分录为：

借：吸收存款——张××活期储蓄存款户　10 050

　贷：贷款——张××个人住房贷款户　10 000

　　　利息收入　50

**【例4-2】**张先生的商业性个人住房贷款总额为120万元，贷款期为10年，还款方式为等额本息还款法，假设年利率为6%，请试算他每个月的还款额，并办理转账，见表4-4。

表4-4　**还款额计算表**　单位：元

| 期间 | 每期还款额 | 每期付利息 | 每期还本金 | 贷款余额 |
|---|---|---|---|---|
| 0 | | | | 1 200 000 |
| 1 | 13 322.46 | 6 000 | 7 322.46 | 1 192 677.54 |
| 2 | 13 322.46 | 5 963.39 | 7 359.07 | 1 185 318.47 |
| 3 | 13 322.46 | 5 926.59 | 7 395.87 | 1 177 922.6 |
| ⋮ | ⋮ | | | |
| 120 | 13 322.46 | | | 0 |

第1个月的会计分录：

借：吸收存款——张××活期储蓄存款户　13 322.46

贷：贷款——张××个人住房贷款户 7 322.46

利息收入 6 000

第2个月的会计分录：

借：吸收存款——张××活期储蓄存款户 13 322.46

贷：贷款——张××个人住房贷款户 7 359.07

利息收入 5 963.39

以此类推。

借款人在贷款合同生效后，经贷款人同意后可以提前部分或全部还款，贷款人可根据合同约定收取提前还款违约金。借款人未按期足额偿还贷款本息的，贷款人根据贷款合同约定收取罚息。

## 第三节 票据贴现业务的核算

### 一、票据贴现的定义及特点

票据贴现业务所称的票据是指商业汇票，即由出票人签发的，委托付款人在指定日期无条件支付确定的金额给收款人或者持票人的票据。票据贴现是商业银行以购买借款人未到期商业票据的方式发放的贷款。

从借款企业的角度来讲，贴现是持票人在汇票到期日前，为了取得资金贴付一定利息将票据权利转让给金融机构的票据行为。站在商业银行的角度，票据贴现是商业银行资金分配的一种形式，属于贷款业务的一种。贴现银行买入未到期的商业票据，成为该票据的持票人，并享有了该票据的权利，即向票据债务人请求支付票据金额的权利，包括付款请求权和追索权。

与短期贷款业务相同，票据贴现业务也是商业银行融通资金的业务，是分配资金的一种形式，都占用银行的授信额度；都参与商业银行的信用创造，是银行信贷资金来源的渠道；都是商业银行获取收入的主要来源。但票据贴现业务在业务操作及账务处理上又具有与其他贷款业务的不同之处，主要体现在：

1.融资的基础不同

贷款是以借款人或担保人的信誉、还款能力为基础，而贴现是以未到期的商业汇票为基础。

2.信用关系的当事人不同

贷款业务的当事人是银行、借款人和担保人，贷款到期后，由借款人或由担保人归还贷款，而票据贴现业务的当事人除了银行、贴现申请人外，还包括票据的出票人、承兑人、背书人、保证人等，所有关系人均负有连带付款责任。

3.利率的确定及利息收取方法不同

现行银行贷款利率是依据银行内部资金成本，以及银行运营和风险成本，参考贷款市场报价利率LPR加点形成，贷款利息按照不同贷款产品可以是利随本清，也可以周、月、季或年为结息周期进行结息。贴现贷款利率一般以银行间市场利率为基础，同时考虑不同承兑行及交易对手，在此基础上加点形成，贴现利息是在办理贴现时一次扣收。贷款利息是在贷款发放之日起按月或按季收取。

4.融资期限规定不同

贷款期限是由交易双方协商确定的，而贴现的期限是由票据的有效期决定的。

**二、票据贴现业务的意义**

第一，为了解决中小企业融资难、融资贵的问题，我国政府有关部门制定颁布了一系列方针、政策和办法。为鼓励和支持商业银行将更多的资金投向中小企业，中国人民银行及监管机构实施了许多针对性的措施，如贷款利率的下调、法定存款准备金的定向调整等。票据具有灵活便利、流动性高等特点，在缓解中小企业融资难、融资贵问题上发挥着重要作用，一定程度上能够满足国家宏观经济调控的需要。

第二，商业银行通过办理票据贴现业务，能帮助促进和拉动银行存款。商业银行办理的各项贷款都是采取借款转存的方式，即贷款资金要转在借款人在银行开立的存款账户上。商业银行在办理贴现业务时，按规定计算了实际支付的贴现金额后，也是要转在贴现申请人的银行账户上，从而增加贴现银行的存款。同时，贴现银行也可以根据自身资产负债管理需要要么持有至到期，要么提前转让，从而提高银行资金配置效率。

第三，票据贴现业务在满足企业融资需求的同时，使原来不是它的信贷客户成了它的信贷客户，从而打破传统的信贷市场格局。原有那些不具备贷款条件的中小企业，为获得贴现资金，都选择不同的银行开立账户，申请贴现。这些中小企业逐渐成为银行相对稳定的客户群体。

第四，票据贴现业务能够产生比同期短期贷款更优的综合收益。在办理票据贴现业务时，商业银行可以获得的收益不单单是贴现业务的利息收入，围绕票据贴现也可以收取承兑票据的手续费，吸收保证金、贴现转存资金等综合收益。

## 三、银行办理贴现业务的基本要求

1.对贴现申请人的要求

（1）申请人对申请贴现票据的取得应当遵循诚实信用的原则，其票据业务量与其实际经营情况应当相符。

（2）贴现申请人须在贴现银行开立对公人民币结算账户。

（3）办理贴现业务时需填写《商业汇票贴现申请书》，加盖公章和法定代表人章（或授权代理人章）后提交贴现银行，并提供以下资料：未到期且格式完整的商业汇票；《企业法人营业执照》或《营业执照》复印件；与其直接前手之间根据税收制度的有关规定开具的增值税发票或普通发票、交易合同原件；贴现银行认为需要提供的其他资料。

2.对贴现银行的基本要求

（1）贴现银行应本着“了解你的客户、了解你客户的业务”的原则，严格遵照国家反洗钱相关法规及银行反洗钱和反恐怖融资的相关规定，对客户及交易开展尽职调查，了解客户及其交易目的、交易性质、交易对手等交易背景信息，确保基础交易合法真实。

（2）要按照票据业务流程进行分工和设岗，配备必要的人员，明确各自职责，防止操作风险。

（3）认真审核票据的真实性、合法性和有效性，严防票据欺诈给银行带来资金损失。

（4）票据贴现业务需占用授信额度，应按照“先授信，后贴现”的原则，在授信额度内办理贴现贷款。

## 四、贴现业务的核算

### （一）贴现银行办理贴现的处理

商业承兑汇票或银行承兑汇票到期前，收款人或被背书人（持票人）需要资金，可持汇票向开户银行申请贴现。申请时填制一式五联贴现凭证（参见表4-5），在第一联上加盖预留银行印鉴后，连同汇票送交银行（如以银行承兑汇票办理贴现，应将解讫通知一并送交银行）。银行信贷部门首先要对贴现申请人的资格进行审查：申请人是否是在银行开立存款账户的企业法人以及其他组织；与出票人或者直接前手之间是否具有真实的商品交易关系；申请人是否提供与其直接前手之间的增值税发票和商品发运单据复印件。符合条件的，在贴现凭证“银行审批”栏批注“同意”字样，并加盖有关人员印章后，送交会计部门。

表4-5 **贴现凭证 （代申请书）** 1

申请日期 年 月 日 第 号

<table>
<tr><td rowspan="3">贴现汇票</td><td>种类</td><td></td><td>号码</td><td></td><td rowspan="3">持票人</td><td>名 称</td><td colspan="2"></td></tr>
<tr><td>发票日</td><td colspan="3">年 月 日</td><td>账 号</td><td colspan="2"></td></tr>
<tr><td>到期日</td><td colspan="3">年 月 日</td><td>开户银行</td><td colspan="2"></td></tr>
<tr><td colspan="2">汇票承兑人</td><td>名称</td><td></td><td>账号</td><td></td><td>开户银行</td><td></td></tr>
<tr><td colspan="2">汇票金额</td><td colspan="5">人民币<br>(大写)</td><td>千 百 十 万 千 百 十 元 角 分</td></tr>
<tr><td>贴现率</td><td>‰</td><td>贴现利息</td><td>千 百 十 万 千 百 十 元 角 分</td><td colspan="3">实付贴现金额</td><td>千 百 十 万 千 百 十 元 角 分</td></tr>
<tr><td colspan="3">附送承兑汇票申请贴现，请审核。<br><br>持票人盖章</td><td>银行审批</td><td colspan="3">负责人 信贷员</td><td>科目（借）<br>对方科目（贷）<br>复核 记账</td></tr>
</table>

会计部门接到汇票和贴现凭证后，按规定内容审查：汇票是否真实合法；要素是否齐全；是否符合《中华人民共和国票据法》《支付结算办法》的要求。要认真审核贴现凭证的填写是否与汇票内容相符，然后按照规定的贴现率计算出贴现利息和实付贴现金额。其计算方法如下：

贴现利息=汇票金额×贴现天数×日贴现率

实付贴现金额=汇票金额-贴现利息

贴现期限从贴现之日起到汇票到期日止，实付贴现金额按票面金额扣除贴现日至汇票到期前一日的利息计算。承兑人在异地的，贴现的期限以及贴现利息的计算应另加三天的划款日期。

计算后，在贴现凭证有关栏内填写贴现率、贴现利息和实付贴现金额，并以贴现凭证第一联代贴现科目借方凭证，第二、三联分别作有关存款科目和利息收入科目的贷方凭证，第四联加盖转讫章作收账通知交给贴现申请人，第五联贴现凭证和汇票按到期日先后顺序排列，妥善保管。会计分录如下：

借：贴现资产——××单位户

　贷：吸收存款——××贴现申请人活期存款户

　　　利息收入——贴现利息收入

**【例4-3】** A企业在日常贸易中收到一张下游客户的银行承兑汇票，用于支付向A企业采购货物的账款。该张票据的出票日为2024年9月2日，到期日为2025年2月1日，票面金额为100万元。

2024年11月1日，A企业资金紧张，拟将上述票据向B银行申请贴现，该银行给出的贴现利率报价为2.35%，具体贴现利息和企业实收票据贴现款金额计算如下：

（1）票据剩余天数为94天。该张拟贴现票据到期日为2025年2月1日，由于正值周六，因此到期日应顺延至下周一（即贴现天数加2天），因此实际贴现天数应为94天，贴现起始日至到期日采取算头不算尾的方法。

（2）贴现利息=1 000 000×2.35%×94/360=6 136.11（元）

（3）银行实付贴现额为：1 000 000−6 136.11=993 863.89（元）

办理转账的会计分录为：

借：贴现资产——A企业　　1 000 000

　贷：吸收存款——A企业活期存款户　　993 863.89

　　　利息收入——贴现利息收入　　6 136.11

（二）汇票贴现到期收回的处理

商业汇票到期，贴现银行作为收款人在汇票背面背书栏加盖结算专用章并由授权的经办人员签名或盖章，注明“委托收款”字样，于汇票到期前匡算邮程，提前填制异地委托收款凭证，在“委托收款凭据名称”栏注明“商业承兑汇票”或“银行承兑汇票”及其汇票号码，连同汇票向付款人收取票款。将第五联贴现凭证作为第二联委托收款凭证的附件存放，并将第三、四、五联委托收款凭证及汇票送交承兑人开户银行或承兑银行。

1.商业承兑汇票贴现的到期收回

商业承兑汇票的承兑人开户银行收到上述委托收款凭证及商业承兑汇票后，应及时通知承兑人付款，若承兑人没有任何疑义，且其账户有足够资金支付，开户行于第四天上午将款项从其账户内付出，通过资金清算系统将款项划往贴现银行。其会计分录为：

借：吸收存款——××承兑人活期存款户

　贷：清算资金往来（或有关科目）

贴现银行收到划回的票款后，以第二联委托收款凭证作记账凭证，以第五联贴现凭证作附件办理转账，会计分录为：

借：清算资金往来（或有关科目）

　贷：贴现资产——××单位户

2.银行承兑汇票贴现的到期收回

在银行承兑汇票到期前，根据承兑协议，承兑银行应将款项从承兑申请人账户扣出，转作银行临时存款户，会计分录为：

借：吸收存款——××承兑申请人活期存款户

　贷：应解汇款

当承兑银行收到贴现银行的委托收款凭证及承兑的汇票时，经审查无误，最晚不得超过次日通过资金清算系统将款项划往贴现银行，会计分录为：

借：应解汇款

　贷：清算资金往来（或有关科目）

贴现银行收到划回的票款后，以第二联委托收款凭证作记账凭证，以第五联贴现凭证作附件办理转账，会计分录为：

借：清算资金往来（或有关科目）

　贷：贴现资产——××单位户

（三）贴现到期未收回的处理

贴现银行如果收到承兑人开户银行或承兑银行退回的委托收款凭证、拒付理由书和汇票后，依据《中华人民共和国票据法》《支付结算办法》追索票款时，对已贴现的金额，可直接从贴现申请人账户收取。另填制两联特种转账借方传票办理转账，在“转账原因”栏注明“未收回××号汇票款，贴现款已从贴现申请人账户收取”。会计分录为：

借：吸收存款——贴现申请人活期存款户

　贷：贴现资产——申请人贴现户

如果贴现申请人账户资金不足，不足部分转作逾期贷款。会计分录为：

借：吸收存款——贴现申请人活期存款户

　　贷款——逾期贷款——贴现申请人户

　贷：贴现资产——申请人贴现户

## 第四节　贷款损失准备的核算

商业银行在从事贷款业务中，面临的一个重要问题就是借款人的违约风险，或者其他不确定因素导致贷款本息难以收回的风险，因此，按照谨慎经营原则，商业银行需要提取风险准备金以应对可能发生的贷款损失。

### 一、贷款损失准备金管理的政策依据

针对金融企业贷款风险准备金的管理，中国人民银行等金融机构监管部门、财政部都相继出台了一系列的政策法律，主要包括：2002年中国人民银

行发布的《银行贷款损失准备计提指引》（银发〔2002〕98号），2011年中国银行业监督管理委员会发布的《商业银行贷款损失准备管理办法》（中国银监会令2011年第4号），2012年《财政部关于印发〈金融企业准备金计提管理办法〉的通知》（财金〔2012〕20号），2018年中国银行业监督管理委员会发布的《关于调整商业银行贷款损失准备监管要求的通知》（银监发〔2018〕7号），2019年9月26日财政部关于《金融企业财务规则（征求意见稿）》向社会公开征求意见的通知，财政部和税务总局发布的《关于金融企业贷款损失准备金企业所得税税前扣除有关政策的公告》（财政部 税务总局公告2019年第86号）等。上述政策文件制定的目标都是提高金融企业抵御风险的能力，保持稳健经营和持续发展，但内容上有所不同。

《银行贷款损失准备计提指引》规定，贷款损失准备包括一般准备、专项准备和特种准备。一般准备是商业银行按规定从净利润中提取的、用于弥补尚未识别的可能性损失的准备。专项准备是指对贷款进行风险分类后，按每笔贷款损失的程度计提的用于弥补专项损失的准备。特种准备指针对某一国家、地区、行业或某一类贷款风险计提的准备，同时对提取准备金的贷款范围及计提比例也做出了规范。《商业银行贷款损失准备管理办法》规定，贷款损失准备是商业银行在成本中列支、用以抵御贷款风险的准备金，不包括在利润分配中计提的一般风险准备。《金融企业准备金计提管理办法》规定，准备金是指金融企业对承担风险和损失的金融资产计提的准备金，包括资产减值准备和一般准备。其中，资产减值准备，是指金融企业对债权、股权等金融资产（不包括以公允价值计量且其变动计入当期损益的金融资产）进行合理估计和判断，对其预计未来现金流量现值低于账面价值部分计提的，计入金融企业成本的，用于弥补资产损失的准备金。一般准备，是指金融企业运用动态拨备原理，采用内部模型法或标准法计算风险资产的潜在风险估计值后，扣减已计提的资产减值准备，从净利润中计提的、用于部分弥补尚未识别的可能性损失的准备金。

依据《金融企业准备金计提管理办法》和《金融企业财务规则》，本节所核算的贷款损失准备，仅指商业银行在成本中列支、用以抵御贷款风险的准备金，不包括在利润分配中计提的一般风险准备。

## 二、贷款损失准备的计提规定

根据《金融企业准备金计提管理办法》的规定，银行应当在资产负债表日对各项资产进行检查，分析判断资产是否发生减值，并根据谨慎性原则，计提资产减值准备。对发放贷款和垫款，至少应当按季进行分析。采取单项或组合的方式进行减值测试，计提贷款损失准备。

据此，商业银行贷款损失准备金的计提方法包括：

（1）贷款损失准备金由各商业银行总行进行计提，分支机构不需要计提。

（2）商业银行要对贷款和垫款的减值损失定期进行评估，确认为减值损失的贷款，必须有充分客观证据表明减值已经发生并且未来现金流量可以可靠计量。

（3）在测算贷款减值损失时，需要进行判断和假设，减值准备的测算应当为单笔贷款或类似贷款组合账面价值与未来现金流量现值之差，折现率采用原实际利率。

（4）对于金额重大和不重大的贷款采用不同的评估方式进行测算，前者采用单独评估方式，后者采用组合评估方式。

（5）采用单独评估方式测算贷款减值损失的，由于其未来现金流受多种因素的影响，比如借款人财务信息详尽状况、行业发展趋势以及与特定借款人未来经营表现的相关度等，在进行估计时需高度依赖上述因素造成的影响。

（6）采取组合评估方式测算贷款减值损失的，对该组合未来是否存在现金流减少的迹象要高度关注，当有证据表明发生减值损失时，可以采用类似资产历史损失经验来测算贷款组合未来现金流。

## 三、贷款损失准备的会计核算

1.会计科目的设置

（1）“贷款损失准备”科目。该科目为资产类科目，也是“贷款”科目的备抵科目，用来核算商业银行贷款的减值准备。该科目可按计提贷款损失准备的资产类别进行明细核算。

资产负债表日，贷款发生减值的，按应减记的金额，借记“资产减值损失”科目，贷记“贷款损失准备”科目。

对于确实无法收回的各项贷款，按管理权限报经批准后转销各项贷款，借记“贷款损失准备”科目，贷记“贷款”“贴现资产”“拆出资金”等科目。

已计提贷款损失准备的贷款价值以后又得以恢复，应在原已计提的贷款损失准备金额内，按恢复增加的金额，借记“贷款损失准备”科目，贷记“资产减值损失”科目。

该科目期末贷方余额，反映企业已计提但尚未转销的贷款损失准备。

（2）“资产减值损失”科目。该科目为损益类科目，用来核算商业银行计提各项资产减值准备所形成的损失。该科目可按资产减值损失的项目进行明细核算。

商业银行的贷款等资产发生减值的，按应减记的金额，借记“资产减值损失”科目，贷记“贷款损失准备”科目。

已计提贷款损失准备的相关资产的价值又得以恢复的，应在原已计提的减值准备金额内，按恢复增加的金额，借记“贷款损失准备”等科目，贷记“资产减值损失”科目。

期末，应将该科目余额转入“本年利润”科目，结转后该科目无余额。

2.贷款损失准备的会计处理

资产负债表日，如果确认发生减值，即账面价值高于预计未来现金流量现值，提取贷款损失准备时，会计分录为：

借：资产减值损失——计提贷款损失准备

　贷：贷款损失准备——××户

对于确实无法收回的贷款，按管理权限报经批准后作为贷款损失予以转销。会计分录为：

借：贷款损失准备——××户

　贷：贷款——××单位或个人贷款户（已减值）

已确认损失并转销的贷款以后又收回的，会计分录为：

借：贷款——××单位或个人贷款户（已减值）

　贷：贷款损失准备——××户

同时，

借：吸收存款——××单位或个人活期存款户

　贷：贷款——××单位或个人贷款户（已减值）

　　资产减值损失——贷款损失准备金户（借贷方差额）

**【例4-4】**某商业银行2×24年12月31日单项金额重大的贷款为1笔，金额为10 000万元，为该商业银行2×20年1月1日向A建筑公司发放的1笔利率为10%的五年期贷款。至2×24年12月31日，有客观证据表明该公司发生严重财务困难，预计2×25年年末可收回本金5 000万元。计算应提取的贷款损失准备金。

首先，对单项金额重大的贷款进行减值测试，确定商业银行对A建筑公司贷款的账面价值为10 000万元。

然后，确定商业银行预计从A建筑公司收回的现金流量现值：

现金流量现值=5 000×0.9091=4 545.50（万元）

2×24年12月31日应确认单项金额重大的贷款减值损失=10 000−4 545.50=5 454.50（万元）

会计分录为：

借：资产减值损失　54 545 000

　贷：贷款损失准备　54 545 000

**本章小结**

为实体经济服务是金融业的立业之本。中央金融工作会议提出着力做好科技、绿色、普惠、数字和养老金融“五篇大文章”，精准定位和有效拓展了商业银行贷款的方向，是信贷业务服务实体经济、推动高质量发展的重要着力点。在贷款定价上，依据中国人民银行授权全国银行间同业拆借中心计算并公布的基础性的贷款参考利率，以贷款市场报价利率LPR为定价基准加点形成，加点幅度应体现市场供求、借款人风险溢价等因素。

商业银行贷款业务涉及的风险除了信用风险、价格风险及操作风险外，还涉及洗钱风险。因此无论在信贷业务开展前，还是业务存续期间及日常管理中，都要持续开展交易监控，识别可疑交易特征，加强对资金来源及支付的管理，严把风险关，把防控风险的永恒主题贯穿到信贷业务的全过程。

**综合训练**

1.多项选择题

（1）商业银行贷款按照风险程度大小可以分为（　　）。

A.正常贷款　B.关注贷款　C.次级贷款

D.可疑贷款　E.损失贷款

（2）商业银行的贷款调查可以采取（　　）方法。

A.现场核实　B.电话查问　C.信息咨询

D.网络搜索　E.问卷调查

（3）个人可以根据自身情况申请（　　）。

A.个人住房商业性贷款　B.住房公积金贷款

C.商业性贷款和公积金组合贷款　D.委托贷款

E.助学贷款

（4）首次办理贴现的申请人应当向银行提交（　　）材料。

A.营业执照　B.组织机构代码证

C.税务登记证　D.法定代表人身份证或护照等身份证明

E.机动车驾驶证

（5）商业银行为客户发放贴现贷款时，贷方科目正确的有（　　）。

A.贴现资产　B.吸收存款　C.利息收入

D.金融企业往来收入　E.现金

（6）下列可以申请办理贴现的票据有（　　）。

A．银行汇票　　B．银行承兑汇票　　C．银行本票

D．商业承兑汇票　　E．银行支票

第四章即测即评

2．复习思考题

（1）贷款与贴现有哪些区别？

（2）怎样对逾期贷款进行核算？

（3）票据贴现的意义有哪些？

（4）如何计算贴现利息？贴现到期如何收回贴现款？

（5）什么是贷款损失准备？为什么要提取贷款损失准备？

# 第五章

## 支付结算业务的核算

**本章导读**

支付结算是指单位、个人在社会经济活动中使用票据、信用卡和汇兑、托收承付、委托收款等结算方式进行货币给付及资金清算的行为。商业银行在办理支付结算过程中不仅提供账户服务，为交易主体提供支付工具、支付信息传递渠道和资金转移通道，也为交易主体之间的债权债务提供清算和结算服务。它对调节货币流通、节约现金使用、扩大信贷资金来源、促进经济发展具有重要作用。支付结算业务的核算具有很强的合规性及程序性，要求会计人员在账务处理时认真执行政策法规，按照规定的流程认真审查结算凭证，及时处理账户，保证资金流转畅通。本章系统地介绍支付结算的基本要求和基本程序，按照中国人民银行《支付结算办法》的规定，对票据基本概念、规定性及操作流程进行了详细的阐述，然后介绍了其他结算方式的使用规定和核算手续。

**基本概念**

支付结算　支票　银行汇票　商业汇票　商业承兑汇票　银行承兑汇票　银行本票　汇兑　托收承付　委托收款　信用卡

## 第一节　支付结算业务概述

### 一、支付结算的意义和任务

支付结算是指单位、个人在社会经济活动中使用票据、信用卡和汇兑、托收承付、委托收款等支付工具进行货币给付及资金清算的行为。

随着市场经济和货币信用关系的不断发展，非现金支付工具的使用方便了商品交易和债权债务的清偿，在社会经济生活中发挥着越来越重要的作用。各种非现金支付工具所反映的债权债务的最终清偿还是要通过银行转账结算，因此，作为支付结算和资金清算中介机构的商业银行，各种非现金支付工具引起的转账结算是其会计核算的重要内容。有效地组织支付结算，不仅有利于各企业单位间债权债务的清偿，保障经济活动当事人的合法权益，而且可以简化结算手续，缩短结算过程，从而促进商品交易、劳务供应及资金调拨等经济活动的开展，这对于促进我国市场经济的发展具有重要意义。

商业银行在办理支付结算业务时，其任务就是要根据经济往来组织支付结算，准确、及时、安全办理支付结算，按照各项法律法规管理支付结算，从而保障银行支付结算活动的正常进行。

**二、我国支付结算的管理体制**

我国现行的支付结算实行集中统一和分级管理相结合的管理体制。中国人民银行总行负责制定统一的支付结算制度或办法，组织、协调、管理、监督全国的支付结算工作，调解、处理银行之间的支付结算纠纷。中国人民银行省、自治区、直辖市分行根据统一的支付结算制度制定实施细则，报总行备案，并可根据需要制定单项支付结算办法，报经中国人民银行总行批准后执行。中国人民银行分行、支行负责组织、协调、管理、监督本辖区的支付结算工作，调解、处理本辖区银行之间的支付结算纠纷。

政策性银行、商业银行总行可以根据统一的支付结算制度，结合本行情况，制定具体管理实施办法，报经中国人民银行总行批准后执行。政策性银行、商业银行负责组织、管理、协调本行内的支付结算工作，调解、处理本行内分支机构之间的支付结算纠纷。

**三、办理支付结算的基本要求**

（一）认真执行支付结算原则

支付结算原则是参与结算的收付款双方以及银行在组织结算时应遵循的准则。

1.恪守信用，履约付款

这条原则要求办理结算的收付款双方必须依法行使权利和承担义务。供货方应按合同保质保量、按时提供商品，购货方应及时、足额支付货款。同时，作为支付中介的商业银行也有义务帮助收付款双方选取恰当的支付工具和结算方式、提供便捷的支付通道和服务，保证双方债权债务的及时清偿。

2.谁的钱进谁的账，由谁支配

银行作为资金清算的中介，在办理支付结算时必须按照委托人的要求收款和付款，只有这样，才能保护客户对存款的所有权和自主支配存款的合法权益。为此，在办理结算业务时，必须按照收款人的账号及户名，准确、及时地为其收账。对各单位支取的款项，则必须根据付款人的委托办理。除国家法律规定和国务院授权中国人民银行的监督项目以外，任何单位、任何部门、任何个人都无权随意冻结、扣划或停止单位和个人对其存款的正常支付和使用。

3.银行不垫款

银行办理支付结算时，无论是什么结算工具或结算方式，其核心环节都是将款项从付款单位账户转到收款人账户。为保证支付结算的顺利进行，要求各单位只能在开户单位存款账户余额内支用款项，不能透支。银行也必须确认付款单位付款之后，才能为收款单位进账，否则会出现垫款。

（二）遵守支付结算纪律

支付结算纪律是国家财经纪律的重要组成部分，加强支付结算纪律，维护正常的结算秩序，是促进支付结算业务正常进行的重要保证。为此，参与支付结算的购销双方以及银行都必须严格遵守支付结算纪律。

办理支付结算的单位和个人必须重合同、守信用，并严格执行《中华人民共和国票据法》和《支付结算办法》以及账户管理的规定，不准多头开户，乱开账户，出租、出借、出售账户；各单位的存款账户必须保持足以支付的存款余额，不准签发没有资金保证的票据套取银行信用；不准签发、取得和转让没有真实商品交易和债权债务的票据，套取银行和他人资金；不准无理拒付，任意占用他人资金。

银行要履行“清算中介”的职责，也必须严格执行《中华人民共和国票据法》和《支付结算办法》，严格遵守各项结算纪律，不准以任何理由压票、任意退票、截留挪用客户和他行资金；不准无理拒绝支付应由银行支付的票据款项；不准受理无理拒付、自行拒付退票、不扣少扣滞纳金，影响资金正常周转；不准违章签发、承兑、贴现票据；不准在支付结算制度之外规定附加条件，影响汇路畅通。

（三）正确使用支付结算工具

票据、银行卡和结算方式是办理支付结算的主要工具。单位、个人和银行办理支付结算时，必须使用按中国人民银行统一规定印制的票据凭证和统一规定格式的结算凭证。未使用按中国人民银行统一规定印制的票据，票据无效；未使用中国人民银行统一规定格式的结算凭证，银行不予受理。单位、个人和银行签发票据、填写结算凭证，应按照《支付结算办法》及有关规定记载，单位和银行的名称应当记载全称或者规范化简称。票据和结算凭证上的签章和其他记载事项应当真实，不得伪造、变造。

银行现行的支付结算工具，除现金外，主要是票据，包括汇票、本票和支票；三种结算方式，包括汇兑、托收承付、委托收款。这形成了以票据为主体，多种结算方式和银行卡合理配置、互为补充的结算工具体系，能较好地适应多种形式的商品交易和经济活动款项结算的需要。

**四、支付结算核算的基本程序**

不同的信用支付工具和结算方式，其具体处理方法有所不同，但从业务处理程序上，各种信用支付工具和结算方式的处理方法也有共性，体现在：

（一）受理业务，即接受和审查凭证或证件

银行的支付结算以收、付款单位向其提交有效证件或凭证作为起点。银行收到凭证或有效证件后，需要按规定对证件或凭证进行审查，着重审查证件的真实性，凭证内容的完整性和准确性，款项用途或来源的合法合规性等。银行审查无误后才能进一步办理业务。对证件及结算凭证进行审查是确保支付结算业务质量的关键，也是履行会计核算监督职能的关键。

（二）办理收付款单位账户间的资金转移

办理收付款单位账户间的资金转移是一切信用支付工具和结算方式的核心内容，是实现支付结算的中心环节。

银行在办理支付结算业务时，无论受理的是收款单位提交的业务，还是付款单位提交的业务，都必须坚持先付款单位账后收款单位账，确保银行不垫款。

（三）转账后通知收、付款单位

在支付结算业务中，为单位办理账户间的资金转移，是银行根据收、付款方的委托办理的。银行要依据付款人的委托将款项从其账户转出，根据收款人的委托，将款项从付款单位账户转至收款单位账户。由于受理委托与资金的转出转入不是同时发生，因而在款项收或付之后必须通知收、付款单位，以便开户单位了解其账户的资金增减变化情况，依据通知增加或减少其银行存款，保证银行与企业内外账务一致。

## 第二节　票据结算的核算

现行的银行支付结算是以票据为主体，各种结算方式相互配合的结算工具体系。依据《中华人民共和国票据法》的规定，银行支付结算所使用的票据主要指汇票、本票和支票。其中，汇票包括银行汇票和商业汇票。票据的签发、背书、承兑及保证等票据行为必须以《中华人民共和国票据法》为依据，票据业务的会计核算也必须遵循《中华人民共和国票据法》和《支付结算办法》的规定。

## 一、支票

### （一）支票的概念及有关规定

1. 支票是出票人签发的，委托办理支票存款业务的银行或其他金融机构在见票时无条件支付确定的金额给收款人或者持票人的票据。

2. 单位和个人在全国范围内的各种款项结算均可以使用支票。同城支票的审查和付款通过中国人民银行票据交换所办理，异地支票的审查和付款通过支票影像交换系统解决。影像交换系统是指运用影像技术将实物支票转换为支票影像信息，通过计算机及网络将支票影像信息传递至出票人开户银行提示付款的业务处理系统。影像交换系统处理的支票业务分为区域业务和全国业务。区域业务是指支票的提出行和提入行均属同一分中心并由分中心转发的业务；全国业务是指支票的提出行和提入行分属不同分中心并由总中心负责转发的业务。

3. 支票分为现金支票、转账支票和普通支票。转账支票只能用于转账。现金支票只能用于支取现金。普通支票既可支取现金也可以用于转账。在普通支票左上角划有两条平行线的，为划线支票，划线支票只能用于转账，不得用于支取现金。

4. 支票的出票人限于在经中国人民银行批准办理支票业务的银行或其他金融机构开立可以使用支票的存款账户的单位和个人。

5. 签发支票必须记载的事项包括：

（1）标明“支票”的字样；

（2）无条件支付的委托；

（3）确定的金额；

（4）付款人名称；

（5）出票日期；

（6）出票人签章；

（7）异地支票在票面右下方必须记载12位的银行机构代码，同城支票为6位。

欠缺记载上列事项之一的，支票无效。支票的付款人为支票上记载的出票人开户行。

6. 支票的金额、收款人名称可以由出票人授权补记，未补记前不得背书转让和提示付款。

7. 支票的出票人签发支票的金额不得超过付款时在存款人处实有的存款金额，禁止签发空头支票；出票人在支票上的签章，必须与预留印鉴相符；对于签发空头支票或印鉴与预留印鉴不符的支票以及使用支付密码支付而密码错误的支票，由中国人民银行向出票人下发处罚通知，对出票人按支票面额处以5%但不低于1 000元的罚款。持票人有权要求出票人赔偿支票金额2%的赔偿金。对屡次签发空头支票或印鉴与预留印鉴不符以及密码错误的支票单位，银行应停止其向收款人核发支票。

8. 支票的提示付款期自出票日起10天，超过付款提示期限的，付款人不予付款。

9. 持票人可以委托银行收款，也可以直接向付款人提示付款。但用于支取现金的支票仅限于收款人向付款人提示付款。

（二）持票人与出票人在同一行处开户的处理

由于现金支票的处理在第三章“存款业务的核算”已经做了介绍，因此，本章只介绍转账支票的处理。持票人使用转账支票办理结算时，应填制三联进账单（参见表5-1），第一联回单，给持票人作为受理业务的依据；第二联贷方凭证，收款人银行给收款人进账的依据；第三联收账通知，收款人银行交收款人的通知。进账单与支票（参见表5-2）一并提交银行。持票人委托银行收款时，应做委托收款背书，在支票背面“背书人签章”栏签章，记载“委托收款”字样和背书日期，在“被背书人”栏记载开户行名称，并将支票和填写的进账单送交开户银行。收款人持用于支取现金的支票向付款人提示付款时，应在支票背面“收款人签章”处签章。持票人为个人的，还需交验本人身份证件，并在支票背面注明证件名称、号码及发证机关。

表5-1 银行进账单贷方凭证 2

年 月 日 第 号

<table>
<tr><td rowspan="3">出票人</td><td>全 称</td><td></td><td rowspan="3">收款人</td><td>全 称</td><td colspan="10"></td></tr>
<tr><td>账 号</td><td></td><td>账 号</td><td colspan="10"></td></tr>
<tr><td>开户银行</td><td></td><td>开户银行</td><td colspan="10"></td></tr>
<tr><td colspan="5" rowspan="2">人民币（大写）</td><td>千</td><td>百</td><td>十</td><td>万</td><td>千</td><td>百</td><td>十</td><td>元</td><td>角</td><td>分</td></tr>
<tr><td></td><td></td><td></td><td></td><td></td><td></td><td></td><td></td><td></td><td></td></tr>
<tr><td colspan="2">票据种类</td><td></td><td colspan="12" rowspan="2">科目（贷）<br>对方科目（借）<br>转账日期 年 月 日</td></tr>
<tr><td colspan="2">票据张数</td><td></td></tr>
<tr><td colspan="3">备注：</td><td colspan="12">复核 记账</td></tr>
</table>

表5-2　**中国××银行转账支票**

本支票付款期十天

签发日期：　开户银行名称：　支票号码：

收款人：　签发人账号：　第　号

| 人民币（大写） | | 千 | 百 | 十 | 万 | 千 | 百 | 十 | 元 | 角 | 分 |
| --- | --- | --- | --- | --- | --- | --- | --- | --- | --- | --- | --- |
| | | | | | | | | | | | |

用途＿＿＿＿＿＿＿＿＿

上列款项请从我账户内支付

签发人盖章　复核　记账

银行收到持票人提交的支票和三联进账单应认真审查：支票是否超过提示付款期限；是否有伪造、变造的痕迹；持票人是否在本行开户；支票上记载的持票人的名称是否为该持票人，与进账单上的名称是否一致；支票和进账单金额是否相符；大小写金额是否一致；支票上的印鉴与预留银行印鉴是否相符；出票人账户是否有足够支付的款项；背书转让的支票背书是否符合规定；持票人是否在支票背面做委托收款背书。审查无误后办理转账，会计分录为：

借：吸收存款——出票人活期存款户

　贷：吸收存款——持票人活期存款户

转账后，进账单第三联作收账通知交收款人或持票人。

如果是出票人向银行送交支票时，银行受理后按上述要求进行审查，审核无误后，支票作借方凭证，第二联进账单作贷方凭证办理转账。会计分录同上。

（三）持票人与出票人不在同一行处开户的处理

持票人开户银行受理单位提交的支票及进账单，应将支票提交出票人开户银行进行审查。如果是同城转账业务，持票人银行通过同城票据交换将支票提交出票人银行审核，如无退票情况发生，则为持票人办理进账。如发生退票，出票人开户银行须在约定时间内通知持票人开户银行，待下次票据交换时退回实物支票。若持票人与出票人不在同一城市，则需要通过支票影像交换系统由出票人银行进行审核，审核无误后通过小额支付系统将款项支付给收款人银行，若有退票情况发生，则在影像交换系统中给持票人银行发报文并说明退票理由。

（1）持票人开户银行的核算。通过同城票据交换或支票影像交换系统提交的支票，若持票人开户行没有收到退票通知，说明款项已从出票人账户付出，持票人开户银行即可以第二联进账单代转账贷方凭证为持票人进账，会计分录为：

借：存放中央银行款项

　贷：吸收存款——持票人活期存款户

（2）出票人开户银行的核算。出票人开户银行收到持票人开户银行通过票据交换或支票影像交换系统提交的支票，经审查无误后将款项从出票人账户付出。会计分录为：

借：吸收存款——出票人活期存款户

　贷：存放中央银行款项

（3）退票的核算。出票人开户行收到支票经过审查，如发现为空头支票、支票内容填写有误、印鉴不符或缺少印鉴、使用支付密码支付而密码错误等情况，均不能转账，须在约定时间内通知持票人开户行，持票人银行收到实物退票后交持票人。双方行处对所退支票可以不做账务处理。

## 二、银行汇票

### （一）银行汇票的概念及有关规定

1.银行汇票是出票银行签发的，由其在见票时按实际结算金额无条件支付给收款人或持票人的票据。银行汇票的出票银行为银行汇票的付款人。

2.单位和个人各种款项结算，均可以使用银行汇票。银行汇票可以用于转账，注明“现金”字样的银行汇票可以用于支取现金。

3.银行汇票的提示付款期限自出票日起1个月。持票人超过付款期限提示付款的，代理付款人不予受理。

4.银行汇票（包括华东三省一市银行汇票）票据号码加编、核对密押，密押实行总行统一管理，银行汇票业务的编、核押操作全部通过核心业务系统自动计算、打印。银行汇票大小写金额全部由机打完成，如当地中国人民银行有特别要求使用压数机压数的，从其规定。

5.银行汇票签发业务原则上应由一级（二级）分行营业部集中办理。分行也可根据实际情况授权某一银行汇票业务较多的网点作为代理签发机构。异地支行及客户签发银行汇票业务较多的网点，可由分行运营管理部根据实际情况进行审批，保留其汇票签发资格。

6.签发银行汇票必须记载的事项：

（1）标明“银行汇票”的字样；

（2）无条件支付的承诺；

（3）出票金额；

（4）付款人名称；

（5）收款人名称；

（6）出票日期；

（7）出票人签章。

欠缺记载上列事项之一的，银行汇票无效。

（二）出票行签发银行汇票的处理

申请人使用银行汇票，应填写结算业务申请书，填明收款人名称、支付金额、申请人名称、申请日期等事项并签章。申请人和收款人均为个人，需要使用银行汇票向代理付款人支取现金的，可申请办理现金汇票；申请人或者收款人为单位的，不得办理现金汇票。

银行汇票申请书一式三联（参见表5-3），申请书第一联存根，第二联加盖印章与第三联提交银行。

表5-3　　**银行汇票申请书（借方凭证）**　　2

委托日期　　年　　月　　日　　　　第　　号

<table>
<tr><td>申请人</td><td></td><td>收款人</td><td colspan="10"></td></tr>
<tr><td>账号或住址</td><td></td><td>账号或住址</td><td colspan="10"></td></tr>
<tr><td>用　途</td><td></td><td>代　理<br>付款行</td><td colspan="10"></td></tr>
<tr><td rowspan="2">汇票金额</td><td colspan="2" rowspan="2">人民币（大写）</td><td>千</td><td>百</td><td>十</td><td>万</td><td>千</td><td>百</td><td>十</td><td>元</td><td>角</td><td>分</td></tr>
<tr><td></td><td></td><td></td><td></td><td></td><td></td><td></td><td></td><td></td><td></td></tr>
<tr><td colspan="2">上列款项请从我账户内支付。<br><br><br>（申请人盖章）</td><td colspan="11">科　　目（借）________<br>对方科目（贷）　汇出汇款<br>转账日期　　年　　月　　日<br>复核　　　　记账</td></tr>
</table>

银行柜面受理单位提交的汇票申请书，首先要进行合规审查：审核汇票申请书是否真实、有效；申请书内容填写是否齐全正确，大小写金额是否相符；申请书上是否加盖预留银行印鉴；填写的安全码、支付密码是否无涂改。然后，采集汇票申请书第一联等相关业务凭证的影像信息，并检查已采集到的影像信息的清晰性和完整性。

经复核无误后，受理柜员需在结算业务申请书回单联上加盖受理戳记，退客户作为受理业务和领取银行汇票的依据，由会计部门做扣款及签发汇票的工作。

会计部门按规定将款项从申请人账户扣出，会计分录为：

借：吸收存款——申请人活期存款户

　贷：汇出汇款

如果申请人为个人，受理柜员应对客户本人和代理人（如有）的人证一致性、证件有效性和证件真伪进行审核。柜员审核无误后，根据客户提供的交易信息录入相关要素，操作完成后打印《个人××凭证》，交客户签字确认。客户签字确认后，柜员根据系统提示进行操作，并打印银行汇票。

用现金交付办理的，需将现金存入个人活期储蓄存款账户，然后为个人签发汇票。会计分录为：

借：库存现金

　贷：吸收存款——申请人活期储蓄存款户

借：吸收存款——申请人活期储蓄存款户

　贷：汇出汇款

办理转账后，受理柜员在系统中录入正确的凭证种类和凭证序号，根据系统提示打印银行汇票。银行汇票参见表5-4。

表5-4 **银行汇票**

| |
|---|
| 付款期限<br>壹 个 月 |

1

汇票号码 第　　号

<table>
<tr><td>出票日期<br>(大写)</td><td colspan="2">年　　月　　日</td><td colspan="10">代理付款行：　　　行号：</td></tr>
<tr><td colspan="3">收款人：</td><td colspan="10">账号：</td></tr>
<tr><td colspan="13">出票金额 人民币<br>（大写）</td></tr>
<tr><td colspan="3" rowspan="2">实际结算金额 人民币<br>（大写）</td><td>千</td><td>百</td><td>十</td><td>万</td><td>千</td><td>百</td><td>十</td><td>元</td><td>角</td><td>分</td></tr>
<tr><td></td><td></td><td></td><td></td><td></td><td></td><td></td><td></td><td></td><td></td></tr>
</table>

申请人：＿＿＿＿＿＿＿＿ 账号或住址：＿＿＿＿＿＿＿＿

出票行：＿＿＿＿＿＿行号：＿＿＿

备　注：＿＿＿＿＿＿＿＿

凭票付款

出票行签章

| |
|---|
| 科目（借） |
| 对方科目（贷） |
| 销账日期　　年　　月　　日 |
| 复核　　　记账 |

正式银行汇票一式四联，在汇票第一联上加盖受理柜员名章连同第四联交票据小组柜员专夹保管；在汇票第二联上加盖汇票专用章、授权人名章，连同第三联和汇票申请书回单联一并交申请人。

（三）付款行付款的处理

付款行收到在本行开立账户的收款人或持票人提交的汇票、解讫通知和三联进账单，应首先进行合规审查：①汇票和解讫通知是否齐全，汇票号码和记载的内容是否一致。②汇票是否是统一规定印制的凭证，汇票是否超过提示付款期限。③汇票填明的持票人是否在本行开户，持票人名称是否为该持票人，与进账单上的名称是否相符。④出票行的签章是否符合规定，使用验印系统手工核验加盖的汇票专用章是否正确。⑤汇票的实际结算金额大小写是否一致，是否在出票金额以内，与进账单所填金额是否一致，多余金额结计是否正确。如果全额进账，必须在汇票和解讫通知的实际结算金额栏内填入全部金额，多余金额栏填写“-0-”；对于未用退回的汇票，客户应在银行汇票的实际结算金额大写栏处填写“未用退回”，小写栏填写“-0-”。⑥汇票必须记载事项是否齐全，出票金额、实际结算金额、出票日期、收款人名称是否更改，其他记载事项的更改是否由原记载人签章证明。⑦持票人是否在汇票背面“持票人向银行提示付款签章”处签章，签章是否与预留印鉴相同，背书转让的汇票是否按规定的范围转让，其背书是否连续，签章是否符合规定，背书使用粘单的，是否按规定在粘接处签章等。

经审核无误后，如果是该笔银行汇票的代理付款行，则按照实际结算金额为持票人办理进账，会计分录为：

借：清算资金往来

　　贷：吸收存款——持票人活期存款户

转账后，进账单第三联加盖“业务讫章”作收账通知交持票人。

若付款行为跨系统他行，则该笔汇票需要通过跨系统转汇方式将汇票提交代理付款行审核，无误后办理转账，会计分录为：

借：存放中央银行款项（或清算资金往来）

　　贷：吸收存款——持票人活期存款户

（四）出票银行兑付或结清汇票的处理（含未用退回）

1.持票人在本行开户的处理

出票银行柜员接到在本行开立账户的持票人交来的本行汇票和三联进账单（现金汇票无须填写）时，首先也要进行合规审查，审查内容除与代理付款行相同外，同时还要审查：汇票是否为本行签发。对于未用退回的汇票，客户应在银行汇票的实际结算金额大写栏处填写“未用退回”，小写栏填写“-0-”；对于未用退回的汇票，应审核客户是否提交书面说明（书面说明需列明汇票要素、未用退回的原因及承担法律责任的承诺；单位客户应加盖公章及预留印鉴），并抽出专夹保管的汇票第一、四联进行核对。对于持票人为个人的，应请持票人出示有效身份证件，审查持票人在汇票背面“持票人向银行提示付款签章”处是否签章和注明身份证件名称、号码及发证机关，相关信息与持票人的身份证件是否一致，并要求留存持票人身份证件复印件备查。对于收款人委托他人向出票行提示付款的，必须同时查验收款人和被委托人的身份证件，在汇票背面是否做委托收款背书，是否注明收款人和被委托人的身份证件名称、号码及发证机关，并留存收款人和被委托人身份证件复印件备查。

经审核无误后，受理柜员需在进账单第一联上加盖“受理戳记”，退客户作为受理业务的依据，进账单第三联加盖“业务讫章”，作收款人的收账通知；未用退回的，应在汇票第四联的多余金额栏填写原出票金额后，加盖“业务讫章”，作申请人的收账通知。

对于全额结清的汇票，会计分录为：

借：汇出汇款

　贷：吸收存款——持票人活期存款户

如果有剩余款项，则按规定转入原申请人账户。会计分录为：

借：汇出汇款

　贷：吸收存款——持票人活期存款户

　　　　　　——申请人活期存款户

如果是个人持有现金汇票，则付现。会计分录为：

借：汇出汇款

　贷：库存现金（或个人活期储蓄存款）

如果是未用退回，则会计分录为：

借：汇出汇款

　贷：吸收存款——申请人活期存款户

2.持票人在他行开立账户的处理

出票行接到代理付款行寄来资金清算借方报单以及解讫通知时，经与汇票卡片核对无误后分别情况进行处理。

（1）汇票全额付款时，以汇票卡片作借方凭证，解讫通知与多余款收账通知作附件办理转账。会计分录为：

借：汇出汇款

　贷：清算资金往来（或有关科目）

（2）汇票有多余款的，在多余款收账通知上填多余金额后作收账通知交申请人，以解讫通知作贷方凭证，汇票卡片作借方凭证办理转账。会计分录为：

借：汇出汇款

　贷：清算资金往来（或有关科目）

　　吸收存款——申请人活期存款户

（五）银行汇票超过提示付款期付款及退款的处理

持票人超过付款期限不获付款的，在票据权利时效内请求付款时，应当向出票行说明原因，并提交汇票和解讫通知。持票人为个人的，还应交验本人身份证件。出票行经与原专夹保管的汇票卡片核对无误，多余金额结计正确无误，即在汇票和解讫通知的备注栏填写“逾期付款”字样，按照“银行受理的本行银行汇票的兑付”办理付款手续。

对于丧失的汇票，失票人凭人民法院出具的其享有该汇票票据权利的证明，向出票行请求付款或退款时，出票行经审查确未支付的，按照“银行受理的本行银行汇票的兑付”进行操作，汇票由人民法院出具的其享有该汇票票据权利的证明代替。

### 三、商业汇票

（一）商业汇票的概念及有关规定

（1）商业汇票是由出票人签发，委托付款人在指定日期无条件支付确定的金额给收款人或持票人的票据。

（2）商业汇票分为商业承兑汇票和银行承兑汇票。商业承兑汇票由银行以外的付款人承兑，银行承兑汇票由银行承兑。商业汇票的付款人为承兑人。

（3）使用商业汇票的收、付款双方必须是在银行开立存款账户的法人以及其他组织，且具有真实的交易关系或债权债务关系。

（4）商业承兑汇票的出票人为在银行开立存款账户的法人以及其他组织，与付款人具有真实的委托付款关系，具有支付汇票金额的可靠资金来源。银行承兑汇票的出票人必须是在承兑银行开立存款账户的法人以及其他组织，与承兑银行具有真实的委托付款关系，资信状况良好，具有支付汇票金额的可靠资金来源。

（5）签发商业汇票必须记载下列事项：

① 标明“商业承兑汇票”或“银行承兑汇票”字样；

② 无条件支付的委托；

③ 确定的金额；

④ 付款人名称；

⑤ 收款人名称；

⑥ 出票日期；

⑦ 出票人签章。

欠缺记载上列事项之一的，商业汇票无效。

（6）商业承兑汇票可以由付款人签发并承兑，也可以由收款人签发交由付款人承兑。银行承兑汇票应由在承兑银行开立存款账户的存款人签发。

（7）商业汇票可以在签发时向付款人提示承兑后使用，也可以在汇票出票后先使用再向付款人提示承兑（定日付款或出票后定期付款的汇票，持票人应当在汇票到期日前向付款人提示承兑；见票后定期付款的汇票，持票人应当自出票日起1个月内向付款人提示承兑）。商业汇票的付款人接到出票人或持票人向其提示承兑的汇票后，应当在自收到提示承兑的汇票之日起3日内承兑或拒绝承兑。

（8）商业汇票的付款期限，纸质的最长不得超过6个月，电子票据最长不超过一年（定日付款的汇票付款期限自出票日起计算，并在汇票上记载具体的到期日；出票后定期付款的汇票付款期限自出票日起按月计算，并在汇票上记载；见票后定期付款的汇票付款期限自承兑或拒绝承兑日起按月计算，并在汇票上记载）。

（9）商业汇票的提示付款期限，自汇票到期日起10日。持票人应在提示付款期内委托银行收款或直接向付款人提示付款。对超过提示付款期限提示付款的，持票人开户银行不予受理。

（二）电子商业汇票系统

2009年10月28日，由中国人民银行建设并管理的电子商业汇票系统（Electronic Commercial Draft System，ECDS）正式建成运行。电子商业汇票系统由一个核心功能模块即电子商业汇票业务处理，两个辅助功能模块——纸质商业汇票登记查询系统和商业汇票转贴现公开报价组成。

电子商业汇票业务处理功能模块是电子商业汇票系统的核心模块，通过该模块可以为各行客户签发的电子商业汇票实行集中登记存储，并提供互联互通的流通转让平台，实现电子商业汇票出票、承兑、背书、保证、提示付款、追索等业务流程的电子化。同时，与银行、财务公司行内系统及中国人民银行的现代化支付系统连接，可实现电子商业汇票贴现、转贴现、再贴现等融资交易和提示付款的即时转账结算，同步完成票据融资交易的交割。

纸质商业汇票登记查询功能模块是系统参与者必须参加的模块，能够为纸质商业汇票承兑、贴现、转贴现、再贴现、质押、质押解除、挂失止付等票据行为提供登记查询服务，实现纸质商业汇票票面信息的集中登记存储，便于纸质商业汇票的贴现、质押业务查询。

2016年，中国人民银行下发的《关于规范和促进电子商业汇票业务发展的通知》（银发〔2016〕224号）规定，自2017年1月1日起，单张出票金额在300万元以上的商业汇票应全部通过电票办理；自2018年1月1日起，原则上单张出票金额在100万元以上的商业汇票应全部通过电票办理。

（三）商业承兑汇票的核算

1.商业承兑汇票的出售

申请购买商业承兑汇票的客户，必须是在银行开立基本存款账户，且信誉良好、无不良结算记录的法人及其他组织；或是在银行开立一般存款账户、专用存款账户的授信客户（不含低风险授信）。柜台人员需填制三联《支付结算通知查询查复书》，向信贷审核中心查询申请人授信情况。银行不向个人出售商业承兑汇票，亦不受理持票人为个人的提示付款行为。

客户购买商业承兑汇票时，需向开户行提交盖有预留印鉴的一式三联的《收费单》，柜台人员应与客户进行电话核实，记录核实情况，核实无误后，《收费单》第一联作为收费交易传票，第二联作为表外付出传票，第三联交客户作为收费回单。

付出：重要空白凭证

借：吸收存款——申请人活期存款户

　　贷：手续费收入

存款人取得商业承兑汇票后自行出票和承兑。

购买商业承兑汇票的存款人在销户时，需将未使用的商业承兑汇票退开户行，未按规定交回的，应出具有关证明，表明如造成损失的，由其自行承担责任。

商业承兑汇票（参见表5-5）一式三联，第一联承兑人留存，第二联承兑后交收款人作为到期收款凭据，第三联存根由出票人存查。

表5-5 **商业承兑汇票（卡片）** 1 汇票号码

出票日期 年 月 日 第 号

<table>
<tr><td rowspan="3">付款人</td><td>全 称</td><td colspan="3"></td><td rowspan="3">收款人</td><td>全 称</td><td colspan="13"></td></tr>
<tr><td>账 号</td><td colspan="3"></td><td>账 号</td><td colspan="13"></td></tr>
<tr><td>开户银行</td><td></td><td>行号</td><td></td><td>开户银行</td><td colspan="5"></td><td>行号</td><td colspan="7"></td></tr>
<tr><td colspan="2" rowspan="2">出票金额</td><td colspan="5" rowspan="2">人民币<br>（大写）</td><td>千</td><td>百</td><td>十</td><td>万</td><td>千</td><td>百</td><td>十</td><td>元</td><td>角</td><td>分</td><td></td></tr>
<tr><td></td><td></td><td></td><td></td><td></td><td></td><td></td><td></td><td></td><td></td><td></td></tr>
<tr><td colspan="2">汇票到期日</td><td colspan="3"></td><td colspan="2">交易合同号码</td><td colspan="13"></td></tr>
<tr><td colspan="5">出票人签章</td><td colspan="15">备注</td></tr>
</table>

2.持票人开户行受理汇票的处理

收款人或持票人持有将要到期的商业承兑汇票，可以使用委托收款结算方式通过开户行收回汇票款项。委托开户银行向承兑人提示付款时，需填写委托收款凭证，在“委托收款凭据名称”栏注明“商业承兑汇票”及其号码，商业承兑汇票第二联附后，作为收款凭据一并送交开户银行。

银行柜员审核客户提交的委托收款凭证和有关的债务证明，审核内容有：

（1）凭证各栏填写是否准确、齐全、清晰，委托日期是否为托收凭证提交开户行当日；

（2）第二联托收凭证上是否加盖收款人签章；

（3）是否将托收凭证和债务证明一并提交开户银行；

（4）在债务证明上的签章是否正确。

审核无误后，留存票据复印件（包括票面、背面及相关背书）备查，登记“发出委托收款”登记簿。第一联托收凭证加盖受理戳记退给收款人；第二联托收凭证与留存的票据复印件一并专夹保管；将第三联托收凭证加盖结算专用章，连同第四、五联凭证及有关债务证明，一并寄交付款人开户行。

持票人超过提示付款期限提示付款的，持票人开户行不予受理。如商业汇票的持票人超过规定期限提示付款的，在持票人做出说明后（说明一式两份，一份随托收凭证第二联一并保管，另一联说明寄付款人），开户行可以受理。

对于质押商业汇票办理委托收款的，应由质权（委托）部门办理代保管品出库，比照商业汇票贴现到期收回的手续，填制委托收款凭证并签章，在托收凭证备注栏注明“质押票据收款”字样。柜员审核无误后，在商业汇票背书人签章处加盖结算专用章，然后采取同城票据交换或EMS方式向付款人开户行发出委托收款凭证。

持票人开户行对逾期尚未划回，又未收到付款人开户行寄来未付款项通知书或拒绝付款理由书的托收款项，应当及时进行查询。付款人开户行应当积极查明原因，及时答复。如果EMS或付款人开户行将托收票据丢失，应及时通知持票人到付款人所在地法院办理公示催告手续，申请票据权利。

3.付款人开户行收到委托收款的处理

付款人开户行经办人员对委托行寄来的托收凭证及有关债务证明进行审查：汇票是否为按统一规定印制的凭证；是否在提示付款期限内；汇票上填明的付款人是否在本行开户，对不属于本行开户的注明原因，退回原委托行；托收凭证上各栏内容填写是否齐全、准确，其中第三联是否已加盖结算专用章；出票人、承兑人的签章是否符合规定；汇票必须记载的事项是否齐全，出票金额、出票日期、收款人名称是否更改，其他记载事项的更改是否由原记载人签章证明；付款人承兑时是否附有承兑条件（承兑附有条件的，视为拒绝承兑）；是否做委托收款背书，背书转让的汇票其背书是否连续，背书使用粘单的是否按规定在粘接处签章；委托收款凭证的记载事项是否与汇票记载的事项相符。

审查无误后，在凭证上填注收到日期，将第五联托收凭证加盖业务专用章后，以及有关债务证明（如需，银行留存复印件或扫描件）交给付款人签收；第三、四联托收凭证及债务证明原件（交付款人的应为复印件或扫描件）专夹保管，同时登记委托收款凭证登记簿。

委托收款的承付期为3天，从付款人签收日的次日开始计算。柜员应于每日查询是否有当日到期但尚未支付的委托收款。付款人可以在承付期满之前通知银行同意付款，付款人如在承付期满前没有提出异议，则视为同意付款；否则应填制四联拒付理由书交银行。如果付款人出具付款通知书同意付款或在承付期满前没有提出异议，应检查付款人账户中是否有足额款项可以用于付款。

（1）付款人全额付款的，取出专夹保管的第三、四联托收凭证，以第三联托收凭证作记账凭证，第四联托收凭证、债务证明（如有）作记账凭证附件，办理划款。

会计分录为：

借：吸收存款——付款人活期存款户

　贷：清算资金往来（或有关科目）

转账后销记委托收款登记簿和表外账。

（2）付款人拒绝付款、无款支付的。

付款人拒绝付款的，收到付款人填制的四联拒绝付款理由书以及付款人持有的债务证明和第五联托收凭证，经核对无误后，在托收凭证备注栏注明“拒绝付款”字样。然后将第一联拒绝付款理由书加盖业务专用章作为回单退还付款人，将第二联拒绝付款理由书连同第三联托收凭证一并留存备查，将第三、四联拒绝付款理由书连同第四、五联托收凭证及债务证明一并邮寄收款人开户行。

付款人无款支付或不足支付的，填制三联未付款通知书，在委托收款凭证上注明退回日期和“无款支付”字样，将一联未付款通知书和第三联托收凭证留存备查，将第二、三联未付款通知书连同第四联托收凭证及债务证明一并邮寄收款人开户行，然后销记委托收款登记簿和表外账。

4.持票人开户行收到划回款项或退回凭证的核算

持票人开户行收到委托收款项下款项时，为收款人办理入账手续，抽出专夹保管的托收凭证，销记发出委托收款，第二联托收凭证作记账凭证，票据复印件作传票附件。

会计分录为：

借：清算资金往来（或有关科目）

　贷：吸收存款——持票人活期存款户

持票人开户行如接到付款人开户行寄来的未付款通知书或拒付理由书及汇票和委托收款凭证，应将留存的第二联凭证抽出进行核对，在凭证备注栏注明“无款支付”或“拒绝付款”。

付款人无款支付或拒绝付款，收到付款人开户行退回的托收单据和拒付理由书后，将一联托收凭证、票据复印件和拒付理由书专夹保管，其余托收凭证、债务证明和拒付理由书退还持票人。销记发出托收登记簿和表外账。

（四）银行承兑汇票的核算

银行承兑汇票是由在承兑银行开立存款账户的存款人（即承兑申请人）签发，经承兑银行承兑，在指定日期无条件支付确定的金额给收款人或持票人的票据。承兑银行是银行承兑汇票的付款人，承兑申请人在汇票到期前应将票款足额交存承兑银行。

1.开立保证金账户

按比例交存保证金是银行办理承兑汇票业务的条件之一，因此，申请人在办理银行承兑汇票前，按照银行规定，在其开户行或承兑行开立银行承兑汇票保证金账户，并足额转入款项。

申请人向银行交存保证金时，应提交转账支票和进账单，银行据以办理转账手续。会计分录为：

借：吸收存款——申请人活期存款户

　贷：保证金——申请人专户

对申请人交存的保证金，应存入银行保证金专户，分笔立户、分别使用，不得挪作他用，并按中国人民银行的规定计算利息。出票人提供抵押、质押的，应登记有关科目登记簿和表外科目，有关单证专夹保管。

2.银行承兑汇票的出票

（1）纸质银行承兑汇票的签发

纸质银行承兑汇票的签发必须由银行承兑汇票业务处理部门在信管系统中录入票据基本信息，并将电子信息传递至核心业务系统，核心业务系统在收到相关电子信息时，将进行电子信息的校验：银行承兑汇票的出票日期与到期日期之间是否超过6个月；保证金账户是否有足够的资金支付等。

对于符合相关业务规范的银行承兑汇票电子信息，核心业务系统将在银行承兑汇票登记簿中登记包括银行承兑汇票协议号、出票申请人客户号、保证金账号/比例、出票金额、签发日期、到期日期、保证金扣款顺序、抵质押物编号在内的各项业务信息。

银行承兑汇票的出票人（或持票人）向银行申请承兑时，银行信贷部门按照有关规定和审批程序进行审核，同意后下发信贷业务通知书，并与出票人签署一式三联的银行承兑协议（参见表5-6），一联留存，另一联及副本交柜台。

柜台人员收到后要认真审查：银行承兑协议书、信贷业务通知书与信息管理系统中的各项信息是否均相符；银行承兑协议书、信贷业务通知书中的内容有无变更或涂改；银行承兑协议书中填写的各项内容是否齐全；银行承兑协议书中所加盖的承兑申请人印章是否经过开户行柜台人员的双人验印并签章证明，同时注明“签章核对相符”字样；银行承兑协议书中是否由客户经理注明“已见证面签”字样并双人签名。

表5-6 **银行承兑协议** 1 编号：__________

银行承兑汇票的内容：

出票人全称____________________收款人全称 ____________________

开户银行______________________开户银行________________________

账　　　号____________________账　　　号______________________

汇票号码______________________汇票金额（大写）______________

出票日期____年____月____日　　　到期日期____年____月____日

以上汇票经银行承兑，出票人愿遵守《支付结算办法》的规定及下列条款：

一、出票人于汇票到期日前将应付票款足额交存承兑银行。

二、承兑手续费按票面金额千分之（　）计算，在银行承兑时一次付清。

三、出票人与持票人如发生任何交易纠纷，均由双方自行处理，票款于到期前仍按第一条办理不误。

四、承兑汇票到期日，承兑银行凭票无条件支付票款。如到期日之前出票人不能足额交付票款时，承兑银行对不足支付部分的票款转作出票申请人逾期贷款，并按照有关规定计收罚息。

五、承兑汇票款付清后，本协议自动失效。

承兑银行（签章）________　出票人（签章）________

订立承兑协议日期______年______月______日

审核完毕后，柜台人员根据信贷业务通知书和银行承兑协议为申请人出票。登记银行承兑汇票登记簿，填写表外科目付出凭证销记空白银行承兑汇票，并按照银行规定标准向客户收取银行承兑汇票手续费。如承兑行收取敞口承诺费，柜台人员则凭业务部门出具的收费通知，扣收申请人的银行承兑汇票风险敞口承诺费。

会计分录为：

借：吸收存款——申请人活期存款户

　贷：手续费及佣金收入

复核通过后，柜员应为申请人打印银行承兑汇票。票据小组人员应检查打印的银行承兑汇票与承兑协议中的相关要素是否一致，核对无误后，在一式三联银行承兑汇票“备注”栏手工套写签名。

银行承兑汇票一式三联（参见表5-7），第一联卡片，第二联汇票，第三联存根。将银行承兑汇票第一联和第二联交承兑协议中明确的经办人，同时要求经办人签收并注明身份证件种类和号码，并在银行承兑汇票第一、二联加盖客户预留银行印鉴，第三联银行留存。

表5-7　　**银行承兑汇票（卡片）** 1　　汇票号码

出票日期　年　月　日　　第　号

（大写）

<table>
<tr><td>出票人全称</td><td colspan="3"></td><td rowspan="3">收款人</td><td>全　称</td><td colspan="3"></td></tr>
<tr><td>出票人账号</td><td colspan="3"></td><td>账　号</td><td colspan="3"></td></tr>
<tr><td>付款行全称</td><td></td><td>行号</td><td></td><td>开户银行</td><td></td><td>行号</td><td></td></tr>
<tr><td>出票金额</td><td colspan="5">人民币（大写）</td><td colspan="3">千 百 十 万 千 百 十 元 角 分</td></tr>
<tr><td>汇票到期日</td><td colspan="2">年　月　日</td><td colspan="6"></td></tr>
<tr><td colspan="2" rowspan="2">本汇票请你行承兑，此项汇票款我单位按承兑协议于到期日前足额交存你行，到期请予以支付。<br><br>出票人签章<br>年　月　日</td><td colspan="4">本汇票已经承兑，到期日由本行付款。<br><br>承兑行签章<br>承兑日期　年　月　日</td><td colspan="3">承兑协议编号<br>科目（借）<br>对方科目（贷）<br>转账日期　年　月　日<br><br>复核　记账</td></tr>
<tr><td colspan="4">备注：</td><td colspan="3"></td></tr>
</table>

票据专柜人员收到客户交回的已加盖客户预留印鉴的银行承兑汇票第一、二联时，应审核该签章与预留银行印鉴是否一致，收回的银行承兑汇票第一、二联与留存的第三联内容是否一致，包括审查三联凭证套写的经办人的手签字是否一致等。同时，票据专柜人员还应对经办人的人证一致性、证件有效性和证件真伪进行审核。核对无误后，在银行承兑汇票第二联上加盖汇票专用章，并由经授权的经办人签章。再将银行承兑汇票第二、三联交予经办人，并由经办人签收；银行承兑汇票第一联、承兑协议一并由专人负责专夹保管。

（2）电子银行承兑汇票的出票

电子银行承兑汇票的签发由客户在网银端录入票据信息，由电子票据系统签发电子银行承兑汇票，并建立电子银行承兑汇票登记簿，无须柜台人员操作。

电子银行承兑汇票签发手续费由电子票据系统联动扣收，客户可通过自助回单柜打印相关业务回单。电子银行承兑汇票签发风险敞口承诺费按照规定标准计收，柜台人员应凭业务部门根据协议出具的收费通知扣收敞口承诺费。收取手续费和敞口承诺费的会计分录与纸质票据处理相同。

3.银行承兑汇票备款

银行承兑汇票备款指根据银行承兑协议，在银行承兑汇票到期日承兑银行向出票申请人收取票款的处理。

根据承兑协议，银行承兑汇票的申请人应于汇票到期前，将票款足额交存承兑行。承兑银行也应经常查看汇票到期情况，在银行承兑汇票到期当日（如到期当日为节假日，顺延至到期日后第一个工作日）向申请人收取票款。会计分录为：

借：吸收存款——出票申请人活期存款户

保证金——出票申请人户

贷：应解汇款——出票申请人户

如果申请人账户不足支付，不足部分转作银行承兑汇票垫款。会计分录为：

借：吸收存款——出票申请人活期存款户

保证金——出票申请人户

贷款——逾期贷款——××申请人户（不足部分）

贷：应解汇款——出票申请人户

4.银行承兑汇票付款的处理

（1）纸质银行承兑汇票

承兑银行票据专柜人员收到持票人开户行发出的委托收款凭证和纸质银行承兑汇票，抽出专夹保管的银行承兑汇票卡片联和《银行承兑汇票协议》，并认真审核：承兑汇票是否真实，是否确为本行签发；汇票是否到期；承兑银行签章是否真实；汇票内容有无涂改；持票人是否在背面签章，是否做委托收款背书；背书转让的汇票其背书是否连续，签章是否符合规定，背书使用粘单的是否按规定在粘接处签章；委托收款凭证的记载事项是否与汇票记载的事项相符。

审查无误后，经办柜员要逐笔登记收到委托收款凭证登记簿。

票据专柜人员在承兑汇票到期日当日或到期日之后的见票日向银行承兑汇票持票人支付票据款项。

持票人在本行开户的，会计分录为：

借：应解汇款——出票申请人户

贷：吸收存款——持票人活期存款户

持票人在他行开户的，会计分录为：

借：应解汇款——出票申请人户

贷：清算资金往来（或有关科目）

另填制银行承兑汇票表外科目付出传票，销记银行承兑汇票登记簿。其会计分录为：

付出：银行承兑汇票

（2）电子银行承兑汇票

电子票据系统收到央行电子商业汇票系统提交的持票人提示付款申请后，对于本行承兑的电子银行承兑汇票，持票人在票面到期日前向本行发出提示付款申请的，电子票据系统将在票面到期日当日验证无误后，对该汇票进行解付，同时向开户的中国人民银行发送提示付款回复。若在解付时出票人未备足款项，则会产生银行承兑汇票垫款。票款的解付及垫款的处理与纸质商业汇票处理相同，资金清算则必须通过中国人民银行大额支付系统。

5.持票人开户行受理委托收款的处理

持票人对所持有的银行承兑汇票向承兑银行请求付款时，纸质银行承兑汇票由持票人向开户行提交委托收款凭证和承兑汇票，电子银行承兑汇票由持票人在网上银行客户端或电子票据系统发起提示付款申请：持票人应在提示付款期内向承兑银行提示付款；提示付款期为自票据到期日起10日；票面到期日10日内的委托称为提示付款，超过上述期限的称为逾期提示付款；持票人逾期提示付款的，应向承兑行提交逾期提示付款的书面说明；最后一日遇法定节假日，电子银行承兑汇票遇大额支付系统非营业日、中国人民银行电子商业汇票系统非营业日顺延。

客户作为持票人办理委托收款时，需要向开户行提交银行承兑汇票和委托收款凭证。银行柜员要认真审查：银行承兑汇票是否真实；银行承兑汇票是否超过规定的提示付款期；银行承兑汇票填明的持票人是否在本行开户；未经背书转让的商业汇票委托开户银行向承兑银行收取票款时，凭证上填制的收款人名称应与票面记载的收款人名称一致；未在银行开立结算账户的个人持转账银行汇票兑付时，应选择与出票行同系统的任何一家银行机构或出票行的代理兑付银行提示付款，付款行或代理付款行应按支付结算制度相关规定审核付款；出票人、承兑人的签章是否符合规定；汇票必须记载的事项是否齐全，出票金额、出票日期、收款人名称是否更改，其他记载事项的更改是否由原记载人签章证明；是否做委托收款背书，背书转让的汇票其背书是否连续，签章是否符合规定，背书使用粘单的是否按规定在粘接处签章；委托收款凭证的记载事项是否与汇票记载的事项相符等。审查无误后，经办人员填制表外科目收入凭证进行表外核算，即：

收入：发出委托收款凭证

并登记委托收款登记簿。

在委托收款凭证第一联上加盖受理戳记，退持票人；将凭证第二联专夹保管；在凭证第三联加盖结算专用章，将凭证第三、四、五联连同银行承兑汇票寄送承兑行。

电子银行承兑汇票由持票人在网银客户端发起提示付款申请，通过中国人民银行电子商业汇票系统提交到承兑行电子票据系统，由电子票据系统完成票据托收，无须柜台人员操作。

6.收到银行承兑汇票款项的处理

持票人开户行收到承兑银行划款的报单和委托收款凭证，将款项收入持票人账户。其会计分录为：

借：清算资金往来（或有关科目）

　贷：吸收存款——持票人活期存款户

通过电子银行承兑汇票发起的委托收款，其托收回来的款项直接记入相关账户，无须柜员操作。

**四、银行本票**

（一）银行本票的概念及有关规定

（1）银行本票是银行签发的，承诺自己在见票时无条件支付确定的金额给收款人或持票人的票据。

（2）单位和个人在同一省（自治区、直辖市）内需要支付各种款项，均可以使用银行本票。银行本票使用范围按当地中国人民银行规定执行。

（3）银行本票可以用于转账，注明“现金”字样的银行本票可以用于支取现金。

（4）银行本票的提示付款期限自出票日起最长不得超过2个月（当地中国人民银行另有规定的从其规定）。持票人超过付款期限提示付款的，代理付款人不予受理。

（5）签发银行本票必须记载：

①标明“银行本票”的字样；

② 无条件支付的承诺；

③ 确定的金额；

④ 收款人名称；

⑤ 出票日期；

⑥ 出票人签章。

欠缺记载上列事项之一的银行本票无效。

### （二）出票行签发银行本票的处理

单位申请人使用银行本票，应向银行填写一式三联“银行本票申请书”，第一联存根由申请人留存，第二、三联提交银行。填明收款人名称、申请人名称、支付金额、申请日期等事项并签章。申请人和收款人均为个人需要支取现金的，可申请办理现金本票。

银行柜台受理单位申请时，首先要进行合规审查：申请书是否真实、有效；申请书内容填写是否齐全正确，大小写金额是否相符；申请书上是否加盖预留银行印鉴。然后通过扫描仪采集本票业务申请书第一联等相关业务凭证的影像信息，并检查已采集到的影像信息的清晰性和完整性。审核无误后，受理柜员应在客户回单联上加盖受理戳记，退客户作为受理业务和领取银行本票的依据，同时相关信息提交会计审核处理。

会计经办人员首先通过影像信息审查业务是否符合规定，所提供的资料是否完整。然后审查影像信息中的申请书内容填写是否齐全正确，大小写金额是否相符；是否已经通过验印。审核通过后，进行账务处理。

如果受理的是个人申请，受理柜员应按照规定，对客户本人的人证一致性、证件有效性和证件真伪进行审核。柜员审核无误后，根据客户提供的交易信息录入相关要素，操作完成后打印《个人××凭证》，交客户签字、确认，客户签字、确认后，打印银行本票。

对于单位转账签发本票的，以申请书第二、三联分别作转账借方、贷方传票办理转账。其会计分录为：

借：吸收存款——申请人活期存款户

　贷：开出本票

办理转账后，据以打印签发银行本票。银行本票一式两联（参见表5-8），第一联卡片，第二联本票。本票的打印包括出票日期（大写）、收款人、申请人、大/小写金额、转账/现金标志、密押（在“出纳　复核　经办”栏内打印“密押：********”），并在凭证右上方打印出票行的银行机构代码。

表5-8 ××银行

# 本 票

| 付款期限 |
| --- |
| × 个 月 |

出票日期（大写） 年 月 日　　地名 本票号码

<table>
<tr><td colspan="3">收款人：</td><td>申请人：</td></tr>
<tr><td colspan="4">凭票即付 人民币（大写）</td></tr>
<tr><td>转账□</td><td>现金□</td><td rowspan="2">出票行签章</td><td rowspan="2">科目（借）________<br>对方科目（贷）________<br>付款日期 年 月 日<br>出纳 复核 经办</td></tr>
<tr><td colspan="2">备注：</td></tr>
</table>

此联出票行结清本票时作借方凭证

（使用清分机的，此区域供打印磁性字码）

打印的银行本票经与本票业务申请书内容核对一致后，在本票卡片联上加盖受理柜员名章，专夹保管；在本票联上加盖本票专用章，由授权经办人签章；请申请人出示本票业务申请书回单联，与打印完毕的本票核对无误后，请申请人签收，并将本票联和本票业务申请书回单联一并交申请人。

对于个人申请签发本票的，会计分录为：

借：吸收存款——申请人活期储蓄存款户

　贷：开出本票

（三）转账银行本票付款的处理

银行柜台接到在本行开立账户的持票人直接交来的转账银行本票和三联进账单，应首先进行合规审查：①本票是否是按统一规定印制的凭证。②出票日期是否用大写填写，是否超过提示付款期限。③持票人是否在本行开户，持票人名称是否为该持票人，与进账单上的名称是否相符。④出票行的签章是否符合规定，加盖的本票专用章是否与印模相符。⑤本票大、小写金额是否一致。⑥本票必须记载事项是否齐全，出票金额、出票日期、收款人名称是否更改，其他记载事项的更改是否由原记载人签章证明。⑦如本行银行本票加编密押，审查银行本票上是否填写密押，密押是否更改。⑧出票银行在银行本票正面记载“不得转让”的银行本票是否被转让。⑨持票人是否在本票背面“持票人向银行提示付款签章”处签章，签章是否与预留印鉴相同。⑩背书转让的本票是否按规定的范围转让，其背书是否连续，签章是否符合规定，背书使用粘单的，是否按规定在粘接处签章。⑪抽出专夹保管的本票卡片联，经核对相符，确认属本行签发的。

受理柜员审核无误后，在本票联加盖受理柜员名章（对于现金本票，本票联不加盖任何章戳，如受理行为出票行，本票卡片联加盖“附件”戳记），通过扫描仪采集本票相关联次、进账单第二联及客户提交的其他原始业务凭证的影像信息，并检查已采集到的影像信息的清晰性和完整性后，提交进一步审核。

审查无误后，以进账单第二联作转账贷方凭证进行账务处理。会计分录为：

借：存放中央银行款项（或有关科目）

　贷：吸收存款——持票人活期存款户

付款后，在本票上加盖转讫章，通过票据交换或邮寄将本票提交出票行。第一联进账单加盖转讫章作收账通知交给持票人。

（四）出票行结清本票的处理

1.持票人、申请人不在同一行处开户的处理

出票行收到票据交换提入的本票时，抽出保管的本票卡片或存根，经核对无误后，以本票作借方传票，卡片联或存根作附件进行转账。会计分录为：

借：开出本票

　贷：存放中央银行款项（或有关科目）

2.持票人、申请人在同一行处开户的处理

出票行受理本行签发的转账本票，则不需要通过票据交换。其会计分录为：

借：开出本票

　贷：吸收存款——持票人活期存款户

3.出票行接到现金本票的处理

出票行接到收款人交来的注明“现金”字样的本票时，对本票的合规审核与转账银行本票相同。同时，还要做到：请持票人出示有效身份证件，审查持票人在本票背面“持票人向银行提示付款签章”处是否签章和注明身份证件名称、号码及发证机关，相关信息与持票人的身份证件是否一致，并要求留存持票人身份证件复印件备查，上述身份证件是居民身份证的，需联网核查身份信息的真实性；本票上填写的申请人和收款人是否均为个人；抽出专夹保管的本票卡片或存根，经核对相符，确认属本行签发的。审查无误后，方可办理付款手续，以本票作借方传票，卡片或存根作附件办理转账。会计分录为：

借：开出本票

　贷：吸收存款——持票人活期储蓄存款户

本票如因超过付款提示期限或其他原因需要退款，应由申请人填制两联进账单与本票一并提交出票行办理。出票行审查无误后，凭以办理退款手续。

银行本票遗失，如在付款期满一个月确未支付的，失票人凭人民法院出具的享有票据权利的证明，可以向付款人请求付款或退款。

## 第三节　各种结算方式的核算

### 一、汇兑结算方式

（一）汇兑的概念及有关规定

（1）汇兑是汇款人委托银行将其款项支付给收款人的结算方式。单位和个人的各种款项的结算，均可使用汇兑结算方式。

（2）汇兑凭证包括信汇凭证和电汇凭证。汇兑凭证的委托日期应为汇款人向汇出银行提交汇兑凭证的当日，如当地银行有特别规定的，从其规定。汇兑凭证的委托日期、收款人账号及户名、金额不得更改。

（3）汇款的回单只能作为汇出银行受理汇款的依据，不能作为该笔汇款已转入收款人账户的证明。

（4）签发汇兑凭证必须记载下列事项：

① 标明“信汇”或“电汇”字样；

② 无条件支付的委托；

③ 确定的金额；

④ 收款人名称；

⑤ 汇款人名称；

⑥ 汇入地点、汇入行名称；

⑦ 汇出地点、汇出行名称；

⑧ 委托日期；

⑨ 汇款人签章。

汇兑凭证上欠缺上列记载事项之一的，银行不予受理。

汇兑凭证记载的汇款人名称、收款人名称，其在银行开立存款账户的，必须记载其账号。欠缺记载的，银行不予受理。

（5）汇兑业务收费。凡在银行开立银行账户的客户（包括单位客户和个人客户）转账办理异地汇兑业务时，应按照规定向汇款人收取手续费。转账收取单位客户手续费时，应由单位出具加盖预留印鉴的收费单。以交存现金方式存入在异地开立的单位账户的现金汇兑业务，按照汇兑业务的标准收费。

(6) 在办理捐款人向社会公益组织汇款业务时，应要求捐款人在汇兑凭证的备注栏或附加信息及用途栏中注明捐款用途、联系人、电话等信息。同时，柜员应提示捐款人，在向社会公益组织捐款后，可以要求受赠人开具捐赠收据，以享受国家税收优惠政策。

(二) 汇出行的核算

汇款人向银行申请办理电汇时，应填写一式三联电汇凭证（参见表5-9），第一联回单，第二联借方凭证，第三联发电依据，并提交汇出行受理柜员。

表5-9 ××银行电汇凭证（借方凭证） 2

委托日期　年　月　日　　第　号

<table>
<tr><td rowspan="3">汇款人</td><td>全　称</td><td colspan="3"></td><td rowspan="3">收款人</td><td>全　称</td><td colspan="3"></td></tr>
<tr><td>账　号<br>或地址</td><td colspan="3"></td><td>账　号<br>或地址</td><td colspan="3"></td></tr>
<tr><td>汇　出<br>地　点</td><td>省　市县</td><td>汇出行<br>名　称</td><td></td><td>汇　入<br>地　点</td><td>省　市县</td><td>汇入行<br>名　称</td><td></td></tr>
<tr><td>金额</td><td colspan="6">人民币<br>（大写）</td><td colspan="3">千 百 十 万 千 百 十 元 角 分</td></tr>
<tr><td colspan="5">汇款用途：</td><td colspan="5">科目（借）<br>对方科目（贷）</td></tr>
<tr><td colspan="5">此汇款支付给收款人。<br>汇出行签章</td><td colspan="5">汇出行汇出日期　年　月　日<br>复核　记账</td></tr>
</table>

受理柜员要对凭证进行审核：汇兑凭证各要素填写是否齐全；委托日期、收款人信息及金额是否涂改；金额填写是否正确，大、小写是否一致；汇兑凭证的委托日期是否为汇款人向汇出银行提交汇兑凭证的当日；汇款人未在银行开户的，需在凭证上填写付款人的姓名、联系电话等（以便在退汇或其他特殊情况时与汇款人联系）；汇款金额在1万元（含）以上的，还需同时审核汇款人身份证件的真实性与有效性，同时留存有效身份证件或者其他身份证明文件的复印件或者影印件。汇款人和收款人均为个人的汇兑业务，且收款人未在银行开立结算账户，需要在汇入银行支取现金的，应在电汇凭证的“汇款金额”大写栏，先填写“现金”字样，后填写汇款金额。使用安全码、支付密码的汇兑凭证，填写的安全码、支付密码是否无涂改。异地汇款的，客户还需填写收费单，经办柜员需审核收费单的有效性。

受理柜员审核无误后，在汇兑凭证的第二联上加盖经办人员名章，第三联上加盖“附件”戳记，通过扫描仪采集相关业务凭证的影像信息，并检查已采集到的影像信息的清晰性和完整性。完成上述操作后，点击“扫描完成”，确认系统自动识别的凭证种类及联次，点击“保存”完成影像采集。在客户回执联上加盖受理戳记，退客户作为受理业务的依据。所有凭证经审核柜员进一步审核后，根据第三联电汇凭证编制电划贷方报单，向汇入行发出汇划信息，进行账务处理。

如果是单位汇款，会计分录为：

借：吸收存款——汇款单位活期存款户

　贷：清算资金往来（或有关科目）

如果是个人汇款，会计分录为：

借：吸收存款——××个人活期储蓄存款户

　贷：清算资金往来（或有关科目）

（三）汇入行的核算

汇入行接到汇出行发来的电子汇划信息，对于账号户名完全相符的系统内来账，系统自动入账。转账汇款的会计分录为：

借：清算资金往来

　贷：吸收存款——收款单位活期存款户

对于个人的现金汇款业务，如果个人在银行开立账户的，会计分录为：

借：清算资金往来

　贷：吸收存款——××个人活期储蓄存款户

如果收款人没有账户，则账务转入个人临时存款专户，待收款人到汇入行柜台办理。会计分录为：

借：清算资金往来

　贷：应解汇款——收款人临时存款户

收款人来柜台取款时，应出示本人身份证件，并填写一式两联支款凭证。汇入行柜台人员需审核支款凭证填写的准确性、完整性，收款人身份证件的真实性，通过交易联网核查客户的身份信息无误后，在来账凭证的背面打印核实行，并办理支取现金交易。会计分录为：

借：应解汇款——收款人临时存款户

　贷：库存现金

交易完毕后，在两联支款凭证上加盖经办人员名章，在第二联支款凭证上加盖“业务讫章”，两联来账凭证及客户身份证件复印件上加盖“附件”戳记作支款凭证第一联的附件，将支款凭证第二联作为回单与现金一并交予客户。

如账号户名不符或因收款人已销户等原因需退汇的来账业务，可选择退汇，经有权人员授权后将资金退回汇出行。

## 二、托收承付结算方式

### （一）托收承付的概念及有关规定

（1）托收承付是收款人根据购销合同发货后，委托银行向异地付款人收取款项，由付款人向银行承认付款的一种结算方式。使用托收承付结算方式的收款单位和付款单位必须是国有企业、供销合作社以及经营管理较好，并经开户银行审查同意的城乡集体所有制工业企业。

（2）办理托收承付结算的款项，必须是商品交易，以及因商品交易而产生的劳务供应的款项，代销、寄销、赊销商品的款项不得办理托收承付结算。

（3）收付款双方使用托收承付结算必须签有符合《中华人民共和国民法典》的购销合同，并在合同中定明使用托收承付结算方式。收付双方必须重合同、守信用。收款人对同一付款人发货托收累计三次收不回货款的，收款人开户行应暂停收款人向该付款人办理托收；付款人累计三次提出无理拒付的，付款人开户银行应暂停其向外办理托收。

（4）收款人办理托收，必须具有商品确已发运的证件。

（5）托收承付结算每笔的金额起点为10 000元，新华书店系统每笔的金额起点为1 000元。

（6）签发托收承付凭证必须记载下列事项：

① 标明“托收承付”字样；

② 确定的金额；

③ 付款人名称及账号；

④ 收款人名称及账号；

⑤ 付款人开户行名称；

⑥ 收款人开户行名称；

⑦ 托收附寄单证张数或册数；

⑧ 合同名称、号码；

⑨ 委托日期；

⑩ 收款人签章。

托收凭证上欠缺上列事项之一的，银行不予受理。

（7）付款人承认付款的方式有验单付款和验货付款。验单付款的承付期为3天，从付款人开户行发出承付通知的次日算起（承付期内遇法定节假日顺延），承付通知须邮寄的，应加邮寄时间。付款人在承付期内未向银行表示拒绝付款，银行即视作承付。

验货付款的，收款人必须在托收凭证上加盖“验货付款”戳记，其承付期为10天，从运输部门向付款人发出提货通知的次日算起。付款人在银行发出承付通知的次日起10日内，未收到提货通知的，应在第10天将货物尚未到达的情况通知银行。在第10天付款人没有通知银行的，银行即视作已验货，同意付款。在第10天付款人通知银行货物未到，而以后收到提货通知没有及时送交银行，银行仍按10天期满的次日作为划款日期，并按超过的天数计扣逾期付款赔偿金。

（二）收款人开户行受理托收承付的处理

收款人办理托收时，应填制一式五联托收凭证（参见表5-10）。收款人在第二联托收凭证上签章后，将托收凭证和商品发票、劳务发票、运输提货单等有关单证提交开户行。

表5-10 邮 **银行托收承付结算凭证（贷方凭证）** 2 第 号

委托日期 年 月 日 托收号码：

<table>
<tr><td rowspan="3">付款人</td><td>全 称</td><td colspan="2"></td><td rowspan="3">收款人</td><td>全 称</td><td colspan="3"></td></tr>
<tr><td>账 号</td><td colspan="2"></td><td>账 号</td><td colspan="3"></td></tr>
<tr><td>开户银行</td><td colspan="2"></td><td>开户银行</td><td></td><td>行号</td><td></td></tr>
<tr><td colspan="2">托收<br>金额</td><td colspan="4">人民币：<br>（大写）</td><td colspan="3">千 百 十 万 千 百 十 元 角 分</td></tr>
<tr><td colspan="3">附 件</td><td colspan="3">商品发运情况</td><td colspan="3">合同名称号码</td></tr>
<tr><td colspan="2">附寄单证<br>张数或册数</td><td></td><td colspan="3"></td><td colspan="3"></td></tr>
<tr><td colspan="3">备注</td><td colspan="3">本托收款项随附有关单证等件，请予办理托收。<br><br>（收款人盖章）</td><td colspan="3">科目（贷）________<br>对方科目（借）________<br>转账日期 年 月 日<br>复核 记账</td></tr>
</table>

收款人开户行收到日期 年 月 日

开户银行柜员收到托收凭证及附件后，应进行审核：托收款项是否符合托收承付结算方式规定的范围、条件、金额起点，以及其他有关规定；有无商品确已发运的单证，如提供的证件需要取回的，收款人在托收凭证上注明“发运日期”和“证件号码”；托收凭证必须记载的各项内容是否齐全和符合填写凭证的要求；委托日期是否为提交开户行当日；托收凭证与所附单证的张数是否相符；第二联托收凭证上是否有收款人签章，其签章是否符合规定。验货付款的，收款人必须在托收凭证上加盖明显的“验货付款”字样的戳记。必要时，还应查验收付款人签订的购销合同。

经审核无误后将第一联托收凭证加盖受理戳记退给收款人，对收款人向银行提交发运证件需要带回保管或自寄的，应在各联凭证和发运证件上加盖“已验发运证件”戳记，然后将发运证件退给收款人。第二联托收凭证专夹保管并凭以登记“发出托收承付结算凭证登记簿”（参见表5-11）。将第三、四、五联托收凭证（在第三联上加盖结算专用章）连同交易单证，一并寄交付款人开户行。

表5-11　**发出托收承付结算凭证登记簿**　第　页

| 日期 | 摘　要 | 借方 | | 贷方 | | 金额 | | 复核签字 |
|---|---|---|---|---|---|---|---|---|
| | | 笔数 | 金额 | 笔数 | 金额 | 笔数 | 金额 | |
| | | | | | | | | |

收款人开户行如未加入现代化支付系统的，向付款人开户行直接发出托收凭证时，应在托收凭证的“备注”栏注明加盖“款项收妥划收×××行，转划我行”戳记。同时，按规定收取手续费、邮电费。

收款人开户行对逾期尚未划回，又未收到付款人开户行寄来逾期付款通知或拒绝付款理由书的托收款项，应当及时发出查询。付款人开户行应当积极查明原因，及时答复。

### （三）付款人开户行受理托收承付的处理

付款人开户行收到收款人开户行寄来的第三、四、五联托收凭证及交易单证，应审查：付款人是否在本行开户；所附单证的张数与凭证的记载是否相符；托收承付是否符合《支付结算办法》的要求。

审查无误后，在凭证上填注收到日期，按承付规定计算承付期，及时通知付款人（托收凭证未注明验货付款，经付款人提出合同证明是验货付款的，银行可按验货付款处理）。根据第三、四联托收凭证，逐笔登记定期代收结算凭证登记簿（参见表5-12），并在第三联托收凭证上打印托收编号，记表外账。将第三、四联托收凭证专夹保管，将第五联托收凭证加盖“柜台业务专用章”，连同交易单证一并及时交给付款人。

表5-12 **定期代收结算凭证登记簿**

| 凭证到达日期 | | 顺序号 | 付款人名称（账号） | 收款人 | | 凭证号码 | 托收金额（位数） | 销账日期 | | 通知方式与签收 | 备注 | 复核 |
|---|---|---|---|---|---|---|---|---|---|---|---|---|
| 月 | 日 | | | 名称或账号 | 开户行名（或行号） | | | 月 | 日 | | | |
| | | | | | | | | | | | | |
| | | | | | | | | | | | | |

在承付期内，付款人应认真审查凭证或检验货物，并积极筹措资金，如有异议或其他要求，应在付款期内通知银行，否则银行视为同意付款。

1.全额付款的处理

付款人承付期满日营业终了前，付款人未提任何异议且账户有足够资金支付全部款项的，柜员应在次日上午营业开始时（遇法定节假日顺延）取出专夹保管的第三、四联托收凭证，办理托收款项的划付。第三联托收凭证作记账凭证，第四联托收凭证作记账凭证附件，办理转账。会计分录为：

借：吸收存款——付款人活期存款户

　贷：清算资金往来（或有关科目）

转账后，在登记簿上填注转账日期，将第四联托收凭证注明支付日期后随清算凭证寄交收款人开户行。

2.提前承付的处理

付款人在承付期满前通知银行提前付款，银行应立即办理划款，账务处理比照全额付款手续处理，并在托收凭证和登记簿备注栏分别注明“提前承付”字样。

3.多承付的处理

付款人如因商品的价格、数量或金额变动等原因，要求对本笔托收多承付款项一并划回时，经办人员审查付款人填制的四联“多承付理由书（以拒绝付款理由书代）”，在托收凭证备注栏注明多承付的金额，以第二联多承付理由书代借方凭证，第三联托收凭证作附件，将托收资金及多承付款项一并划收款人。拍发报文时需将多承付原因及相应金额标注在报文的备注栏内。付款人开户行经办柜员将第一联多承付理由书加盖业务讫章退付款人，第三、四联多承付理由书寄收款人开户行。账务处理与全额付款处理相同。

相应的电子汇划费及邮费，由付款人开户行向付款人收取。

4.逾期支付的处理

（1）部分付款

付款人在承付期满日开户行营业终了前，账户只能部分支付的，经办人应在托收凭证备注栏分别注明当天可以扣收的金额；填制两联特种转账凭证，并注明原托收号码、金额及“部分付款”字样，以一联特种转账凭证办理划款，会计处理与全额付款相同。另一联特种转账凭证加盖业务讫章交付款人。在第三、四联托收凭证上注明付款金额及日期后专夹保管。

（2）无款支付

付款人在承付期满日开户行营业终了前，账户无款支付的，经办人应在托收凭证备注栏分别注明“逾期付款”字样。填制三联“托收承付结算到期未收通知书（以支付结算通知查询查复书代）”，加盖“柜台业务专用章”，将第一、二联通知书寄收款人开户行，第三联通知书留存。

对于无款支付和部分支付的，托收经办人员需随时掌握付款人账户余额，在后续3个月内如付款人账户内有资金时，应及时扣划给收款人。对于逾期支付的款项，每天按万分之五计算赔偿金。逾期付款天数从承付期满日算起。承付期满日银行营业终了时，付款人如无足够资金支付，其不足部分，应当算作逾期1天，计算1天的赔偿金。在承付期满的次日（遇法定节假日，逾期付款赔偿金的天数计算相应顺延，但在以后遇法定节假日应当照算逾期天数）银行营业终了时，仍无足够资金支付，其不足部分，应当算作逾期2天，计算2天的赔偿金。以此类推。

部分支付、扣划赔偿金时，需填制两联特种转账凭证，并注明原托收号码及金额，在转账原因栏注明第×个月逾期付款的金额及相应扣付赔偿金的金额，比照部分付款处理。对于付款人账户有资金支付全部承付款项及赔偿金的，比照全额付款进行操作。在此期间，付款人开户行应对该付款账户采取“只收不付”的方式控制。

如逾期付款期满（3个月后），付款人账户仍不能支付该笔承付款项及赔偿金的，付款人开户行向付款人发出索回单证的通知（一式四联，以支付结算通知查询查复书代，一联交付款人），付款人应于开户行发出通知的次日起两日内（遇法定休假日顺延），将有关结算凭证和交易单证退开户行。付款人开户行在托收凭证备注栏注明单证退回日期和“无款支付”字样，销记收到托收承付凭证登记簿，将一联索回单证通知及第三联托收凭证一并留存备查，将另两联索回单证通知及第四、五联托收凭证（部分无款支付系第四联）和交易单证一并寄收款人开户行。

对于付款人到期无款支付，逾期不退回托收承付有关单证的，应按规定承担行政责任。开户行按照托收尚未付清的金额自发出通知日的第3天起每天收取万分之五但不低于50元的罚款，并暂停付款人向外办理结算业务，直到退回单证时止。

5.拒付的处理

付款人在承付期内针对下列情况，可向银行提出全部或部分拒绝付款：没有签订购销合同或合同未订明使用托收承付结算方式的款项；未经双方事先达成协议，收款人提前交货或因逾期交货付款人不再需要该项货物的款项；未按合同规定的到货地址发货的款项；代销、寄销、赊销商品的款项；验单付款，发现所列货物的品种、规格、数量、价格与合同规定不符，或货物已到，经查验货物与合同规定或发货清单不符的款项；验货付款，经查验货物与合同规定或与发货清单不符的款项；货款已经支付或计算有错误的款项等。

（1）全部拒付

付款人在承付期内提出全部拒绝付款，应向开户行提交四联拒绝付款理由书、有关拒绝证明和第五联托收凭证及所附单证。拒付由柜台经办人员审查，柜台经理复审，严格按照《支付结算办法》有关托收承付拒绝付款的规定认真审查。

对于付款人提出拒绝付款手续不全、依据不足、理由不符合规定和不属于《支付结算办法》有关托收承付中七项可以拒绝付款情况的，以及超过承付期拒付和应该部分拒付提为全部拒付的，开户行均不得受理，且实行强制扣款。

受理拒付时，应在拒绝付款理由书签注意见并加盖“柜台业务专用章”，由柜台经办人员及柜台经理签章，在托收凭证备注栏注明“全部拒付”字样。经办柜员销记收到托收承付凭证登记簿。将第一联拒绝付款理由书退付款人，第二联拒绝付款理由书和第三联托收凭证专夹保管，将第三、四联拒绝付款理由书连同有关拒付证明和第四、五联托收凭证及单证一并寄收款人开户行。

（2）部分拒绝付款

付款人开户行接到付款人提交的四联部分拒绝付款理由书及拒付证明和拒付商品清单后，应按照全部拒付的审查程序和要求认真审查。对符合规定同意拒付的，在托收凭证和登记簿备注栏注明“部分拒付”字样及拒付金额。对同意承付部分，以第二联拒绝付款理由书代借方凭证（第三联托收凭证作附件）办理转账。会计分录与全额付款相同。转账后，第一联拒绝付款理由书盖章退付款人，第三、四联拒绝付款理由书和第四联托收凭证及有关拒付证明、清单随联行报单一并寄收款人开户行。

（四）收款人开户行收到托收划回款项的处理

1.全额或多付款划回的处理

收款人开户行收到付款行寄来的托收凭证和贷方报单，应将留存的第二联托收凭证抽出，进行核对。经审查无误后，在托收凭证上填注转账日期（对于多承付款项的，需在第二联托收凭证的备注栏注明多承付的金额），以贷方报单作记账凭证，第二联托收凭证作记账凭证附件（对于多承付款项的，第三联多承付理由书同样作记账凭证附件），办理转账。会计分录为：

借：清算资金往来（或有关科目）

　贷：吸收存款——收款人活期存款户

转账后，销记托收凭证登记簿。将第二联来账借（贷）方凭证作收账通知（对于多承付款项的，第四联多承付理由书作记账凭证附件）交收款人。

2.全部拒付、部分拒付的处理

（1）全部拒付

收款人开户行收到付款人开户行退回的第四、五联托收凭证，单据，第三、四联拒绝付款理由书及拒付证明，应将留存的第二联托收凭证抽出，进行核对。经审查无误后，在第二联托收凭证备注栏注明“全部拒付”字样、日期，销记托收登记簿。将退回的第四、五联托收凭证，第四联拒绝付款理由书及拒付证明退收款人。收款人在第三联拒绝付款理由书上签收后，连同第二联托收凭证一并专夹保管。

（2）部分拒付

收款人开户行收到来账收账通知，第三、四联拒绝付款理由书以及拒付部分的商品清单和证明，应将留存的第二联托收凭证抽出，进行核对。经审查无误后，在第二联托收凭证备注栏注明“部分拒付”字样、日期和部分拒付金额。以第一联来账借（贷）方凭证作记账凭证，第二联托收凭证作记账凭证附件，对部分收到的款项进行账务处理，会计分录与收到全额付款的处理相同。然后，销记托收登记簿和表外账，第三联拒绝付款理由书留存备查。将第四联拒绝付款理由书作第二联来账借（贷）方凭证附件，连同拒付部分的商品清单和证明交收款人。

**三、委托收款结算方式**

（一）委托收款的概念及有关规定

（1）委托收款是收款人委托银行向付款人收取款项的结算方式。

（2）单位或个人凭已承兑商业汇票、债券、存单等付款人债务证明办理款项的结算，均可以使用委托收款结算方式。

（3）委托收款在同城和异地均可以使用。

（4）签发委托收款凭证必须记载下列事项：

① 标明“委托收款”字样；

② 确定的金额；

③ 付款人名称；

④ 收款人名称；

⑤ 委托收款凭据名称及附寄单证张数；

⑥ 委托日期；

⑦ 收款人签章。

欠缺记载上列事项之一的，银行不予受理。

委托收款以银行以外的单位为付款人的，委托收款凭证必须记载付款人开户银行名称；以银行以外的单位或在银行开立存款账户的个人为收款人的，委托收款凭证必须记载收款人开户银行名称：未在银行开立存款账户的个人为收款人的，委托收款凭证必须记载被委托银行名称。欠缺记载的，银行不予受理。

（二）收款人开户行受理委托收款的处理

收款人办理委托收款结算时，应向银行提交委托收款凭证和有关的债务证明。

委托收款凭证为一式五联（参见表5-13），第一联回单，第二联贷方凭证，第三联借方凭证，第四联收账通知，第五联付款通知。

表5-13 **委托收款凭证（贷方凭证）** 2 第 号

委邮 委托日期 年 月 日 委托号码：

<table>
<tr><td rowspan="3">付款人</td><td>全 称</td><td colspan="2"></td><td rowspan="3">收款人</td><td>全 称</td><td colspan="12"></td></tr>
<tr><td>账号或住址</td><td colspan="2"></td><td>账 号</td><td colspan="12"></td></tr>
<tr><td>开户银行</td><td colspan="2"></td><td>开户银行</td><td colspan="3"></td><td colspan="2">行号</td><td colspan="7"></td></tr>
<tr><td rowspan="2">委收金额</td><td colspan="6" rowspan="2">人民币：<br>（大写）</td><td>千</td><td>百</td><td>十</td><td>万</td><td>千</td><td>百</td><td>十</td><td>元</td><td>角</td><td>分</td></tr>
<tr><td></td><td></td><td></td><td></td><td></td><td></td><td></td><td></td><td></td><td></td></tr>
<tr><td>款项内容</td><td></td><td>委托收款凭据名称</td><td colspan="2"></td><td colspan="2">附寄单证张数</td><td colspan="11"></td></tr>
<tr><td colspan="3">备注</td><td colspan="3">上列委托收款随附有关单证等件，请予办理收款。<br><br>（收款人盖章）</td><td colspan="12">科目（贷）＿＿＿＿<br>对方科目（借）＿＿＿＿<br>转账日期 年 月 日<br>复核员 记账员</td></tr>
</table>

收款人按规定填写之后，在第二联凭证上签章，然后连同有关债务证明一并交开户银行。

银行收到收款人提交的凭证，经审查无误后，第一联加盖业务公章退给收款人，第二联在凭以登记“发出委托收款凭证登记簿”（格式与发出托收凭证登记簿同）后专夹保管，第三联加盖联行专用章与第四、五联及有关债务证明一并交付款人开户行。

（三）付款人开户行的处理

1.通知付款的处理

付款人开户银行收到有关凭证后，在各联凭证填注收到日期，并登记“收到委托收款凭证登记簿”（格式与定期代收登记簿同），第三、四联委托收款凭证专夹保管，付款人为单位的，将第五联委托收款凭证作付款通知交付款人，并由付款人签收。

付款人开户行必须及时办理委托收款结算的款项支付。以银行为付款人的，应在收到寄来委托收款凭证和有关债务证明的当日（最晚不得超过次日）将款项支付给收款人。以银行以外的单位为付款人的，银行应及时通知付款人，付款人应在接到付款通知的当日通知银行付款。付款人在接到付款通知的次日起3日内未通知银行付款的，银行视同其同意付款，并于发出付款通知的次日起第四日上午开业时将款项划给收款人。如果付款人提前收到付款的债务证明，应通知银行于债务证明的到期日付款。付款人于接到付款通知的次日起3日内通知银行付款的，并且在接到通知的次日起第四日债务证明尚未到期的，银行于债务证明到期日将款项划给收款人。

2.付款人付款的处理

（1）以银行为付款人的。银行接到委托收款凭证和有关债务证明，如果银行为付款人，应在债务证明到期时，以第三联委托收款凭证作借方凭证，有关债务证明作附件办理转账。会计分录为：

借：××科目——付款人户

　　贷：清算资金往来（或有关科目）

转账后销记“收到委托收款凭证登记簿”，第四联委托收款凭证注明支付日期后，随资金清算凭证寄交收款人开户行。属电划的，凭第四联委托收款凭证通过电子系统向收款人开户行发出托收凭证信息。

（2）以单位为付款人的。付款人开户行接到付款人的付款通知书或未接到付款通知书，在付款人签收日的次日起第四日上午开业时，付款人账户有足够的资金支付全部款项，以第三联委托收款凭证作借方凭证，债务证明和付款通知书作附件办理转账。会计分录为：

借：吸收存款——付款人活期存款户

　贷：清算资金往来（或有关科目）

同时注销登记簿并向收款行发出第四联委托收款凭证。

付款人对委托收款只要同意支付，就要在付款期内筹足资金一次付清。如果付款期满时付款人账户没有足够的资金支付全部款项，即按无款支付处理。发生了无款支付，应由付款人开户银行在付款期满日填制一式三联“付款人未付款项通知书”，并在委托收款凭证和“收到委托收款凭证登记簿”备注栏注明单证退回日期和“无款支付”字样，将一联通知书与第四联委托收款凭证及有关债务证明一并寄交收款人开户银行（如电子票据，则系统自动发报，不需要邮寄）。

3.拒绝付款的核算

付款人在付款期内经过验单，发现商品的品种、规格、数量、价格不符，或款项已付或计算错误等原因，应在接到付款通知的次日起3日内，持拒绝付款理由书和债务证明向银行提出全部或部分拒付。其核算手续与托收承付结算拒绝付款手续相同。

（四）收款人开户行收到划回款项的核算

收款人开户行收到付款人开户行发来的委托收款凭证，应抽出专夹保管的第二联凭证核对。无误后，在第二联凭证上填注转账日期后，办理转账。会计分录为：

借：清算资金往来（或有关科目）

　贷：吸收存款——收款人活期存款户

转账后，销记“发出委托收款凭证登记簿”，并将第四联委托收款凭证作收账通知交收款人。

收款人开户银行如果收到第二、三联“付款人未付款项通知书”与所附第四联委托收款凭证，经与第二联委托收款凭证核对无误后，在第二联委托收款凭证和“发出委托收款凭证登记簿”的备注栏注明“无款支付”字样，一联通知书与第二联委托收款凭证一并留存，另一联通知书与第四联委托收款凭证及单证送交收款人。

## 第四节　银行卡的核算

银行卡是指由商业银行（含邮政金融机构，下同）向单位或个人发行的具有消费信用、转账结算、存取现金等全部或部分功能的信用支付工具。银行卡包括信用卡和借记卡。

## 一、借记卡的核算

借记卡是发卡机构向持卡人提供的，具有转账结算、消费、理财等全部或者部分功能的现代化金融支付工具，包含人民币借记卡、外币借记卡和多币借记卡。

### （一）借记卡的分类及功能

借记卡必须实名制开户，不得透支。借记卡以个人结算账户为基础主账户，可以勾连活期和定期等多种类型的多个从账户，支取时凭卡和密码办理。借记卡的主要功能包括查询、消费、存款、取款、转账、代收付、外汇买卖、投资理财、网上支付等。

自2016年12月1日起同一客户只能开立一个Ⅰ类户，已开立Ⅰ类户，再新开户的，应当开立Ⅱ类户或Ⅲ类户。同一客户开立Ⅱ类户、Ⅲ类户的数量原则上分别不得超过5个。Ⅰ类户配发的借记卡为Ⅰ类卡，Ⅱ类户配发的借记卡为Ⅱ类卡，Ⅲ类户不配发实体借记卡。

（1）Ⅰ类借记卡为全功能型产品，支持存款、购买投资理财产品等金融产品、转账、消费和缴费支付、支取现金等业务。

（2）Ⅱ类借记卡为限制功能产品，在借记卡产品层设置交易范围和限额管控。Ⅱ类借记卡支持配发实体卡片，也可在线开立电子账户，可办理存款、购买投资理财产品等金融产品、限额消费、限额向非绑定账户转出资金业务，面对面开立的实体卡还可以办理存取现金、非绑定账户资金转入业务。

（3）Ⅲ类户为限制功能产品，在借记卡产品层设置交易范围和限额管控。

### （二）借记卡的申领

凡自愿遵守《××商业银行借记卡章程》并符合个人存款实名制开立条件的自然人均可凭中国人民银行规定的本人实名制有效身份证件申领借记卡。

客户申请借记卡时，发卡机构应切实履行客户身份识别义务，防止以虚假身份证件或者借用、冒用他人身份证件开立借记卡，确保申请人开户资料真实、完整、合规，借记卡申领为客户本人意愿。客户凭居民身份证申领借记卡的，须利用联网核查公民身份信息系统验证客户身份信息，杜绝违规代开卡、乱开卡、批量开卡等情况。持居民身份证之外的其他有效身份证件申领借记卡的，应采取审核辅助证件等其他方式验证客户身份信息。有效身份证件电子影像须留存归档。居住在中国境内16周岁以下的中国公民，应由监护人代理开立借记卡，并出具监护人、借记卡所有人的有效身份证件以及户口簿等监护关系证明文件。无民事行为能力或限制民事行为能力的借记卡申请人，由法定代理人或人民法院、有关部门依法指定的人员代理办理。

持卡人本人申领借记卡必须在发卡银行开立人民币普通活期账户或活期一本通账户作为借记卡的ATM/POS主账户。多币借记卡必须以活期一本通账户作为ATM/POS主账户。借记卡具有一卡关联多货币、多账户的功能，除ATM/POS主账户，还可以作为卡片的从账户关联普通活期账户、活期一本通、定期一本通、零存整取、存本取息、教育储蓄及通知存款等多个存款账户。

申请借记卡客户可当时领取借记卡。发卡机构在向客户发放新的银行卡时，应给持卡人发放“安全用卡须知”，提醒持卡人安全使用银行卡。

客户目前在电子渠道在线申请的Ⅱ类和Ⅲ类银行账户的表现形式为电子卡，客户申请时由系统自动配发无实体介质的电子卡卡号。

（三）借记卡的金融交易

借记卡必须先存款后消费。存入资金或支取款项的会计处理与个人活期储蓄存取款的处理相同。发卡银行对借记卡账户内的存款，按照中国人民银行规定的同期同档次存款利率及计息办法计付利息。利息的计算方法及会计处理与个人活期储蓄存款利息计算及处理相同。

借记卡消费时，依据品牌和交易类型采取不同的会计处理方法。银联品牌的借记卡采用单信息交易处理方式，非预授权类交易均采用联机即时扣账、实时更新账户余额的处理方式，实现同城或异地存款、取款、转账结算、代收付、购物消费和电子渠道支付等业务处理。

发生交易时，发卡行受理特约商户或他行提交的交易凭证，审核无误后将款项从持卡人账户扣款，会计分录为：

借：吸收存款——××人借记卡账户

　贷：吸收存款——××特约商户活期存款户（如持卡人与商户在同一银行开户）

或贷：其他有关科目（持卡人与商户在不同银行开户）

对于预授权类交易，则采用冻结账户余额的方式实现业务处理。VISA和万事达品牌的借记卡产品采用双信息交易处理方式，交易发生时按照卡组织授权报文指令先冻结借记卡主账户资金，后续收到卡组织清算文件后再批量解除冻结、扣收客户借记卡资金，更新账户余额。扣收持卡人款项的会计分录与非预授权类交易相同。

特约商户开户行收到他行支付的款项，为特约商户收款的会计分录为：

借：其他有关科目

　贷：吸收存款——××特约商户活期存款户

## 二、信用卡的核算

### （一）信用卡的概念、分类及有关规定

1.信用卡的概念及分类

信用卡是由发卡机构向社会公开发行的，记录持卡人账户相关信息，给予持卡人一定信用额度，允许持卡人在信用额度内先消费后还款，具有消费信用、转账结算、存取现金等功能的信用支付工具。

按照发行对象分为单位卡（商务卡）和个人卡，其中个人卡分为主卡和副卡；按照信用等级分为普通卡、金卡、白金卡、黑金卡及其他等级卡；按照信息载体分为磁条卡、芯片卡和磁条芯片复合卡；按照是否享有免息还款期分为贷记卡和准贷记卡；按照账户币种分为人民币卡和多币卡（含双币卡，下同）；按是否联名（认同）分为联名（认同）卡和非联名（认同）卡。

所有银行的信用卡要使用信用卡组织的标识。常见的信用卡组织主要有：VISA（维萨）、Master Card（万事达卡）、American Express（美国运通）、JCB（Japan Credit Bureau）、Diners Club（大来卡）及中国银联（China UnionPay）等。它们的作用主要是建立和运营全球或区域统一的信用卡信息交换网络；负责信用卡交易的信息转换和资金清算；负责经营和管理卡组织自身的标识和品牌；制定并推行信用卡跨行交易业务规范和技术标准。

2.信用卡的申领条件

凡在中国境内金融机构开立基本账户，具有独立法人资格的企业、行政事业单位、社会团体、法人授权的其他经济组织等，可凭中国人民银行核发的开户许可证等资料向发卡机构申请商务采购卡。如申请外币单位卡，还须具有稳定外汇来源、能够合法支配其外汇的账户。每个单位可申请若干张单位卡，其持卡人资格由申请单位法定代表人或其委托的代理人书面指定或撤销。申领单位承担单位卡所发生的全部债务。

凡年满18周岁且具有完全民事行为能力，有合法、稳定收入，且信誉良好的中国公民、常住国内的外国人、港澳台同胞，均可凭本人有效证件向发卡机构申请信用卡个人卡主卡。个人卡主卡持卡人还可为其他具有完全民事行为能力或限制民事行为能力的自然人申请副卡。

3.信用卡的计息及收费规定

（1）计息规定

根据中国人民银行的规定，对贷记卡账户的存款不计付利息，准贷记卡和存贷合一卡储蓄账户的存款按照借记卡标准计付利息。

贷记卡持卡人在到期还款日未偿还全部应付款项或使用信用额度支取现金

时，则按发卡行规定的透支利率，消费交易从银行记账日起计收透支利息，预借现金交易从交易日起计收透支利息。透支利息按月计收复利。

准贷记卡消费交易和取现交易均从交易日起按银行评定的持卡人透支利率计收透支利息，透支利息按日计收。

贷记卡交易自交易记账日至发卡机构规定的到期还款日之间为免息还款期，不同银行规定不同的免息还款期（最长为60天）。持卡人非现金类交易在到期还款日前（含）偿还全部应还款额即可享受免息还款期待遇，无须支付非现金类交易的利息。准贷记卡无免息还款期，按日计收利息。

（2）信用卡的收费规定

信用卡持卡人须按发卡机构确定的年费标准及相关年费政策缴纳年费，由信用卡系统直接从持卡人信用卡账户自动扣收。对未能在到期还款日前偿还贷记卡最低还款额的，发卡银行除按上述计息方法收取透支利息外，还要收取相应的违约金，在到期还款日自动从持卡人账户扣收。准贷记卡无最低还款额，无违约金。持卡人持信用卡透支提取现金，均需按其取现金额的一定比例扣收取现手续费。

（二）商业银行发行信用卡的处理

个人或单位申请信用卡，应按规定填写申请表，并提交相关资料。银行受理个人卡时，应要求客户当场出示身份证件，判断客户是否与其提供的有效证件一致，包括但不限于照片、姓名、性别、出生日期等的一致性，经检查无疑方可受理。受理公务卡申请时，应按照政策相关规定，要求客户出示全套公司证明文件，核实公司信息，并确保申请人为该单位员工本人。

受理柜员对于以二代身份证作为个人身份证明文件的，在扫描前利用身份证鉴别仪或联网核查系统等方式进行身份证的核查，同时注意核实证件上的有效期与系统中的有效期是否一致；对于以护照作为证明文件的，应同时核查签证是否在有效期内且签证类型在银行允许提供服务范围。对于采用非电子化渠道进件（如纸质进件、现有网申柜面面签激活进件等）的，需落实亲见身份证明文件并与原件核对一致，在复印件上标注“与原件核对一致”字样并签字。对于采用电子化渠道面签进件（如智能柜台面签进件、移动终端面签进件等）的，应按电子化渠道面签相关操作流程操作落实。

申请材料经发卡银行审查同意后，应及时通知申请人前来办理领卡手续或将信用卡寄交申请人。对于准贷记卡，银行按规定向申请人收取备用金。申请人为单位且在发卡行有基本存款账户的，则从其基本账户扣款。会计分录为：

借：吸收存款——申请单位活期存款户

贷：单位信用卡存款——××单位信用卡户

申请人为个人的，收取现金的会计分录为：

借：库存现金

贷：个人信用卡存款——××个人户

申请人也可以网上办卡，即登录银行门户网站或登录个人网银，根据提示要求完整填写申请信息，并约定领卡网点，阅读《××银行信用卡章程》《信用卡领用合约》《安全用卡须知》《自动还款业务协议书》等，并确认是否同意申请人声明内容。申请人在网上填写个人资料提交后，申请信息将自动导入审批系统。卡片成功办理后，会向申请人发送领卡通知短信。通过网上申请办卡的客户，须本人持有效身份证件到其自行选定的就近领卡网点一次性完成签字确认、领卡及卡片启用等相关业务。

发卡银行在办理信用卡发卡手续时，应登记信用卡账户开销户登记簿和发卡清单，并在发卡清单上记载领卡人身份证件号码，由领卡人签收。

新发信用卡、挂失换卡、毁损换卡、到期换卡的信用卡均需激活后方可进行消费、取现等交易。

（三）信用卡取现的处理

单位卡不得提取现金，个人卡可在银行规定限额内提取现金。持卡人可凭信用卡和交易密码在银行网点柜台、自助设备以及带有“银联”标识的ATM机提取人民币现钞，可在境外带有与卡片相同标识的ATM机提取外币现钞。持卡人在使用信用卡提取现金时，金额不超过其账户预借现金额度。持卡人在境外提现实行限额管理，限额标准根据国家外汇管理局相关政策制定。

会计分录为：

借：个人信用卡存款——××个人户

贷：库存现金

（四）凭信用卡消费的核算

持卡人凭信用卡在境内外带有相应品牌标识的特约商户凭卡或无卡消费，商户类型需符合国家有关政策的限定要求。持卡人消费时应在签购单上签名，且签名必须与信用卡背面的签名一致。

消费时，需填制签购单，由特约单位填制进账单及汇计单与签购单一并送存银行，经办行应向特约单位收取手续费。

银行对特约单位提交的凭证应认真审查：签购单及其压印的内容是否为本行可受理的银行卡；签购单上有无持卡人签名、身份证件号码、特约单位名称和编号；签购单的小写金额是否与大写金额相符；签购单上压印的信用卡有效期限是否在有效期内；超过规定交易限额的有无授权号；汇计单和签购单的内容是否一致，汇计单、签购单和进账单的结计金额是否正确；手续费计算是否正确。审查无误后分别情况处理。

1.收、付款人在同一行处开户的

汇计单一式三联（参见表5-14），第一联交费收据，第二联贷方凭证附件，第三联存根。签购单一式四联，第一联回单，第二联借方凭证，第三联贷方凭证附件，第四联存根。

表5-14 **汇计单**

（行徽） ××银行

××卡

汇计单

特约单位名称、代号 ____________

日　期____________

签购单总份数____________份

总计金额（¥）[　　]

手续费　%[　　]

净计金额（¥）[　　]

编号　0000000

第一联：银行盖章后退特约单位作交费收据

8.3×13.5厘米（白纸黑油墨）

第一联进账单加盖转讫章作收账通知和第一联汇计单加盖业务公章作交费依据，退给特约单位；第二联进账单作转账贷方传票；第三联签购单作附件；填制一联手续费及佣金收入科目特种转账贷方传票，第二联汇计单作附件，第二联签购单作借方传票，第三联汇计单、第四联签购单留存。其会计分录为：

借：单位信用卡存款——××单位信用卡户

（或个人信用卡存款——××个人户）

贷：吸收存款——特约单位活期存款户

手续费及佣金收入

2.收、付款人在不同行处开户的

特约商户开户行需通过同城票据交换（或系统内往来，或跨系统转账）等方式与发卡行清算资金。特约商户开户行待款项清算收妥后办理转账。会计分录为：

借：存放中央银行款项（或有关科目）

　贷：吸收存款——特约单位活期存款户

手续费及佣金收入

发卡行从持卡人信用账户扣款的会计分录为：

借：单位信用卡存款——××单位信用卡户

　　（或个人信用卡存款——××个人户）

　贷：存放中央银行款项（或有关科目）

（五）信用卡的还款

信用卡持卡人可选择全额还款或最低还款额还款两种还款方式。全额还款即持卡人在到期还款日前全部偿还到期的透支余额。最低还款额还款是指持卡人在到期还款日前偿还不低于当期对账单上列明的最低还款额，此种还款方式视为按时还款，发卡行将免收违约金。

持卡人使用最低还款额方式还款不再享受免息还款期待遇，应按规定利率收取透支利息。准贷记卡不可选择最低还款额的方式还款，且不享受免息还款期待遇。

个人卡可用现金、转账、汇款等方式还款，单位卡只能从其基本账户转账还款。持卡人可选择本行网点柜台、自助设备、网上银行、手机银行、信用卡官方App以及第三方还款等渠道进行还款。持卡人也可以绑定一张发卡行或他行的借记卡，在到期还款日进行自动还款。

个人还款时，会计分录为：

借：吸收存款——××个人活期储蓄存款户

　贷：个人信用卡存款——××个人户

单位还款时，会计分录为：

借：吸收存款——××单位活期存款户

　贷：单位信用卡存款——××单位户

## 本章小结

《支付结算办法》规定："银行是支付结算和资金清算的中介机构。未经中国人民银行批准的非银行金融机构和其他单位不得作为中介机构经营支付结算业务。"由此，商业银行以其特有的信用中介属性和网点、网络优势成为支付结算服务的主力军。但是，随着网络金融的发展，承担支付结算业务的组织已不限于银行。按照中国人民银行《非金融机构支付服务管理办法》的规定，获得支付业务许可证的单位或组织，即可从事支付结算业务，一般称为第三方支付。尽管获批的单位或组织名义上并非金融机构，但在支付结算业务上，其承担的是与银行一样的角色。因此，国家规定，非金融机构以及其他相关单位或组织从事支付结算业务需要经过中国人民银行批准。

支付结算业务作为银行的一项基础服务业务，不仅使银行在国家经济生活中得以发挥纽带的作用，也为其带来安全稳定的中间业务收入，但同时也存在一定的风险。近年来，信用卡本身的小额融资特性，成为某些个人或中小企业解决贷款难题的途径，有些商业银行对发放信用卡审查不严，滥发信用卡的现象较为严重，以及有关部门 POS 管理混乱，使得信用卡通过消费的名义套现变得容易。而一旦滥发的信用卡被较多地用于套现以满足人们的贷款需求，便会大大提升银行的信贷资金风险，造成信贷资金的损失。因此，准确及时地办理支付结算业务，认真审查业务的合理合法性，不仅能提高社会资金流通的效率，提高银行中间业务收入，也是防范银行信贷风险的重要保证。

**综合训练**

1．多项选择题

（1）下列票据种类中可以见票即付的票据有（　　）。

A．银行汇票　　B．银行支票　　C．商业承兑汇票
D．银行本票　　E．银行承兑汇票

（2）下列票据中商业银行出票并作为付款人的票据有（　　）。

A．银行汇票　　B．银行支票　　C．商业承兑汇票
D．银行本票　　E．银行承兑汇票

（3）《中华人民共和国票据法》规定的票据行为包括（　　）。

A．出票行为　　B．承兑行为　　C．背书行为
D．保证行为　　E．付款行为

（4）下列体现银行汇票特征的有（　　）。

A．由银行出票　　B．出票银行是付款人
C．银行按实际结算金额支付　　D．只能是单位申请
E．单位或个人都可以使用

（5）支付结算的原则包括（　　）。

A．恪守信用　　B．履约付款　　C．银行不垫款
D．谁的钱进谁的账　　E．提供担保

（6）托收承付结算中，付款人可以拒绝付款的正当理由包括（　　）。

A．收付款双方没签订购销合同
B．收款人提前交货未事先告知

C.货物未按合同规定的到货地址发货

D.货物的品种与合同不符

E.合同中没有注明采用托收承付结算方式

(7) 单位或个人使用委托收款结算方式需要向银行提供付款人的债务证明包括(　　)。

A.付款人承兑的商业汇票　　B.交易发票

C.付款人发行的债券　　D.付款人出具的存单

E.付款人的财务专用章

(8) 支票的持票人银行与出票人银行进行资金清算的渠道有(　　)。

A.支票影像系统　　B.票据交换系统　　C.异地跨行清算系统

D.行内资金清算系统　　E.央行大额支付系统

第五章即测即评

2.复习思考题

(1) 商业银行办理结算时应遵循的结算原则是什么?

(2) 支付结算的种类有哪些? 哪些适用于同城? 哪些适用于异地?

(3) 支票有哪几个关系人? 商业银行对支票的出票人、付款人有哪些规定?

(4) 委托收款与托收承付有哪些区别?

(5) 借记卡与信用卡有什么不同?

(6) 我国个人支付结算工具的演变。

# 第六章

## 外汇业务的核算

### 本章导读

近年来，我国对外贸易快速发展，在当前国际经济形势错综复杂的背景下，我国的对外贸易依然展现了强大的韧性和综合竞争力。2020年中共中央提出了国内国际双循环新发展格局，对我国的涉外经济发展提出了更高的要求，为实现我国更强劲可持续的发展，需打通国内和国际市场，推动更高水平的对外开放。在此背景下，我国各家商业银行把发展外汇业务作为全面参与国家新发展格局构建的重点，把外汇业务作为拓宽利润增长的重要来源，外汇业务规模逐年扩大。国家外汇管理局统计数据显示，2024年7月，银行累计结售汇规模达189 452亿元人民币，银行代客涉外收入呈环比增长态势，其中对外贸易持续较快增长，带动货物贸易项下跨境资金净流入环比增长48%，规模为历史同期最高水平。商业银行的外汇业务不仅为我国国际贸易的发展提供了良好的服务与支持，在当前银行业存贷业务竞争激烈、息差持续收窄、盈利越来越难的背景下，也成为商业银行新的盈利增长点。

做好外汇业务的核算工作，不仅对促进商业银行汇兑收入的增加具有现实意义，而且对促进国际经济交往、扩大进出口贸易有着重要作用。目前，我国商业银行外汇业务主要为外汇结售汇业务、代客外汇收付业务，以及外汇存贷款业务等。本章着重阐述金融企业经营外汇业务的内容；外汇业务核算的特点；国际贸易结算业务、外汇存款业务以及外汇贷款业务的核算内容。

### 基本概念

外汇　汇率　直接标价法　间接标价法　外汇分账制　信用证　托收结算　现汇贷款　买方信贷　福费廷

## 第一节　外汇业务概述

### 一、外汇业务的意义

外汇是指外币或用外币表示的用于国际结算的支付手段，包括外国货币（包括纸币、铸币）、外币支付凭证（包括票据、银行存款凭证、邮政储蓄凭证等）、外币有价证券（包括政府债券、公司债券、股票等）、特别提款权，以及其他外汇资产。

外汇业务是外汇指定银行经办的涉及外汇收支的业务。随着我国对外开放程度的提高，越来越多的企业与国外保持着各种经济往来关系，出口、进口、各种形式的利用外资等业务不断增加，使得创汇、用汇、利用外资等使用外汇的单位越来越多，我国外汇收支的数量越来越大，外汇在我国经济生活中的作用越来越重要。由于外汇业务与我国贸易和非贸易结算、国外资金的引进和利用、国内外汇资金的吸收和利用都有着密切的联系，因此，开展好外汇业务，对于发展我国的进出口贸易，加速结算资金周转，降低结算费用；对于大力引进外资，支持出口创汇，发展国内短缺项目；对于吸收外汇存款，扩大外汇资金来源；对于方便个人用汇，扩大国际经济文化交流都有着重要意义。

### 二、外汇的种类

按照不同的标准，外汇可进行如下分类：

（一）按照外汇是否可以自由兑换，可分为自由外汇和记账外汇

自由外汇是不需要经货币发行国当局批准，在国际金融市场上可自由兑换成其他国家货币，同时在国际交往中能作为支付手段使用和流通的外汇。自由外汇又称现汇。一个国家或地区的货币能否成为自由外汇，与这个国家或地区在世界经济中的地位密切相关，并最终取决于其经济贸易实力。目前，国际结算中可作为自由外汇的货币很多，但使用最普遍的是美元、英镑、日元、欧元、加拿大元、港元等。持有这些外汇，可以自由兑换成其他国家的货币，或者对第三国进行支付。我国的人民币还不具备条件，因此还不是自由外汇。

记账外汇也称双边外汇或协定外汇，是指根据两国政府有关贸易清算协定所开立的清算账户下的外汇，这种外汇不能兑换成其他货币，也不能支付给第三国。记账外汇所使用的记账货币，可以是本国货币，也可以是对方国或第三国的货币，由协定国政府在贸易清算协定中加以规定。

（二）按外汇的来源和用途，可分为贸易外汇和非贸易外汇

贸易外汇是一国进出口贸易所收付的外汇及与进出口贸易有关的从属费用

外汇，如货款、运输费、保险费、佣金、广告费等，是外汇收入的重要来源。

非贸易外汇是一国进出口贸易以外所收付的各项外汇，如侨汇、旅游、航运、邮电、海关、银行、对外承包工程等收入和支出的外汇，以及图书、电影、代理及服务、个人和团体（与贸易无关的团体）出国差旅费等收支的外汇。

（三）按照外汇交易交割期的不同，可分为即期外汇和远期外汇

即期外汇是指即期收付的外汇，一般即期外汇交易的成交双方在两个营业日内办理交割。

远期外汇是指银行同业间或银行与客户之间预先签订合同，商定外汇买卖数量、汇率和期限，到约定日期进行交割而收付的外汇。交割期限一般为1~6个月，最长不超过1年，运用较多的是3个月。

（四）按照国家外汇管理的要求，可分为经常项目外汇和资本项目外汇

经常项目外汇是指国际收支中经常发生的交易项目收付的外汇，包括贸易收支（也就是通常的进出口）、劳务收支（如运输、港口、通信和旅游等）和单方面转移（如侨民汇款、无偿援助和捐赠、国际组织收支等）。

资本项目外汇是指国际收支中因资本的输入和输出而产生的外汇，包括直接投资、证券投资、国际金融组织贷款及外国政府贷款等，也包括短期银行借款、地方部门借款等。

## 三、外汇汇率

外汇汇率是指一国货币兑换成另一国货币的比率，或是以一种货币表示另一种货币的价格。

（一）汇率的标价方法

确定两种不同货币之间的比价，首先要确定以哪个国家的货币为准，也就是以本国货币来表示外国货币的价格，还是以外国货币来表示本国货币的价格，因此存在两种不同的标价方法。

1.直接标价法

直接标价法，又称应付标价法，是指以一定单位的外国货币为标准来计算应付多少单位的本国货币。如100美元=727.26元人民币。

2.间接标价法

间接标价法，又称应收标价法，是指以一定单位的本国货币为标准来计算应收多少单位的外国货币。

目前，除英国和美国外，世界上绝大多数国家和地区都采用直接标价法。

（二）汇率的种类

从银行买卖外汇的角度划分，有买入汇率、卖出汇率、中间汇率和现钞汇率。

1.买入汇率

买入汇率，又称外汇买入价，是指银行向客户买入外汇时使用的汇率，是银行买入外汇时付出的本币数。

2.卖出汇率

卖出汇率，又称外汇卖出价，是银行向客户卖出外汇时使用的汇率，是银行卖出外汇时收进的本币数。

3.中间汇率

中间汇率，又称外汇买卖中间价，是指外汇买入价和卖出价的平均价。我国从1994年开始由中国人民银行公布中间汇率，各外汇指定银行根据中国人民银行公布的中间汇率，计算汇买价、汇卖价和钞买价。

4.现钞汇率

现钞汇率，又称现钞买卖价，是指银行买入或卖出外汇现钞时所使用的汇率。

## 第二节　外汇买卖的核算

国际经济往来，不论是贸易往来还是非贸易往来以及国与国之间的债权债务，都要用货币进行清算。但是不同的国家使用不同的货币，不同国家货币的币值是不同的，这样，外汇指定银行在办理外汇收付业务时，就需要将一种货币兑换成另一种货币。不同货币之间的兑换必然是按一定的价格买入一种货币或卖出一种货币，外汇指定银行办理的这种按一定汇价买入一种货币或卖出一种货币的业务，称为外汇买卖。

我国现行的外汇管理体制规定，银行对各单位的外汇收入和外汇支出实行结汇、售汇制。境内机构的经常项目外汇收入要按照国务院关于结汇、售汇及付汇管理的规定卖给外汇指定银行，或者经批准在外汇指定银行开立外汇账户保留外汇。我国对资本项目仍实行较严格的管理制度，境内机构的资本项目外汇收支，须经外汇管理机关批准。由此，外汇指定银行办理的外汇业务无论是经常项目还是资本项目的外汇收支都要进行外汇买卖，外汇买卖是外汇业务中的一项基础性业务，是实现结汇、售汇的手段。

### 一、外汇分账制

经营外汇业务的银行为了核算和监督外币资产负债增减变化情况及其结

果，必须采用专门的核算方法。外汇业务专门的核算方法有两种：外汇统账制和外汇分账制。

外汇统账制也称本币记账法，即在业务发生时，以本国货币为记账单位，外国货币按一定的汇率折成本国货币记账的一种方法。外汇分账制又叫原币记账法，即在业务发生时，对有人民币外汇汇率的外币，从填制传票、登记账簿到编制会计报表，都直接按原币核算，以全面反映各种外币资金增减变化情况的一种方法。其优点在于对每一种外汇头寸多少和业务活动情况的反映一目了然，便于外汇头寸的调拨。我国商业银行在外汇会计核算中一般都采用外汇分账制。

外汇分账制的具体做法是，每种外币从明细核算到综合核算都自成一套独立的账务系统，每一种分账货币都按原货币金额填制凭证、记载账簿、编制报表。国内联行间进行外汇划拨，也应填制原币报单，记原币账。外汇分账制的内容包括：

1. 以各种原币分别立账

各种原币是指年终有决算牌价的货币。分别立账是指各种外币都自成一套独立的账务系统，日常每一笔外汇业务都按原币金额填制凭证、登记账簿、编制报表。

2. 设置“货币兑换”科目

“货币兑换”科目是为适应外汇分账制要求特设的会计科目，在不同币种的账务系统之间起着联系和平衡的作用。通过“货币兑换”科目，在两套相互独立的账务系统中，分别记载反映外币和人民币的交易金额，使外币和人民币账务紧密相联。

3. 年终决算时编制本外币合并会计报表，用人民币统一反映经营状况和成果

年终决算时，先分别编制各币种的会计报表，再将各种外币的会计报表按照年终决算牌价和规定的折算程序折合成人民币，再与原人民币会计报表合并，形成本外币汇总的会计报表。

## 二、货币兑换的账务组织

### （一）“货币兑换”科目的性质及作用

“货币兑换”科目是资产负债共同类科目，用于核算银行发生的外币与人民币或一种外币与另一种外币之间的买卖及兑换金额。买入外汇时，外币金额记入该科目的贷方，相应的人民币金额记入该科目的借方；卖出外汇时，外币金额记入该科目的借方，相应的人民币金额记入该科目的贷方。

（二）“货币兑换”科目传票

“货币兑换”科目传票分为货币兑换借方传票和货币兑换贷方传票两种，且都是多联套写的（参见表6-1和表6-2）。其中，主要的两联是货币兑换外币传票和货币兑换人民币传票，两种货币同时列在同一张“货币兑换”科目传票上，每张传票上都有外币和人民币金额，外币金额和人民币金额必须同时填列，以反映一笔货币兑换业务的全部内容。两联传票必须当天与对方有关科目对转，不得只转一方。货币兑换传票的外币联凭证应与对应科目外币凭证自行平衡；货币兑换传票的人民币联凭证应与对应科目人民币凭证自行平衡。通常对同一牌价的货币，同一借贷方向、同一客户的多笔结汇业务可以汇总填制货币兑换传票，凭以记账。

表6-1　**中国××银行货币兑换借方传票**

购自＿＿＿＿＿＿＿＿＿＿日期20　年　月　日

（借）货币兑换＿＿＿＿＿＿对方科目＿＿＿＿＿＿

| 摘　要 | 外币金额 | 牌　价 | 人民币金额 |
|---|---|---|---|
| | | | |
| | | | |
| | | | |

附件　张

会计　复核　出纳　记账　经办

表6-2　**中国××银行货币兑换贷方传票**

售与＿＿＿＿＿＿＿＿＿＿日期20　年　月　日

（贷）货币兑换＿＿＿＿＿＿对方科目＿＿＿＿＿＿

| 摘　要 | 外币金额 | 牌　价 | 人民币金额 |
|---|---|---|---|
| | | | |
| | | | |
| | | | |

附件　张

会计　复核　出纳　记账　经办

（三）货币兑换分户账

货币兑换分户账是一种把人民币和外币金额分别记在同一账页上的特定格式的账簿，它由买入、卖出、结余三栏组成，买入、卖出栏又各由外币、牌价、人民币三栏组成，结余栏由借或贷外币、借或贷人民币两栏组成。其格式参见表6-3。

表6-3 **中国××银行分（支）行货币兑换分户账**

货币：

| 年 | | 摘要 | 买入 | | | 卖出 | | | 结余 | | | | 记账 | 复核 |
|---|---|---|---|---|---|---|---|---|---|---|---|---|---|---|
| 月 | 日 | | 外币（贷）（位数） | 牌价 | 人民币（借）（位数） | 外币（借）（位数） | 牌价 | 人民币（贷）（位数） | 借或贷 | 外币（位数） | 借或贷 | 人民币（位数） | | |
| | | | | | | | | | | | | | | |
| | | | | | | | | | | | | | | |
| | | | | | | | | | | | | | | |
| | | | | | | | | | | | | | | |
| | | | | | | | | | | | | | | |
| | | | | | | | | | | | | | | |
| | | | | | | | | | | | | | | |
| | | | | | | | | | | | | | | |

（四）货币兑换总账

货币兑换总账采用一般总账格式，按各币种分别设置。营业终了时，根据各种货币的“货币兑换”科目日结单借贷方发生额填记，然后根据上日余额加减本日发生额分别计算出本日余额，记入余额栏。

## 三、外汇买卖业务的核算

外汇银行经营的外汇买卖业务，即银行为客户或因自身经营活动需求办理的人民币与外汇之间兑换的业务，包括即期结售汇业务和人民币与外汇衍生产品业务。即期结售汇业务是指在交易订立日之后两个工作日内完成清算，且清算价格为交易订立日当日汇价的结售汇交易；人民币与外汇衍生产品业务是指远期结售汇、人民币与外汇期货、人民币与外汇掉期、人民币与外汇期权等业务及其组合。

根据国家外汇管理局《银行办理结售汇业务管理办法实施细则》的规定，银行办理结售汇业务，应当遵循“了解业务、了解客户、尽职审查”的原则，对客户提供的身份证明、业务状况等资料的合法性、真实性和有效性进行认真核实，将核实过程和结果以书面形式记载；对业务的真实性与合规性进行审核，了解业务的交易目的和交易性质。

（一）结汇

结汇是指外汇指定银行按规定的人民币汇率买入企事业单位或个人的外汇，并支付相应人民币的外汇业务。结汇的基本原则是：银行对境内机构和个人的外汇收入必须区分经常项目与资本项目，凡没有规定或未经核准可以保留现汇的经常项目外汇收入必须办理结汇；凡没有规定或未经核准结汇的资本项目下的外汇收入不得办理结汇；凡无法证明属于经常项目的外汇收入均应按照资本项目外汇结汇的有关规定办理。

银行在买入外汇或受理客户结汇业务时，应按结汇外币金额和当天挂牌汇率计算的人民币金额填制货币兑换贷方传票，根据第二联贷记外币“货币兑换”账户，根据第三联借记人民币“货币兑换”账户。

1.对符合结汇规定的企业办理结汇时的会计分录

借：存放境外同业款项（或有关科目）　　外币

　贷：货币兑换——结售汇户　　外币

借：货币兑换——××币种结售汇户　　人民币

　贷：吸收存款——××企业活期存款户　　人民币

2.对个人收汇结汇时的会计分录

借：应解汇款（或有关科目）　　外币

　贷：货币兑换——结售汇户　　外币

借：货币兑换——××币种结售汇户　　人民币

　贷：库存现金（或吸收存款——××个人活期储蓄存款户）　　人民币

（二）售付汇

售汇是指银行按规定的人民币汇率卖给企事业单位或个人外汇，并收取相应人民币的外汇业务。付汇是指银行根据企事业单位或个人的要求，从其外汇账户或售汇对外支付的行为。

向企业售付汇时，会计分录为：

借：吸收存款——××企业活期存款户　　人民币

　贷：货币兑换——××币种结售汇户　　人民币

借：货币兑换——结售汇户　　外币

　贷：汇出境外汇款（或有关科目）　　外币

（三）套汇

套汇有两种类型：一种是两种不同币种现汇之间的套汇，是银行将一种外汇兑换成另一种外汇的货币兑换活动；另一种是现钞与现汇之间的套汇，即银行买进现汇卖出现钞或买进现钞卖出现汇的货币兑换活动。

1.不同币种现汇之间套汇的核算

银行为客户办理不同币种现汇之间的套汇业务，在进行会计核算时，必须先套算出卖出币种的金额，计算公式为：

卖出币种金额=买入币种金额×买入币种汇买价/卖出币种汇卖价

**【例6-1】**某客户用存款20万美元兑换成所需要的欧元，以备支付货款。银行受理审核各种有效商业单据和有效凭证无误后，为客户办理此项业务。当日美元汇买价100美元=724.12元人民币，欧元汇卖价100欧元=763.94元人民币，则：

银行应付欧元=200 000×7.2412÷7.6394=189 575.1（欧元）

会计分录如下：

借：吸收存款——某客户活期存款户　　US$200 000

　贷：货币兑换——套汇户　　US$200 000

借：货币兑换——美元套汇户　　¥1 448 240

　贷：货币兑换——欧元套汇户　　¥1 448 240

借：货币兑换——套汇户　　€189 575.1

　贷：吸收存款——某客户活期存款户　　€189 575.1

2.现钞与现汇之间套汇的核算

银行为客户办理现钞和现汇之间的套汇业务，在进行会计核算时，必须先套算出卖出币种的金额。

汇买钞卖的计算公式：

卖出币种现钞金额=买入币种现汇金额×汇买价/钞卖价

钞买汇卖的计算公式：

卖出币种现汇金额=买进币种现钞金额×钞买价/汇卖价

**【例6-2】**客户A因公出国，要求从其现汇账户上支取20 000美元，银行审核各种出国手续无误后，卖出现钞、买进现汇，美元现汇买入价是100美元=724.12元人民币，现汇卖出价为100美元=727.17元人民币，则：

银行应付美元现钞金额=20 000×7.2412÷7.2717=19 916.11（美元）

会计分录为：

借：吸收存款——客户A活期存款户　　US$20 000

　贷：货币兑换——套汇户　　US$20 000

借：货币兑换——美元现汇套汇户　　¥14 4824

　贷：货币兑换——美元现钞套汇户　　¥14 4824

借：货币兑换——套汇户　　US$19 916.11

　贷：库存现金　　US$19 916.11

## 第三节 国际贸易结算业务的核算

国际贸易结算业务是指不同国家（地区）的企业之间，通过银行办理相互间由于商品交易而引起的货币收付或债权债务的结算。它是银行国际结算业务的重要组成部分。国际贸易结算主要有现汇结算和记账结算两种方式。在国际贸易结算实务中，以现汇结算为主，具体采用汇兑、托收、信用证三种结算方式。

### 一、汇兑业务的核算

汇兑是汇款人委托银行，将款项汇给境外收款人的一种结算方式。在国际贸易中，汇款结算方式主要用于支付贸易从属费用或某些先款后货的贸易结算，单位、个人均可委托银行办理。

#### （一）汇兑的种类

在国际结算中，通常使用的汇兑结算方式有电汇、信汇、票汇三种。

1.电汇

电汇（Telegraphic Transfer，T/T），是汇出行应汇款人的申请，用加押电传、SWIFT电文或加押电报方式指示汇入行解付一定外汇金额给收款人的一种汇款方式。电汇汇款费用较高，但由于其具有收款迅速的优点，因此在三种汇款方式中最受收款人欢迎。

2.信汇

信汇（Mail Transfer，M/T，或Payment Order，P/O），是汇出行应汇款人的要求，将信汇委托书或支付委托书邮寄给汇入行，授权汇入行解付一定金额给收款人的汇款方式。汇入行在收到汇出行邮寄来的信汇委托书后，要核对汇出行的有权签字人的签字签章，证实无误后才能向客户发出汇款通知书，通知收款人前来取款。信汇的优点是费用较低，但收款速度较慢，遗失或延误的可能性较大。

3.票汇

票汇（Demand Draft，D/D），是汇出行应汇款人的要求，开立以汇入行为解付行的银行汇票，由汇款人自己把汇票寄交给收款人或自己携带出国，凭票到汇入行领取汇款的一种结算方式。

信汇和电汇方式主要适用于非贸易收支结算，而票汇方式主要适用于贸易收支结算。

#### （二）汇出国外汇款的核算

凡是具有进出口经营权和经外汇管理局批准的企事业单位均可办理汇出国

外汇款业务。

单位和个人申请向国外汇款时，必须有国家外汇管理部门的批准证明，符合国家外汇管理规定的，由汇款人填交汇款申请书（参见表6-4）。汇款申请书一式两联，一联作传票附件，一联加盖银行业务公章后退交汇款人。汇款人购买外汇对外支付或从其外汇账户直接支付，汇出行必须按照《结汇、售汇及付汇管理规定》等要求，区分经常项目和资本项目售付汇，审核汇款人提交的基本单证和进口付汇备案表。其中，基本单证包括：合同、发票、海关报关单、进口付汇核销单和进口许可证或进口登记证明。

表6-4 **汇款申请书**

APPLICATION FOR REMITTANCE

| 汇款方式<br>Type of<br>remittance | 电汇 T/T | |
|---|---|---|
| | 票汇 D/D | |

| | |
|---|---|
| 收款人<br>Payee | |
| 地　址<br>Address | |
| 大小写金额<br>Amount in words<br>and in figure | |
| 汇款人<br>Remitter | 地址<br>Address |
| 附言<br>Remarks | |
| 用途<br>Purpose | |

请填写清楚 汇款人签名盖章

Please fill in distinctly Signature of remitter

1. 电汇或信汇的核算

在汇款人填写汇款申请书，银行接受汇款人的申请后，应按汇款人的要求填写信汇或电汇凭证，进行有关的账务处理。

（1）汇款人从其现汇存款账户中汇款的，会计分录为：

借：吸收存款——汇款人活期存款户 外币

贷：存放境外同业款项（或有关科目） 外币

（2）汇款人购买外汇支付汇款的，应通过“货币兑换”科目处理，会计分录为：

借：吸收存款——汇款人活期存款户　　人民币
　贷：货币兑换——××币种结售汇户　　人民币
借：货币兑换——结售汇户　　外币
　贷：存放境外同业款项（或有关科目）　　外币

（3）收取手续费的会计分录为：

借：库存现金（或吸收存款）　　人民币
　贷：手续费及佣金收入——结算手续费用　　人民币

2.票汇的核算

银行审核汇款人填写的汇出汇款申请书无误、汇款金额到账后，汇出行即可向汇款人开出一式五联票汇凭证，第一联汇票正本经有权签字人签字后，交汇款人凭以向境外付款行取款；第二联汇票通知书（票根）通知付款行已签发汇票，请付款行凭汇票付款；第三联作“汇出国外汇款”科目贷方传票；第四联作“汇出国外汇款”科目卡片账（或留底）；第五联作“汇出国外汇款”科目借方传票，解付汇款后，核销专用。

（1）汇款人从其现汇存款账户中汇款的，会计分录为：

借：吸收存款——汇款人活期存款户　　外币
　贷：汇出国外汇款　　外币

（2）汇款人购买外汇支付汇款的，应通过“货币兑换”科目处理，会计分录为：

借：吸收存款——汇款人活期存款户　　人民币
　贷：货币兑换——××币种结售汇户　　人民币
借：货币兑换——结售汇户　　外币
　贷：汇出国外汇款　　外币

（3）收取手续费的会计分录为：

借：库存现金（或吸收存款——××活期存款户）　　人民币
　贷：手续费及佣金收入——结算手续费用　　人民币

同时，汇出行以SWIFT电文通知账户行已签发汇票，待汇出行收到国外汇入行的解付通知书（借记报单）后，冲销汇出汇款卡片账。其会计分录为：

借：汇出国外汇款　　外币
　贷：存放境外同业款项（或有关科目）　　外币

（三）国外汇入汇款的核算

国外汇入汇款是指境外汇款行以邮寄、电传或SWIFT电文等方式发送汇款指令，并将款项汇入境内银行的汇款方式。

1.信汇或电汇的核算

汇入行接到国外汇出行的汇款电报、电传或信汇委托书后，应认真进行审查，无误后，填制汇款通知书，通知收款人来行取款。

（1）收款人有现汇账户的，会计分录为：

借：存放境外同业款项（或有关科目） 外币

贷：吸收存款——收款人活期存款户 外币

（2）收款人按规定必须结汇的，会计分录为：

借：存放境外同业款项（或有关科目） 外币

贷：货币兑换——结售汇户 外币

借：货币兑换——××币种结售汇户 人民币

贷：吸收存款——收款人活期存款户 人民币

2.票汇的核算

汇入行收到国外汇出行寄来的以本行为付款行的票汇通知书，经核对印鉴及各项内容无误后，即可办理转账。其会计分录为：

借：存放境外同业款项（或有关科目） 外币

贷：应解汇款 外币

当持票人持已背书的汇票来行取款时，经核对出票行印鉴、签发有效期、付款金额及收款人背书等内容无误，并与汇票通知书核对相符后，再办理汇款解付手续。

对于允许保留现汇的，会计分录为：

借：应解汇款 外币

贷：吸收存款——持票人活期存款户 外币

需要办理结汇的，会计分录为：

借：应解汇款 外币

贷：货币兑换——结售汇户 外币

借：货币兑换——××币种结售汇户 人民币

贷：吸收存款——持票人活期存款户 人民币

## 二、托收结算方式的核算

托收结算方式是指出口商为向国外进口商收取销售货款，开出汇票或提供索汇凭据，委托出口地银行通过其在进口地的联行或代理行，向进口商收取款项的一种结算方式。

托收按是否附有出口货运单据，又分为跟单托收和光票托收两种。跟单托收是出口商开立汇票并附有货运单据，凭跟单汇票委托银行向进口商收取货款的一种贸易结算方式，根据交单条件的不同，又分为付款交单和承兑交单两种方式。光票托收是不附货运单据，仅凭收款人开立的汇票办理托收，或虽有发票、收款清单等交易单据但无货运提单的，也属光票托收。光票托收通常用于收取出口货款尾欠、样品费、各种佣金、代垫费用等各种贸易从属费用、进口索赔款项以及其他非贸易结算。

（一）出口托收的核算

出口托收是国内出口商根据贸易合同的规定，在发货后将全套单据交其开户行（托收行）代办收取货款的一种结算方式。

1.发出托收单证

出口商根据合同备妥出口托收单据，填写“出口托收申请书”，交开户银行办理托收。托收银行对出口单位交来的有关单据及托收申请书，经审核无误后，编列顺序号，填制“出口托收委托书”，寄国外代收银行委托收款。发出托收时，应通过表外科目核算，会计分录为：

收入：应收外汇托收款　　外币

2.收妥结汇

出口托收款项一律实行收妥进账的做法，即根据国外银行的贷记报单或授权借记通知书办理收汇或结汇。

（1）办理结汇时，会计分录为：

借：存放境外同业款项（或有关科目）　　外币

　贷：货币兑换——结售汇户　　外币

借：货币兑换——××币种结售汇户　　人民币

　贷：吸收存款——出口单位活期存款户　　人民币

（2）以原币入账时，会计分录为：

借：存放境外同业款项（或有关科目）　　外币

　贷：吸收存款——出口单位活期存款户　　外币

（3）收妥款项后，销记表外科目，会计分录为：

付出：应收外汇托收款　　外币

（二）进口代收的核算

进口代收是指国外出口商根据贸易合同规定，在装运货物后，通过国外托收银行寄来单据，委托我银行向进口商收取款项的一种结算方式。

1.收到国外寄来代收单据

我代收行收到国外委托行寄来的进口代收单据后，应编制顺序号，填制“进口代收单据通知书”，随同单据交送进口商，同时通过表外科目核算，会计分录为：

收入：代收外汇托收款　　外币

2.确认付款及售汇

进口商收到代收行交来的有关单据后，确认付款并交来进口代收单据承认书后，我代收行应办理售汇付款的手续。

售汇付款时，会计分录为：

借：吸收存款——进口单位活期存款户　　人民币
　贷：货币兑换——××币种结售汇户　　人民币
借：货币兑换——结售汇户　　外币
　贷：存放境外同业款项（或有关科目）　　外币

同时销记表外科目，会计分录为：

付出：代收外汇托收款　　外币

如果进口商不同意承付，应提出拒付理由，连同单据退交代收行，由代收行转告国外委托行；如部分拒付，应征得委托行同意后，再按实际金额付款。

## 三、信用证结算方式的核算

信用证是一种银行有条件保证付款的凭证，是开证银行根据申请人（进口商）的要求和指示向出口商（受益人）开立的一定金额、在一定期限内凭议付行寄来规定的单据付款或承兑汇票的书面承诺，进出口双方则利用银行信用担保，进行发货与结算的结算方式。

采用信用证结算方式，作为出口方的通知行（亦称议付行），主要处理受证与通知、议付与寄单、收汇与结汇三个主要环节。作为进口方的开证行即付款行，主要处理开立信用证、审单付汇。

信用证结算方式是以买卖双方交易合同为基础，是我国对外贸易结算中采用的主要结算方式。下面分别从出口方银行和进口方银行的角度介绍信用证业务的核算。

### （一）信用证下出口业务核算

出口信用证结算是指出口商银行根据国外进口商银行开来的信用证，按照其条款有关规定，审查出口商交来的单据，为出口商办理审单、寄单和收汇的结算方式。这种结算方式主要包括受理与通知、审单议付和出口收汇三个环节。其具体核算如下：

1.受理与通知

国内银行（议付行）接到国外开证行开来的信用证，经核对进口方的资信及信用证本身，认为可以接受时，即编制信用证通知流水号，将信用证正本交出口商，根据信用证副本编制“国外开来保证凭信”表外科目传票，并按不同货币分别记入表外科目核算。会计分录为：

收入：国外开来保证凭信　　外币

受理信用证后，如接到国外银行通知要求修改信用证金额或信用证受益人申请将信用证金额的一部分或全部转往其他行时，除办理信用证的修改通知或转让手续外，其增减金额均通过“国外开来保证凭信”表外科目核算，来证金额增加时记入收入栏，减少金额或转出信用证金额时用红字记收入栏冲销发生额。

开证行如果预先汇入信用证项下押金，并授权议付行在议付单据后加以扣抵的，议付行可在收到汇款后先通过“存入保证金”科目进行核算。会计分录为：

借：存放境外同业款项（或有关科目）　　外币

　贷：存入保证金　　外币

2.寄单议付

出口商根据信用证条款规定，办妥出口手续将全套出口单据交银行议付。议付行收到出口商提交的全套出口单据后，应逐项进行审查，做到“单单一致、单证一致”。经审核无误后，应在信用证上批注议付日期，填制“出口寄单议付通知书”，按一定的索汇方法向国外银行寄单收取款项。

3.出口收汇

信用证下出口业务的收汇，主要按企业性质不同，分别办理入账或结汇的处理。

（1）外商投资企业和允许保留外汇账户的进出口企业的出口收汇，会计分录为：

借：存放境外同业款项（或有关科目）　　外币

　贷：吸收存款——出口企业活期存款户　　外币

同时，做会计分录：

付出：国外开来保证凭信　　外币

（2）不允许保留外汇账户的进出口企业的收汇，必须按规定办理结汇，会计分录为：

借：存放境外同业款项（或有关科目）　　外币

贷：货币兑换——结售汇户 外币

借：货币兑换——××币种结售汇户 人民币

贷：吸收存款——出口企业活期存款户 人民币

同时，做会计分录：

付出：国外开来保证凭信 外币

（二）信用证项下进口业务的核算

信用证项下的进口业务是指国内银行根据国内进口商的开证申请，向国外银行开立信用证，并凭国外银行寄来的信用证中规定的单据，按照信用证规定的条款对国外出口商付款的一种结算方式。

1.开立信用证

进口商根据与出口商签订的贸易合同，填写“开证申请书”，向银行申请开立信用证。开证申请书构成进口商与开证银行之间的契约关系，是银行开立信用证的依据。

银行收到进口商的开证申请书，经审核验对印章，并经管汇部门核销开证额度后，即可办理开证手续。开证时，开证行应向开证申请人收取保证金，可收取外币，也可收取等值的人民币。会计分录为：

借：吸收存款——开证申请人活期存款户 外币或人民币

贷：保证金 外币或人民币

同时，开证行要编制一式六联信用证。第一联信用证正本，第二联信用证副本，第一、二联由开证行有权签字人签字后用挂号航邮寄送国外议付行；第三联信用证副本，开证行代统计卡；第四、五联信用证副本，由开证行加盖进口业务专用章后退进口单位；第六联随附开证申请书作为卡片账，同时填制表外科目传票进行账务处理。其会计分录为：

收入：开往国外保证凭信 外币

并向开证申请人收取开证手续费，收费标准按规定办理，会计分录为：

借：吸收存款——开证申请人活期存款户 外币或人民币

贷：手续费及佣金收入 外币或人民币

2.修改信用证

开证申请人因故要求修改信用证时，应向银行提出书面申请，银行审核无误后，根据修改申请打印“信用证修改通知书”，寄送国外通知行。若修改信用证金额，增加金额的会计分录与开证分录相同，减少金额的会计分录按开证分录反方向转销。信用证增减额均在信用证留底联批注并结出余额。

3.审单付款

按照国际惯例，开证行接到国外议付行寄来的单据，只要单证一致、单单一致，就应按约定的支付方式办理进口单据的通知与付款手续。

信用证项下审单付款分为：

（1）即期信用证审单付款方式

即期信用证审单付款分国内审单付款和国外审单付款两种。

①国内审单付款。即期信用证项下单到国内付款是指银行收到国外议付行寄来的进口单据，经审查单证相符后，编制“进口信用证单据通知书”一式三联（参见表6-5），第一联收到单据通知书和第二联承付货款确认书随同进口单据一并送交进口单位，注明对外付款日期及金额通知承付，第三联留底并按顺序排列保管。经进口方审核相符确认承付后，开证行按信用证规定条款，以电汇或信汇方式付款，并编制付款报单寄议付行或拍发电报，同时与进口单位办理结汇。

表6-5　**进口信用证单据通知书**

台照　证号：　通知日期：　年　月　日　通知书编号：

| 议付行 | 支付方式 | 到期日 | 议付/承兑金额 |
| --- | --- | --- | --- |
| | | | |

国外议付日期：　年　月　日　利息共　天每天　共计

超支金额：　此份单据国外等待我行授权付款请速示复可否同意

银行签章

对有现汇账户且允许保留现汇的，会计分录为：

借：吸收存款——开证申请人活期存款户　外币

　保证金——开证申请人户　外币

　贷：存放境外同业款项（或有关科目）　外币

同时转销表外账户，会计分录为：

付出：开往国外保证凭信　外币

②国外审单付款。即期信用证项下国外审单付款分为国外审单主动借记我账户、国外审单后电报向我索汇和授权国外议付行向我账户行索汇三种方式。

国外审单主动借记我账户方式是国外出口商将出口单据交议付行审单无误后，国外议付行主动借记我行在该行的账户，并将借记报单及单据一并寄送我开证行。开证行收到国外寄来已借记报单及单据审核无误后，即可凭此向进口单位办理结汇，并且应加计外汇垫款利息（国外议付日到国内向进口单位收款日之间的），填制外币利息转账传票。

对有现汇账户的开证申请人，会计分录为：

借：吸收存款——开证申请人活期存款户 外币

保证金——开证申请人户 外币

贷：存放境外同业款项（或有关科目） 外币

利息收入 外币

如进口单位现汇不足，则须按外汇管理局有关规定办理购汇支付，会计分录为：

借：吸收存款——开证申请人活期存款户 人民币

贷：货币兑换——××币种结售汇户 人民币

借：货币兑换——结售汇户 外币

贷：利息收入 外币

存放境外同业款项（或有关科目） 外币

国外审单后电报向我索汇的会计分录与单到国内付款相同。

授权国外议付行向我账户行索汇的会计分录与国外审单主动借记我账户相同。

（2）远期信用证审单付款方式

远期信用证实际上是进口商对出口商提供银行担保，以获得远期支付款项的方便。银行在收到远期信用证项下进口单据后，将单据连同“进口信用证通知书”送进口商确认。如果信用证规定应按货款加算远期利息的，应算出远期利息及到期日，在进口信用证通知书中注明。经进口商确认到期付款后，即办理远期汇票承兑手续，并按规定在信用证到期时付款。如果议付行要求开证行在承兑后将汇票退回，开证行应照办，但到期时，必须收回汇票后才能付款。

承兑汇票到期日，开证行应抽出承兑汇票，在信用证留底联注明销账日期并办理转账，会计核算与即期信用证下国内审单付款方式相同，会计分录略。

## 第四节 外汇存款业务的核算

### 一、外汇存款的对象及种类

外汇存款是单位或个人将其所有的外汇资金存入银行，随时或约期支取，银行按照规定的利率支付利息的一种信用活动。外汇存款按存款对象，可分为单位外汇存款和个人外汇存款；按存入资金形态，可分为现汇存款和现钞存款；按存款期限，可分为定期存款和活期存款；按存取方式，可分为支票户存款和存折户存款。本节主要介绍单位外汇存款的核算。

单位外汇存款的主要对象是：境内机构，即在中国境内的企事业单位、国家机关、社会团体、部队等，包括中资机构和外商投资企业；驻华机构，即各国驻华外交代表机构、领事机构、商务机构、驻华的国际组织机构和民间机构。

单位外汇存款分为单位活期外汇存款和单位定期外汇存款两种。

## 二、外汇账户的开立

### （一）外汇账户的种类及使用

#### 1.外汇结算账户

外汇结算账户可以办理经常项目的外汇收入、支出和经外汇局批准的资本项目外汇支出。外汇局根据外商投资企业实投资本和经常项目外汇资金周转的需要，核定外汇结算账户的最高限额。

#### 2.外汇资本金账户

外汇资本金账户的收入为中外投资方以外汇投入的资本金，支出为企业经常项目外汇支出和经外汇局批准的资本项目外汇支出。外汇资本金账户内的资金使用完毕后，开户银行应当办理账户的撤销手续。

#### 3.外汇贷款专户

外汇贷款专户的收入为所借入的外债、外债转贷款和境内中资金融机构的外汇贷款，支出用于贷款协议规定的用途。外商投资企业可根据贷款协议中规定的用途使用贷款专户的外汇资金，不需要经外汇局批准。外汇贷款使用完毕，开户银行应当为企业办理撤销手续。

#### 4.外汇还贷专户

外汇还贷专户的收入为经批准用人民币购买的外汇、经批准的贷款专户转入的外汇资金及经批准保留的外汇收入，支出用于偿还债务本息及相关费用。还贷专户的资金余额不得超过最近两期偿还本息的总额，支出应逐笔经外汇局核准。

通过还贷专户偿还外债、外债转贷款本息及费用，应当持外债登记凭证、借款合同、债权人的还本付息通知单，提前5天向所在地外汇局申请，领取“还本付息核准件”，开户银行凭外汇局核发的“还本付息核准件”办理支付手续。

外商投资企业通过还贷专户偿还境内中资金融机构外汇贷款本息及费用，

可以持“外汇（转）贷款登记证”、债权人还本付息通知单、借款合同直接到开户银行办理。

5.外汇临时专户

境外法人开立的临时专户，其收入为境外法人为筹建外商投资企业汇入的外汇，支出为筹建外商投资企业的开办费及其他相关费用。企业成立后，临时专户的资金余额可以划入资本金账户，如果企业未能成立，经外汇局批准可以汇出境外。

6.境外外汇账户

企业因在境外有经常性零星收入，需要将收入集整后汇回境内；或因在境外有经常性零星支出；或因从事境外承包工程项目；或因在境外发行外币有价证券，需要在境外开立外汇账户的，应当持由其法定代表人或其授权人签署并加盖公章的申请书（包括开户理由、币种、账户最高金额、用途、收支范围、使用期限、拟开户银行及其所在地等内容）、企业法人营业执照正本及其复印件、境外外汇账户的内部管理规定、外汇登记证、会计师事务所验证的验资证明向外汇局申请，经外汇局批准后，方可开立，并在开户后1个月内，持境外外汇账户开户行名称、账号、开户人名称等资料到外汇局备案。

外商投资企业通过境外外汇账户办理资金的收付，应当遵守开户所在国或地区的规定，并对境外外汇账户资金安全采取切实有效的管理措施。

（二）经常项目外汇账户的开立

1.境内机构向外汇局申请开立外汇账户

境内机构向外汇局申请开立外汇账户时，应提交以下材料：

（1）申请开立账户的报告；

（2）市场监督管理部门颁发的营业执照或民政部门颁发的社团登记证或国家授权机关批准成立的有效批件；

（3）国务院授权机关批准经营业务的批件；

（4）外汇局要求提供的相应合同、协议或其他有关资料。

并填写“国家外汇管理局开立外汇账户批准书”，经批准后，持批准书到中资银行开立外汇账户，开户后5日内凭开户回执向外汇局领取“外汇账户使用证”。

2.外商投资企业向外汇局申请开立外汇账户

外商投资企业向外汇局申请开立外汇账户时，应持申请开立外汇账户的报告，以及“外商投资企业外汇登记证”。由外汇局核发“开户通知书”，然后持“开户通知书”和“外商投资企业外汇登记证”到开户银行办理开户手续。

（三）资本项目外汇账户的开立

开立资本项目外汇账户，开户人应持：

（1）申请开立账户的报告；

（2）申请开立贷款专户和还贷专户，持借款合同正本、外债登记凭证或者“外汇（转）贷款登记证”；

（3）申请开立股票专户，持证券监督管理部门批准的招股说明书等资料；

（4）外商投资企业申请开立资本金账户，持“外商投资企业外汇登记证”和其他资料；

（5）境外法人申请开立临时专户，持汇款凭证和签订的投资意向书；

（6）境内机构申请开立资产存量变现外汇账户，持有权批准机构的批准转让文件、转让协议、资金转让计划等文件；

（7）境外法人申请开立B股账户，持境外机构法人资格证明或者境外个人身份证明直接到证券公司开户；

（8）境内机构在注册地以外的境内其他地区开立资本项目外汇账户，应当向注册地外汇局提出申请，凭注册地外汇局核发的“开户通知书”到开户地外汇局备案，经开户地外汇局审核并加盖戳记后，到开户银行办理手续。

根据规定，境内机构一般不允许开立外汇现钞账户。符合规定条件的中资企业只允许开立一个外汇结算账户，中资企业可根据需要将外汇结算账户中的一定金额在同一银行开立定期存款账户，但需要经外汇局批准，并纳入外汇结算账户最高限额管理。

在同一家开户银行开立的不同币种外汇账户，视为一个账户，在不同开户银行开立的不同币种的外汇账户，视为两个或多个账户，不同类别的外汇账户均可以开立不同币种的分账户。需外汇局核定最高限额的账户，外汇局应根据企业的申请和具体情况，将限额分割在不同币种的账户内，不同币种的账户限额，不得任意调整。

## 三、单位外汇存取款的核算

（一）存款的核算

以外币现钞或外币票据存入时，存款单位应将送存的一式两联外汇缴款单交开户银行，银行经审核无误后，将缴款单第一联退给单位，第二联作贷方传票办理转账。

以国外收汇或国内转款存入时，银行根据收到的SWIFT电文和转款收账通知，审核编制一式两联收款凭证，第一联通知存款单位，第二联作银行转账的贷方传票。

银行根据存入的现汇、现钞、外币票据等不同情况，进行不同的会计处理。

1.以外币现钞存入现汇户

以外币现钞存入现汇户时，应当以当日的现钞买入牌价和现汇卖出牌价折算入账。其会计分录为：

借：库存现金　　外币

　贷：货币兑换——套汇户　　外币

借：货币兑换（钞买价）　　人民币

　贷：货币兑换（汇卖价）　　人民币

借：货币兑换——套汇户（汇卖价）　　外币

　贷：吸收存款——××单位活期存款户　　外币

2.直接以国外收汇或国内转款存入

（1）以汇入原币存入时，会计分录为：

借：存放境外同业款项（或有关科目）　　外币

　贷：吸收存款——××单位活期存款户　　外币

（2）汇入币种与存入币种不同时，会计分录为（以汇入美元转存港币为例）：

借：存放境外同业款项（或有关科目）　　美元

　贷：应解汇款　　美元

借：应解汇款　　美元

　贷：货币兑换——套汇户 （汇买价）　　美元

借：货币兑换——美元套汇户（汇买价）　　人民币

　贷：货币兑换——港币套汇户（汇卖价）　　人民币

借：货币兑换——套汇户（汇卖价）　　港币

　贷：吸收存款——××单位活期存款户　　港币

（3）境内机构汇入汇款结汇时，会计分录为：

借：存放境外同业款项（或有关科目）　　外币

　贷：货币兑换——结售汇户（汇买价）　　外币

借：货币兑换——××币种结售汇户（汇买价）　　人民币

　贷：吸收存款（或有关科目）——××单位活期存款户　　人民币

（二）取款的核算

1.现汇账户支取原币现钞

现汇账户支取原币现钞时，银行做汇买钞卖套汇后支取原币现钞，会计分录为：

借：吸收存款——××单位活期存款户　外币

　贷：货币兑换——套汇户（汇买价）　外币

借：货币兑换——××币种套汇户（汇买价）　人民币

　贷：货币兑换——××币种套汇户（钞卖价）　人民币

借：货币兑换——套汇户（钞卖价）　外币

　贷：库存现金　外币

2. 支取货币与原存款货币不同

支取货币与原存款货币不同时，会计分录为（以存港元取美元为例）：

借：吸收存款——××单位活期存款户（或有关科目）　港币

　贷：货币兑换——套汇户（汇买价）　港币

借：货币兑换——港币套汇户（汇买价）　人民币

　贷：货币兑换——美元套汇户（汇卖价）　人民币

借：货币兑换——套汇户（汇卖价）　美元

　贷：汇出汇款（或有关科目）　美元

3. 从活期存款账户转存定期存款

办理活期转存定期时，凭存款单位开立的转账支票开立外汇存款证实书，会计分录为：

借：吸收存款——××单位活期存款户　外币

　贷：吸收存款——××单位定期存款户　外币

4. 以原币汇往国外或国内异地

以原币汇往国外或国内异地时，会计分录为：

借：吸收存款——××单位活期存款户　外币

　贷：汇出汇款（或有关科目）　外币

**四、外汇存款利息的核算**

1. 单位外汇活期存款利息

单位外汇活期存款利息采用余额表计算。余额表计算方法与人民币活期存款利息计算相同，会计分录为：

借：利息支出——活期存款利息支出　外币

　贷：吸收存款——××单位活期存款户　外币

2. 单位外汇定期存款利息

单位外汇定期存款利息按对年对月计算，不足一年或一月的零头天数折算成日数计算。存款到期，利随本清，一次计付利息。如遇利率调整，仍按存入日利率计算利息；存款到期续存，按存入日利率计算利息，存款到期未办理支取，逾期部分按取款日活期存款利率计算利息；如提前支取，按取款日活期存款利率计算。

根据权责发生制的原则，3个月以上的单位定期存款应按季以原币种计提应付利息，存款到期在应付利息中支付，不足部分在利息支出中支付；3个月以下的单位定期存款不计提应付利息，直接在利息支出中列支。

结息日计算应付利息时，会计分录为：

借：利息支出——定期存款利息支出户 外币

贷：应付利息——××单位户 外币

单位定期存款到期支取本息时，会计分录为：

借：吸收存款——××单位定期存款户 外币

应付利息 外币（已提取部分）

利息支出——定期存款利息支出户 外币（不足部分）

贷：吸收存款——××单位活期存款户（或有关科目） 外币

## 第五节 外汇贷款业务的核算

外汇贷款是银行外汇资金的主要运用形式。银行利用其在境外筹集的资金、在国内吸收的外币存款以及国家拨付的外汇资金，贷款给需要外汇资金的企事业单位，用于支持国内生产建设和进出口贸易等。

外汇贷款按融资方式及贷款性质的不同分为现汇贷款、票据贴现、进出口押汇、打包贷款、银团贷款、买方信贷等。本节主要介绍现汇贷款、买方信贷、进出口押汇和福费廷的核算。

### 一、现汇贷款的核算

现汇贷款是指企业根据业务需要采取信用证、进口代收或汇款等方式，在国际市场上采购适用商品，向银行申请的额度内外汇贷款。贷款到期，借款单位以外汇收入或其他外汇来源偿还贷款本息。

现汇贷款经银行可行性调查审批后，借款人与银行订立借款合同，并报经当地外汇管理局批准，开立外汇贷款专户及还本付息专户。企业申请使用贷款额度时，应将贷款使用期限内应付的国外费用及利息等匡算在内。现汇贷款使用的货币由借款人选择，借什么货币，还什么货币，并收取原币利息。现汇贷款期限根据业务需要划分为1个月、3个月、6个月、1年、2年、3年六个档次。

（一）发放贷款的核算

借款人向银行申请现汇贷款时，必须提交借款申请书。银行信贷部门根据信贷程序，进行评估，按规定权限审批后，双方签订借款合同。根据借款合同在核定的借款额度内，一次或分次使用借款的，应逐笔订立借据，填制一式五联外汇贷款借款凭证，第一联借款申请书，第二联借方凭证，第三联借款凭证副本，第四联交款通知，第五联备查卡。经银行信贷部门审查同意并签章后，留存第一、五联，其余交由会计部门进行账务处理。会计部门审核无误后，为借款单位开立外汇贷款专户，以第二联凭证代借方传票，另编贷方传票办理转账。其会计分录为：

借：贷款——××借款人户　外币

　贷：吸收存款——××借款人外汇贷款专户　外币

如贷款货币与对外付汇货币不同时，可通过套汇处理。

（二）收回贷款的核算

外汇贷款到期时，应由借款人填写一式四联还款凭证，第一联借方传票，第二联贷方传票，第三联利息收入传票，第四联还款通知。

1.以原币归还借款

借款人以原贷款货币偿还外汇贷款时，应填制支票提交开户银行，银行审核借款单位预留印鉴无误后，计算出上次结息日至还款日的贷款利息，以便将贷款本息一并收回。其会计分录为：

借：吸收存款——××借款人还本付息专户　外币

　贷：贷款——××借款人户　外币

　　　利息收入　外币

借款单位到期不能归还借款且其存款账户余额不足以偿还借款本息时，按照逾期贷款会计核算办法处理。

2.以人民币购汇归还借款

借款单位以人民币归还外汇借款时，应凭外汇还本付息核准件，按还款日挂牌汇率购汇后偿还。其会计分录为：

借：吸收存款——××借款人活期存款户　人民币

　贷：货币兑换——××币种结售汇户（汇卖价）　人民币

借：货币兑换——结售汇户（汇卖价）　外币

　贷：贷款——××借款人户　外币

　　　利息收入　外币

3.以贷款货币以外的其他外币归还借款

以贷款货币以外的其他外币归还借款时，会计分录为：

借：吸收存款——××借款人还本付息专户　　外币

　贷：货币兑换——套汇户（汇买价）　　外币

借：货币兑换——××币种套汇户（汇买价）　　人民币

　贷：货币兑换——××币种套汇户（汇卖价）　　人民币

借：货币兑换——套汇户（汇卖价）　　外币

　贷：贷款——××借款人户　　外币

　　　利息收入　　外币

（三）贷款利息的核算

现汇贷款利率可以根据合同规定采用浮动利率、固定利率或优惠利率。现汇贷款的计息天数，按公历实际天数计算，算头不算尾。现汇贷款根据合同规定，按季或按月结息，每季末月的20日或每月20日为规定结息日。

结息日，借款单位以还本付息专户的外汇存款偿付利息时，填制外汇贷款结息凭证一式三联，一联作借方凭证，一联作贷方凭证，一联作结息通知单，交借款人，会计分录为：

借：吸收存款——××借款人还本付息专户　　外币

　贷：利息收入　　外币

如果借款单位还本付息专户无足够款项支付时，不足部分转入“应收利息”账户，会计分录为：

借：应收利息——××借款人户　　外币

　贷：利息收入　　外币

**二、买方信贷的核算**

买方信贷是出口信贷的一种形式，是出口国政府支持出口方银行直接向进口商或进口商银行提供贷款，以供进口商购买技术和设备，并支付有关的费用。买方信贷主要有两种形式：一是出口商银行将贷款发放给进口商银行，再由进口商银行转贷给进口商；二是由出口商银行直接贷款给进口商，由进口商银行出具担保。

（一）买方信贷的管理规定

买方信贷作为贸易项下融资的一种特殊业务类型，其操作与进出口贸易紧密相关，同时，其资金来源又必须纳入引进国外资金进行管理，因此具有一定的特殊性。办理买方信贷必须遵守以下规定：

（1）必须经出口国政府批准，并经国家外汇管理局批准，办理外债登记和外汇（转）贷款登记手续。

（2）需要签订两份合同，一是由买卖双方签订进出口贸易合同，二是由出口商银行与进口商或进口商银行签订贷款合同。贷款合同以贸易合同为前提，但又独立于贸易合同。

（3）贷款只能用于支付出口国的货款、技术或劳务费用，出口商银行按进口商银行的指示，凭交货单据向出口商支付货款。

（4）贷款金额不得超过贸易合同金额的85%，其余15%由进口商以现汇支付定金，支付定金后才能使用买方信贷。

（5）买方信贷协议需规定贷款的起点金额，贷款期限较长（一般在5年以上）的，可分期还款，贷款到期后，按等份金额每半年还本付息一次。

### （二）买方信贷的会计核算

买方信贷的会计核算主要包括对外签订协议、支付定金、使用买方信贷和偿还贷款本息四个环节。

1.对外签订协议

买方信贷总协议由总行统一对外签订。总协议下，每个项目的具体信贷协议可由总行对外签订，也可由总行授权分行，由分行对外签订。不论总行或分行对外签订协议，均由总行建立“买方信贷用款限额登记簿”，按协议商定的金额登记用款限额台账。

2.支付定金的核算

借款单位如有现汇，须用现汇支付定金；没有现汇的，经外汇管理局审批后，可用人民币向银行购汇支付定金。

（1）借款单位以现汇支付定金时，会计分录为：

借：吸收存款——××借款人活期存款户　　外币

　贷：存放境外同业款项（或有关科目）　　外币

（2）借款单位用人民币购买外汇支付定金时，会计分录为：

借：吸收存款——××借款人活期存款户　　人民币

　贷：货币兑换——××币种结售汇户　　人民币

借：货币兑换——结售汇户（汇卖价）　　外币

　贷：存放境外同业款项（或有关科目）　　外币

3.使用买方信贷的核算

借款单位使用买方信贷向国外出口商开立信用证时，必须在信用证条款中注明“该笔款项系与国外贷款行签订的××贷款协议项下支付”，并按进口开证办理对外开证手续。

进口商银行收到国外代理行寄来的有关单据，经审核无误后，根据信贷协议规定，向国外出口商银行发出提款通知，办理支款手续，使用买方信贷款。

（1）总行收到出口商银行贷款起息通知时，会计分录为：

借：存放系统内款项　　外币

　贷：引进国外资金——借入××资金买方信贷户　　外币

同时按支款金额销记“买方信贷用款限额登记簿”。

（2）分行收到总行买方信贷起息通知时，会计分录为：

借：利用国外资金贷款——利用××买方信贷××借款人户　　外币

　贷：系统内款项存放　　外币

4.偿还贷款本息的核算

买方信贷的贷款本息按协议规定由总行统一办理偿还。偿还贷款的时间原则上与从国内借款单位收回贷款本息的时间一致，并按出口商银行通知的起息日起息，按协议规定的利率计息。

（1）单位偿还本息时，会计分录为：

借：吸收存款——借款人活期存款户（或有关科目）　　外币

　贷：利用国外资金贷款　　外币

　　　利息收入——××贷款利息收入户　　外币

　　　应付利息 ——应付总行买方信贷利息户　　外币

（2）分行向总行归还贷款本息时，会计分录为：

借：系统内款项存放——借入××资金买方信贷总行专户　　外币

　　金融企业往来支出　　外币

　贷：存放总行款项——往来户　　外币

（3）总行收到分行归还贷款本息时，会计分录为：

借：系统内款项存放——××分行往来户　　外币

　贷：存放系统内款项——利用××买方信贷××分行专户　　外币

　　　金融企业往来收入　　外币

（4）总行偿还本息时，会计分录为：

借：引进国外资金——借入××资金买方信贷户　　外币

　　金融企业往来支出　　外币

　贷：存放境外同业款项——××境外账户行户　　外币

**三、进出口押汇的核算**

押汇是指异地交易中以在途商品为抵押的借款，押汇业务分为出口押汇和进口押汇。

（一）出口押汇的核算

出口押汇是银行应出口商的要求，在出口商发运商品并向银行提交信用证或合同要求的单据后，保留追索权地向出口商提供短期资金融通。出口押汇有助于出口商加快资金周转，改善现金流量。

银行收取出口押汇利息有两种方式：到期随本金一起收回和在提供融资时先扣收利息。

1.办理出口押汇时

（1）按后结息方式，会计分录为：

借：出口押汇——××客户（押汇金额）　外币

　贷：吸收存款——××客户活期存款户　外币

（2）按先结息方式，会计分录为：

借：出口押汇——××客户（押汇金额）　外币

　贷：递延收益（押汇利息）　外币

　　吸收存款——××客户活期存款户　外币

同时登记表外账（应收/应付出口来证）。

2.利息的计提或摊销

按后结息方式，每月须计提应收利息；按先结息方式，在摊销期间不计提应收利息，而是逐期分摊递延收益。其会计分录为：

借：递延收益（押汇利息）　外币

　贷：利息收入（出口押汇）　外币

如果客户提前偿还了全部金额，则在客户偿还当日，将递延收益剩余部分一并转入利息收入核算。

如果出口押汇已逾期90天，应于次日将出口押汇金额由正常贷款科目转入“非应计贷款”科目核算。同时，将已纳入损益的出口押汇利息反方冲回，将所有应收利息转入表外科目核算。其会计分录为：

借：非应计贷款——贸易融资——××客户　外币

　利息收入（出口押汇或冲减上年利息）（仅在先结息方式下）　外币

　贷：出口押汇——××客户　外币

3.出口收汇时的会计分录

借：存放同业/联行往来等　外币

　贷：出口押汇　外币

　　利息收入（仅在先结息方式下）　外币

　　吸收存款等科目——××客户活期存款户　外币

如果以人民币入账，须做货币兑换账务处理，同时转销表外账。

（二）进口押汇的核算

进口押汇是指进口商向银行申请开出信用证后，要求银行在收到信用证项下单据时，代其对外垫付该信用证下款项的短期资金融通。

（1）进口商开具“信用证申请书”来行要求承做进口押汇的，经银行审核批准后，收取保证金。会计分录为：

借：吸收存款——开证人活期存款户户　外币

　贷：保证金——开证人户　外币

（2）在收妥保证金后，开证行开出信用证，通过“开出信用证”表外科目核算。

（3）在收到国外联行或代理行寄来信用证项下汇票、单据及划付报单时，即表示进口押汇业务的发生。会计分录为：

借：进口押汇——××客户　外币

　　保证金　外币

　贷：存放同业或联行往来等账户　外币

同时转销“开出信用证”表外科目。

（4）进口商偿付押汇本息，会计分录为：

借：吸收存款——××客户活期存款户　人民币

　贷：货币兑换　人民币

借：货币兑换　外币

　贷：进口押汇　外币

　　利息收入　外币

**四、福费廷业务**

福费廷业务也称为买断票据或包买票据，是基于进出口贸易的一种贸易融资业务，指银行（即福费廷商）从出口商那里无追索权地买断由于商品或劳务出口而产生的并经银行或信誉良好的公司承付或保付的未到期债权。

目前国内银行所做的福费廷业务主要是在远期信用证项下无追索权地买断开证行已承兑的远期汇票或已承付的单据的业务，以及在托收业务项下买断经银行保付的已承兑汇票的业务。福费廷业务最主要的特点是无追索权，同时，福费廷商放弃对前手的追索权。

福费廷业务不仅使出口商将与买方付款有关的信用风险、国家风险和利率、汇率风险彻底转移，而且无须占用自身的授信额度就可获得银行的资金融通，同时因不再承担应收款管理及催收工作而节约了管理成本。

对银行而言，利用福费廷业务不必占用客户授信额度就可以增加收益，还可以通过将买断的债权转卖给其他银行或公司来控制运营中的风险。

1. 从出口商处买断票据的核算

银行按开证行承兑金额扣除预收利息及有关费用，将净值支付给出口企业。会计分录为：

借：包买票据——××承兑行　外币

　贷：吸收存款等——××客户活期存款户　外币

　　　递延收益（福费廷）　外币

　　　中间业务收入——福费廷手续费　外币

若按规定需为客户办理结汇，另做货币兑换账务处理。

若银行于买入日转卖他行，则无须摊销预收利息；否则应在自行持有期间逐期分摊预收利息，摊销期间不再计提应收利息。会计分录为：

借：递延收益（福费廷）　外币

　贷：利息收入（福费廷）　外币

如果在到期日前（非买入当日）转卖他行，应于卖出日将“递延收益”剩余部分一并转入“利息收入”核算。

2. 到期收回票据款项的核算

如果到期收回了票据款项，会计分录为：

借：存放同业（或有关科目）——××清算行　外币

　贷：包买票据——××承兑行　外币

　　　利息收入（福费廷）　外币

**本章小结**

外汇业务对于商业银行具有重要意义。其一，外汇结售汇业务、外汇存贷款业务、国际结算业务等都可以为商业银行提供长期且稳定的中间业务收入；其二，通过外汇业务营销，不仅可以挖掘优质的境内客户，还可能获得潜在的境外优质客户，这些客户的价值是商业银行未来发展的重要基础；最后，随着我国进一步融入经济全球化的大浪潮，境内外经济往来愈发密切，商业银行外汇业务的发展也呈现出了多元化趋势，为满足客户对于外汇的多种需求，商业银行外汇金融产品及服务的内容不断增加，商业银行的外汇业务收入也进一步提高。

同时，我们也应该看到，伴随着金融科技与基础设施的升级改造，外汇市场的微观结构与宏观格局正在经历巨大变化。从汇率变动看，电子交易模式带来了更低廉的交易成本和更透明的市场环境，主要货币的买卖双边价差呈现缩小态势，个人、企业等客户端的外汇服务价格已经可以享受到接近于同业批发市场的报价水平。从市场主体来看，全球外汇市场正在迎来多样化的参与机构，银行和非银行机构竞争激烈。这意味着我国商业银行的外汇风险在不断加大，商业银行对外汇业务风险的管控愈加重要。因此，在外汇业务处理中，依据外汇管理条例及相关法律法规，加强银行内部管理及对国际外汇业务的管控，有效控制外汇业务风险是商业银行外汇业务管理的重要任务。

**综合训练**

1.单项选择题

(1) 银行向客户买入现汇时使用的汇率是（　　）。

A.汇买价　　B.汇卖价

C.钞买价　　D.钞卖价

(2) 我国外汇汇率中间价由（　　）对外公布。

A.中国人民银行　　B.国家金融监督管理总局

C.外汇交易中心　　D.国务院

(3) 银行的“货币兑换”科目用于涉及（　　）的核算。

A.人民币与美元的业务　　B.美元与欧元的业务

C.美元与美元的业务　　D.美元现汇兑换现钞的业务

E.人民币与人民币的业务

(4) 银行卖出外汇时，“货币兑换”科目使用正确的有（　　）。

A.外币金额记贷方　　B.外币金额记借方　　C.人民币金额记借方

D.人民币金额记贷方　　E.只记外币金额不记人民币金额

(5) 下列需要办理套汇的业务有（　　）。

A.人民币兑换欧元　　B.美元现汇支取现钞　　C.美元兑换人民币

D.以美元兑换英镑　　E.美元兑换日元

(6) 银行为客户办理不同币种现汇之间的套汇业务的计算公式为（　　）。

A.卖出币种现汇金额=买入币种现汇金额×买入币种汇买价/卖出币种汇卖价

B.卖出币种现汇金额=买入币种现汇金额×汇买价/钞卖价

C.卖出币种现汇金额=买进币种现钞金额×钞买价/汇卖价

D.卖出币种现汇金额=买入币种现汇金额×卖出币种汇卖价/买入币种汇买价

第六章即测即评

2. 复习思考题

（1）外汇分账制的内容包括哪些？

（2）商业银行经营的外汇业务有哪些？

（3）简述出口信用证与进口信用证的基本处理过程。

（4）简述买方信贷的管理规定。

# 第七章

## 资金清算业务的核算

### 本章导读

商业银行每天办理的各项转账结算业务是由单位或个人的经济业务活动引起的，银行资金划拨的速度取决于背后资金清算系统的运行效率。随着社会经济的发展，各银行之间的资金汇划规模不断增大，资金汇划关系也更加复杂化，电子及网络技术在银行的广泛运用，使得资金汇划清算方式不断改革与创新。目前，我国工、农、中、建四大银行都建立了自己的资金汇划清算系统；中国人民银行亦建起现代化支付系统来解决我国金融机构之间以及金融机构与央行之间的支付业务，同时也为商业银行之间的跨行资金汇划提供了一个支付清算平台。另外，随着经济全球化，国际贸易往来产生的跨境资金转移不仅涉及资金在国内银行间的清算，国际银行之间的资金清算也越来越多。本章首先介绍境内银行间资金清算的通道：第一是同一银行系统内资金清算系统的基本原理、资金清算程序及账务处理与核算；第二是中国人民银行现代化支付系统中的大额支付系统和小额支付系统各自的运行程序、相关会计科目设置及其日常转账业务的会计处理。其次，本章对跨境资金清算的通道也进行了简单介绍。通过本章的学习，有助于学生对境内外银行间资金清算通道有基本了解，重点是对境内银行间资金清算往来的流程，以及中央银行现代化支付系统下的大额清算系统和小额清算系统有基本认识。

### 基本概念

支付体系　支付清算系统　中国人民银行现代化支付系统　辖内往来　大额支付系统　小额支付系统　全额实时清算系统　差额清算系统

## 第一节　支付体系概述

### 一、支付体系的概念及构成

支付是社会经济活动引起的资金转移行为，支付体系是实现资金转移的制度和技术安排的有机组合，是保证商业银行各项业务顺利实现的关键环节。自银行制度诞生以来，作为支付手段的货币表现为现金和非现金两种主要形式。以非现金结算为支付手段的交易则是将款项从付款人账户转移至收款人账户，这一过程包括交易的确认、运用支付工具发出支付指令、通过支付系统传递支付信息并实现资金转移。支付体系的安全和效率决定资金转移的安全和效率，进而影响经济活动的效率。

我国的支付体系主要由支付清算系统、支付工具、支付服务组织及支付体系监督管理等要素组成。支付清算系统是支持各种支付结算工具应用、实现资金清算并完成资金转移的通道，是经济金融体系的重要基础设施，是维系金融机构、金融市场之间关系的纽带。支付工具是传达收付款人支付指令、实现债权债务清偿和资金转移的载体，分为现金和票据、银行卡等非现金支付工具。支付服务组织是通过账户服务、支付系统、支付工具等手段为社会提供资金清算和结算服务的机构。支付体系监督管理是中央银行为维护支付体系的安全稳定，以及社会公众对支付体系的信心，综合运用经济、法律和行政手段，对支付清算系统、支付工具及支付服务组织进行监督管理的行为。

## 二、支付清算系统的种类

从不同的角度，支付清算系统有不同的分析和归类方法：

（1）根据提供支付清算服务的主体部门不同，分为商业银行系统内的资金清算系统和中国人民银行的支付清算系统。

（2）根据系统的地域特征，可以分为同城清算系统和异地清算系统。同城清算系统主要处理同一城市处理中心的参与者相互间的支付业务。同城清算一般通过中国人民银行票据交换所来进行。异地清算系统主要处理不同城市或地区之间银行相互之间发生的支付业务。

（3）根据系统的资金清算方式，可以分为全额实时清算系统和差额清算系统。全额实时清算系统即参加资金清算的各商业银行，采用实时处理方式，对每一笔付款（借记）或收款（贷记）业务实时转发，并对其清算户实时清算。差额清算系统是指银行按同一币种同一交易日的交易金额的净差额，即各商业银行将各自应收应付款项的金额进行轧差，得到应付差额或应收差额，然后在固定时间通过中国人民银行存款账户进行清算。

（4）根据系统处理单笔业务的资金起点，可以分为大额实时支付系统和小额批量支付系统。大额实时支付系统采取逐笔发送支付指令，全额实时清算资金，旨在为各银行和广大企事业单位以及金融市场提供快速、高效、安全的支付清算服务；小额批量支付系统采取批量发送支付指令，轧差净额清算资金，可支持多种支付工具的应用，处理包括公用事业收费在内的各种居家服务相关支付业务，满足社会低成本、大业务量的支付清算服务需要。

（5）根据清算资金的内容不同，分为现代化支付系统、网上跨行清算系统、境内外币清算系统等。

## 三、中央银行在我国支付体系中的作用

1.中央银行在国家支付清算活动中发挥主导作用

《中华人民共和国中国人民银行法》明确规定，中央银行负有维系国家支付清算系统稳定运行的法律责任，由此确立了中央银行在国家支付清算活动中的主导地位，为其履职提供了法律依据及保障。提供支付清算服务是中央银行行使支付清算职责的基本手段，作为“银行的银行”，中央银行的支付清算服务定位于行间清算领域。鉴于行间清算金额巨大，一旦出现运行障碍，将会危及金融稳定，所以各国对行间清算的制度建设、系统设计、操作规则等予以高度重视，并赋予中央银行管理、监督行间清算的职权。

2.承担支付系统的建设和运行职责

中央银行所负有的支付清算系统建设责任包括：①政策及规制建设。中央银行有义务根据经济和金融运行对支付清算安排的整体需要，建设一个有助于支付清算系统运行的规章、制度体系。②设施建设。中央银行有义务根据本国金融设施的基础条件，组织国家支付清算系统的总体设计、设施建设、运作实施，从而保证支付清算系统的整体布局、服务功能的有效性和稳定性。③人才建设。中央银行有义务培育支付清算系统建设、运行、管理的专业化队伍，从而提升支付清算系统的运行质量，降低操作风险和道德风险的负面影响。

构建并运行支付清算系统，是中央银行提供支付清算服务的基本实施途径，也是中央银行干预和控制国家命脉的核心手段。中央银行的大额支付清算系统就是支付清算系统的“主动脉”，其处理着一国绝大部分支付交易金额，对金融效率与金融安全具有重大影响，掌控大额支付清算系统有助于掌控全局。此外，大额支付清算系统通常是中央银行货币政策操作的基础管道，运行大额支付清算系统有助于中央银行及时掌握金融机构资金头寸的增减变化趋势，为制定货币政策和金融宏观调控提供信息资源和决策依据。

3.对国家支付清算系统负有监督管理责任

中央银行依据法律授权和制度安排，通过常规性的金融监管和专门化的监督途径，对支付清算活动和所有支付清算系统实施监督。支付清算系统监督既是中央银行履行支付清算系统安全责任的必要手段，又是金融监管的重要组成部分。

## 第二节　商业银行系统内资金清算的核算

商业银行系统内的资金清算在我国资金清算体系中处于重要地位。目前大型商业银行基本上都有自己的系统内资金汇划清算系统，通过这个系统可以直接进行资金汇划，使得资金在途时间短、周转效率高。

### 一、基本程序

各发报经办行根据发生的结算资金汇划业务录入数据，全部及时发送至发报清算行；发报清算行将辖属各发报经办行的资金汇划数据传输给总行清算中心；总行清算中心对发报清算行传输来的汇划数据即时传输给收报清算行；收报清算行当天或次日将汇划数据传输给收报经办行，从而实现资金汇划业务。其中，清算行处于信息中转的地位，既要向总行清算中心传输发报经办行的汇划信息，又要向收报经办行传输总行清算中心发来的汇划业务信息，资金汇划的出口、入口均反映在清算行，使其可以控制辖属经办行的资金汇划与清算。

### 二、科目设置

1. 系统内上存款项

“系统内上存款项”是资产类科目，核算下级行存放上级行的资金，凡是各清算行和省区分行在总行开立的备付金账户以及二级分行在省区分行开立的调拨资金户均使用该科目核算。

各清算行包括直辖市分行、总行直属分行和二级分行均应在“系统内上存款项”科目下设置“上存总行备付金”账户，用于核算资金调拨和清算辖属行处的汇划款项；二级分行还需要设置“上存省区分行调拨资金”账户，用于核算在辖内集中调拨资金。

2. 系统内款项存放

该科目是各上级行用以核算下级行备付金存款和调拨资金的科目，属于负债类科目。总行清算中心为核算反映各清算行和省区分行在总行的备付金存款增减变动情况，在“系统内款项存放”科目下按清算行和省区分行设“备付金存款户”；省区分行以该科目核算反映二级分行的调拨资金存款的增减变动，在该科目下按二级分行设置“调拨资金存款户”。

3. 清算资金往来

该科目属于资产负债共同类科目，核算反映各发、收报经办行与清算行之间的资金汇划往来与清算情况。

### 三、账务处理

(一) 发报经办行的处理

发报经办行是资金汇划业务的发生行，业务发生后，要经过录入、复核和授权三个环节的处理。汇划业务的发出分为实时处理和批量处理，实时处理主要是对紧急款项的划拨和查询查复事项的即时处理，其他业务做批量处理。

首先，经办人员根据客户填写的汇划凭证用计算机“转账发报录入系统”录入汇划凭证内容。之后，复核人员根据原始汇划凭证，用计算机“汇划发报复核系统”进行全面审查、复核。然后，授权人员根据“事权划分”的权限使用计算机“汇划发报授权系统”授权——实时业务全部授权；批量业务金额在10万元以上（含）的业务须经各经办行会计主管授权；金额在1亿元以上（含）的业务，经办行须将原始凭证送交或使用加押传真送至管辖清算行，由清算行会计主管用“特大额汇划发报授权系统”办理特大额发报授权。

业务数据经过录入、复核、授权无误后发送至清算行。贷报业务的会计分录为：

借：××科目

　贷：清算资金往来

借报业务会计分录相反。

每日营业终了，将电汇凭证第三联，托收承付凭证、委托收款凭证、银行卡凭证第四联，银行汇票第二、三联，银行承兑汇票第二联，储蓄旅行支票、储蓄委收利息清单等，作“清算资金往来”科目凭证的附件。对于“信汇付款指令”信汇业务，在信汇凭证第三联上加盖“结算专用章”后连同第四联邮寄收报经办行，同时应打印输出借、贷方“辖内往来汇划总记账凭证”“资金汇划业务清算单”“资金汇划业务统计表”等。

为确保发出资金汇划业务的正确，每日营业终了还应进行数据核对。由手工轧计当日原始汇划凭证的笔数和金额、辖内往来汇划凭证的笔数和金额、资金汇划业务量统计表的汇总笔数和金额、汇划发报汇总的笔数和金额、资金汇划业务清单的笔数和金额，上述各项应核对一致。

(二) 发报清算行的核算

发报清算行收到辖属各经办行传输来的汇划业务后，对于金额在1亿元以上（含）的特大额汇款应由会计主管授权后进行处理，同时汇划清算系统自动加编密押，然后传输汇划业务信息并处理账务。

跨清算行的汇划业务由系统自动更新备付金后，自动将汇划数据传输到收报清算行。如为贷报业务，会计分录为：

借：清算资金往来

　贷：系统内上存款项

借报业务会计分录相反。

同一清算行的经办行之间的汇划业务，系统不更新备付金，自动进行划转。如为贷报业务，会计分录为：

借：清算资金往来

　贷：其他应付款——待处理汇划款项户

借：其他应付款——待处理汇划款项户

　贷：清算资金往来

借报业务会计分录为：

借：其他应收款——待处理汇划款项户

　贷：清算资金往来

借：清算资金往来

　贷：其他应收款——待处理汇划款项户

每日营业终了，清算行应打印“汇划业务辖内往来凭证”并核对有关数据。数据核对正确后，系统在日终后自动更新各科目有关账户发生额、余额。

（三）省区分行与总行的处理

1.发报省区分行的处理

发报省区分行在资金汇划系统中处于信息转发的地位，其主要任务是：收到发报清算行传输来的全国汇划业务实时上传总行清算中心；收到发报清算行传输来的省区分行辖内的汇划业务实时转发给各收报清算行；日终将日间登记的省内汇划数据按清算行汇总后上报总行。省行汇划发报业务全部由系统自动完成。

2.总行清算中心的处理

总行清算中心收到各发报清算行通过省区分行上传的全国汇划业务信息，进行流水登记，并传至收报清算行。如为贷报业务，其会计分录为：

借：系统内款项存放——发报清算行备付金户

　贷：系统内款项存放——收报清算行备付金户

如为借报业务，会计分录相反。

每日营业终了，经账务核对无误后，打印“试算平衡表”“备付金存款分析表”“资金汇划系统资金流向表”等，以便分析当日资金汇划业务情况和资金流向情况。

3.收报省区分行的处理

收报省区分行主要是负责将总行清算中心传输来的全国汇划信息传输给收报清算行，而省区分行对汇划收报业务的传输系由资金汇划系统自动完成。

4.收报清算行的核算

清算行对资金汇划款项采取分散管理模式或集中管理模式处理。分散式即各项业务的账务核算均在各经办行处理，汇划业务只需要经清算行转划。集中式即清算行作为业务处理中心，负责全辖汇划收报的集中处理及汇出汇款等内部账务的集中管理。

为便于清算行区分全辖业务和自身业务，清算行设置两套账务系统分别核算全辖业务和自身业务。全辖业务核算主要包括系统内上存款项、批量来账当日挂账、分散管理模式中与经办行之间的各种业务往来、集中管理模式中代理经办行记账等业务。自身业务核算主要包括来账错押的挂账、集中管理模式中的应解汇款、银行汇票、银行卡、储蓄通存通兑以及向中国人民银行提出（提入）交换等业务的核算。

各清算行是采用分散式还是集中式的管理模式，一经确定后，即在汇划系统中设定，当收到总行经省区分行转来的资金汇划业务数据时，汇划系统除自动更新备付金外，还根据分散式或集中式自动进行账务处理。

（1）分散式

①对核押无误的实时汇划业务，清算行确认后即时传至收报经办行。如为贷报业务，会计分录为：

借：系统内上存款项——上存总行备付金户

　贷：清算资金往来

如为借报业务，会计分录相反。

②批量业务当日收到核押无误后，如为贷报业务，会计分录为：

借：系统内上存款项——上存总行备付金户

　贷：其他应付款——待处理汇划款项户

借报业务会计分录为：

借：其他应收款——待处理汇划款项户

　贷：系统内上存款项——上存总行备付金户

次日，经办行确认后将汇划数据传至收报经办行。如为贷报业务，会计分录为：

借：其他应付款——待处理汇划款项户

　贷：清算资金往来

借报业务的会计分录为：

借：清算资金往来

　贷：其他应收款——待处理汇划款项户

如为同一清算行的汇划业务，经收报经办行确认后，系统自动将其从清算行自身业务的“其他应收款”和“其他应付款”中转出。如为贷报业务，会计分录为：

借：其他应付款——待处理汇划款项户

　贷：清算资金往来

借报业务的会计分录为：

借：清算资金往来

　贷：其他应收款——待处理汇划款项户

（2）集中式

①实时汇划业务核押无误后，由清算行一并处理本身及收报经办行的账务，记账信息传至收报经办行。如为贷报业务，会计分录为：

借：系统内上存款项——上存总行备付金户

　贷：清算资金往来

经办行的会计分录为：

借：清算资金往来

　贷：××科目

借报业务的分录相反。

②批量业务核押无误后，当日进行挂账，账务处理同分散式管理模式，报经办行逐笔确认、记账。如为贷报业务，会计分录为：

借：其他应付款——待处理汇划款项户

　贷：清算资金往来

经办行的会计分录为：

借：清算资金往来

　贷：××科目

借报业务的会计分录为：

借：清算资金往来

　贷：其他应收款——待处理汇划款项户

经办行的会计分录为：

借：××科目

　贷：清算资金往来

对于汇划收报业务中的应解汇款，经清算行确认后，系统自动登记“应解汇款登记簿”。会计分录为：

借：其他应付款——待处理汇划款项户

　贷：辖内往来

借：清算资金往来

　贷：应解汇款

每天营业终了，收报清算行经核对有关汇划数据一致后，打印“辖内往来汇总记账凭证”“备付金汇总记账凭证”“其他应收款汇总记账凭证”“其他应付款汇总记账凭证”“资金汇划业务清单”等。

5.收报经办行的处理

在采用分散管理模式下，收报经办行的账务处理是在收到清算行传输来的汇划信息后进行的。

收报经办行收到实时汇划信息，经确认无误后，由汇划系统自动记账，并打印“资金汇划补充凭证”。收到贷报业务的会计分录为：

借：清算资金往来

　贷：××科目

借报业务的会计分录相反。

集中管理模式的收报业务均由清算行代理记账，收报经办行只需于日终打印汇划补充凭证和有关记账凭证及清单，用于账务核对。

## 第三节　中央银行现代化支付系统

### 一、中央银行现代化支付系统概述

中国现代化支付系统（CNAPS）是中国人民银行按照我国支付清算需要，利用现代计算机技术和通信网络开发建设的，能够高效、安全处理各银行办理的同城、异地各种支付业务及其资金清算和货币市场交易的资金清算的应用系统。它是各银行和货币市场的公共支付清算平台，是中国人民银行发挥其金融服务职能的核心支持系统。

在物理结构上，中国现代化支付系统建有两级处理中心，即国家处理中心（NPC）和城市处理中心（CCPC）。国家处理中心设在中国人民银行总行，城市处理中心设在各中心城市中国人民银行分行，国家处理中心分别与各城市处理中心连接，其通信网络采用专用网络，以地面通信为主，卫星通信备份。现代化支付系统的两层结构要求同一城市一家商业银行只在当地中国人民银行分支行开设一个统一的清算账户，支付指令通过网络传递到CNAPS，CNAPS在各银行的清算账户间完成资金划拨。

从清算资金内容上，中国现代化支付系统包含大额支付系统和小额支付系统。

中国人民银行通过建设现代化支付系统，将逐步形成一个以中国现代化支付系统为核心，商业银行行内系统为基础，各地同城票据交换所并存，支持多种支付工具的应用和满足社会各种经济活动支付需要的中国支付清算体系。

## 二、大额支付系统

### （一）大额支付系统及其参与者

大额支付系统，是中国人民银行现代化支付系统的应用系统之一，是以实时、全额的方式处理异地、同城每笔金额在规定起点以上的贷记支付和紧急的、金额在规定起点以下的贷记支付的应用系统。业务指令逐笔、实时处理，全额清算资金。大额实时支付系统是中国现代化支付系统的重要应用系统和组成部分，在我国支付系统中占有重要地位。

大额支付系统参与者分为直接参与者、间接参与者和特许参与者。直接参与者是指直接与支付系统城市处理中心连接并在中国人民银行开设清算账户的银行机构以及中国人民银行地市级（含）以上中心支行（库）。间接参与者是指未在中国人民银行开设清算账户而委托直接参与者办理资金清算的银行和非银行金融机构以及中国人民银行县（市）支行（库）。特许参与者是指经中国人民银行批准通过大额支付系统办理特定业务的机构。商业银行分行作为大额支付系统直接参与者通过前置机系统与大额支付系统城市处理中心连接，商业银行营业网点作为大额支付系统间接参与者通过各自行内系统经前置机系统连接大额实时支付系统处理支付业务。中央结算公司等特许参与者与大额实时支付系统国家处理中心连接，办理支付交易的即时转账业务。

### （二）大额支付系统的业务范围

大额支付系统处理的支付业务包括：

1.一般贷记支付业务

大额支付系统处理的贷记支付业务包括：规定金额起点以上的跨行贷记支付业务及规定金额起点以下的紧急跨行贷记支付业务；商业银行行内需要通过大额支付系统处理的贷记支付业务。

贷记支付业务由付款行发起，经发起清算行发送大额支付系统，大额支付系统完成资金清算后，将支付业务信息经接收清算行转发收款行。发起清算行和接收清算行均为大额支付系统的直接参与者。

发起行发起贷记支付业务，应根据发起人的要求确定支付业务的优先级次。首先是发起人要求的救灾、战备款项为特急支付；其次是发起人要求的紧急款项为紧急支付；最后是其他普通支付。

2.即时转账业务

即时转账业务，是指经批准与国家处理中心直接连接的特许参与者，根据与直接参与者的约定，可以第三方的身份直接向国家处理中心发起借、贷记有关清算账户的业务，包括：中国人民银行公开市场操作室发起公开市场操作业务的资金清算和自动质押融资业务；中央国债登记结算公司发起债券发行缴款、债券兑付和收益款划拨、银行间债券市场资金清算业务；中国人民银行规定的其他即时转账业务。

3.城市商业银行银行汇票资金的移存和兑付资金的汇划业务

城市商业银行签发银行汇票，应及时通过大额支付系统将汇票资金移存至城市商业银行汇票处理中心。代理兑付行兑付银行汇票，应通过大额支付系统向汇票处理中心发送银行汇票资金清算请求。汇票处理中心确认无误后，应及时将兑付资金和多余款项通过大额支付系统分别汇划代理兑付行和签发行。

4.中国人民银行会计营业部门及国库部门发起的贷记支付业务及内部转账业务

中国人民银行会计营业部门对内部账户与所管理的清算账户之间发生的内部转账业务，将涉及清算账户的借记或贷记信息发送国家处理中心。业务主要包括存取款业务、再贴现资金的处理、再贷款的发放与收回、利息收付的处理等。

（三）大额支付系统的资金清算

1.开立清算账户

大额支付系统的直接参与者和特许参与者必须直接与支付系统城市处理中心连接并在当地中国人民银行开设清算账户。清算账户由中国人民银行总行及其分支行负责管理，集中在国家处理中心。直接参与者和特许参与者经批准参与大额支付系统的，中国人民银行当地分支行应将其清算账户信息发送国家处理中心，并于次日生效。直接参与者和特许参与者应在其清算账户存有足够的资金，用于本机构及所属间接参与者支付业务的资金清算。

国家处理中心对清算账户中不足清算的支付业务，按以下队列排队等待清算：（1）错账冲正；（2）特急大额支付（救灾、战备款项）；（3）日间透支利息和支付业务收费；（4）同城票据交换轧差净额清算；（5）紧急大额支付；（6）普通大额支付和即时转账支付。

2.设置清算窗口时间

大额支付系统设置清算窗口时间，用于清算账户头寸不足的直接参与者筹措资金。清算窗口时间内，清算账户头寸不足的直接参与者应按以下顺序及时筹措资金：（1）向其上级机构申请调拨资金；（2）从银行间同业拆借市场拆借资金；（3）通过债券回购获得资金；（4）通过票据转贴现或再贴现获得资金；（5）向中国人民银行申请再贷款。

清算窗口时间内，已筹措的资金应按以下顺序清算：（1）错账冲正；（2）特急大额支付（救灾、战备款项）；（3）弥补日间透支；（4）日间透支利息和支付业务收费；（5）同城票据交换等扎差净额清算；（6）紧急大额支付；（7）普通大额支付和即时转账支付。

清算账户禁止隔夜透支。对直接参与者清算账户资金不足的部分，由中国人民银行当地分支行按规定提供高额罚息贷款。

## 三、小额支付系统

### （一）小额支付系统及其功能

小额支付系统是我国现代化支付系统的重要组成部分，是支付清算系统的主要应用系统之一。它主要处理同城和异地纸质凭证截留的借记支付业务，中央银行和国库部门办理的借记支付业务，以及每笔金额在规定起点以下的各种小额贷记支付业务等。支付指令批量发送，轧差净额清算资金，旨在为社会提供低成本、大业务量的支付清算服务。小额支付系统实行7×24小时连续运行，能支持多种支付工具的使用，满足社会多样化的支付清算需求，成为银行业金融机构跨行支付清算和业务创新的安全高效的平台。

### （二）小额支付系统的参与者

小额支付系统参与者分为直接参与者、间接参与者和特许参与者。直接参与者，是指直接与支付系统城市处理中心连接并在中国人民银行开设清算账户的银行业金融机构以及中国人民银行地（市）以上中心支行（库）。间接参与者，是指未在中国人民银行开设清算账户而委托直接参与者办理资金清算的银行业金融机构以及中国人民银行县（市）支行（库）。特许参与者，是指经中国人民银行批准通过小额支付系统办理特定支付业务的机构。

小额支付系统和大额支付系统共享清算账户清算资金。

### （三）小额支付系统处理的业务

1.同城、异地的借记支付业务

小额支付系统处理的同城借记支付业务，其信息从收款行发起，经收款清算行、城市处理中心、付款清算行、付款行后，付款行按规定时限发出回执信息原路径返回至收款行止。小额支付系统处理的异地借记支付业务，其信息从收款行发起，经收款清算行、收款行城市处理中心、国家处理中心、付款行城市处理中心、付款清算行、付款行后，付款行按规定时限发出回执信息原路径返回至收款行止。

具体包括以下借记支付业务：

（1）普通借记支付业务，是指收款行向付款行主动发起的收款业务。收款行应当根据收款人的委托，记载借记回执信息的最长返回时间。付款行收到普通借记支付业务时，审核无误后应当按协议立即办理扣款。付款清算行应当在借记回执信息返回期满前发出回执。普通借记支付业务具体包括中国人民银行机构间的借记业务、国库借记汇划业务等。

（2）定期借记支付业务，是指收款行依据当事各方事先签订的协议，定期向指定付款行发起的批量收款业务，具体包括代收水、电、煤气等公用事业费业务，国库批量扣税业务等。收款行应当根据收款人的委托，记载借记回执信息的最长返回时间。付款行收到定期借记支付业务时，审核无误后应当按协议立即办理扣款。付款清算行应当在借记回执信息返回期满前发出回执。

（3）实时借记支付业务，是指收款行接受收款人委托发起的、将确定款项实时借记指定付款人账户的业务，具体包括个人储蓄通兑业务、对公通兑业务、国库实时扣税业务等。

2.金额在规定起点以下的贷记支付业务

小额支付系统处理的同城贷记支付业务，其信息从付款行发起，经付款清算行、城市处理中心、收款清算行，至收款行止。小额支付系统处理的异地贷记支付业务，其信息从付款行发起，经付款清算行、付款行城市处理中心、国家处理中心、收款行城市处理中心、收款清算行，至收款行止。

贷记支付业务包括：

（1）普通贷记支付业务，是指付款行向收款行主动发起的付款业务，具体包括汇兑、委托收款（划回）、托收承付（划回）、国库贷记汇划业务、网银贷记支付业务。

（2）定期贷记支付业务，是指付款行依据当事各方事先签订的协议，定期向指定收款行发起的批量付款业务，具体包括代付工资业务及代付保险金、养老金业务等。

（3）实时贷记支付业务，是指付款行接受付款人委托发起的、将确定款项实时贷记指定收款人账户的业务，主要为个人储蓄通存业务。

（四）小额支付系统运行程序

小额支付系统以批量方式处理跨系统同城、异地电子和异地纸质凭证截留的借记以及每笔金额在规定起点以下的贷记支付业务，按清算账户轧差，净额清算资金。其运行程序如下：

（1）发起行收到发起人提交的支付信息（支付纸质凭证、磁介质或电子支付信息）经确认无误后，对当日发送的小额贷记和事先授权借记支付分别借记、贷记发起人账户；对定期借记支付记入定期借记登记簿，待生效日未被退回时，销记登记簿中相应的支付指令并通知发起人。同时，发起行应立即将支付信息按规定的格式、标准转换为电子支付指令并逐笔加编地方密押，按小额贷记、事先授权借记和定期借记分类以联机或磁介质方式批量发送发报中心。

（2）发报中心收到发起人发来的支付指令，对收到的定期借记支付指令登记定期借记登记簿，逐笔加编系统密押，按规定的时间批量发送至全国处理中心。

（3）全国处理中心收到发报中心发来的支付指令，按收报中心所在接收行清分，批量发送收报中心。

（4）收报中心收到全国处理中心发来的支付指令逐笔加编地方密押，以联机或磁介质方式转发接收行，并对收到的定期借记支付指令登记定期借记登记簿。

（5）接收行收到小额贷记、事先授权借记、定期借记支付应分别贷记、借记接收人账户，并通知接收人。

（五）设置净借记限额进行风险控制

小额支付系统采取以中国人民银行为中央对手，对直接参与者设置净借记限额，实施风险控制。直接参与者以及所属间接参与者发起的贷记支付业务和借记支付业务回执只能在净借记限额内支付。净借记限额，是指小额支付系统为开立清算账户的直接参与者设定的、对其发生支付业务的净借记差额进行控制的最高额度。

小额支付系统对收到的贷记支付指令和借记业务回执，均需以付款清算行为对象进行净借记限额检查。系统将贷记支付指令或借记业务回执中的金额与付款清算行相应节点（NPC或CCPC）的净借记限额可用额度进行比较。贷记支付指令或借记业务回执金额小于等于净借记限额可用额度的，该业务通过净借记限额检查，实时纳入轧差并转发；大于净借记限额可用额度的，净借记限额检查失败，该业务做排队或退回处理。

针对已排队业务，直接参与者可以申请调增授信额度或质押品价值，或采取主动通过小额支付系统调增圈存资金的方法调增其净借记限额，也可以对本行在NPC和CCPC的净借记限额进行内部均衡，以满足净借记限额的要求。

## 第四节 跨境资金清算

随着经济全球化，国际贸易往来带来的国际结算业务不断扩大，国际资金清算不仅涉及境内银行的资金清算系统，更多涉及跨境资金的清算。从我国跨境资金清算的实践看，主要涉及两个通道：一是国际资金清算系统；二是人民币跨境清算系统。

### 一、国际资金清算系统

1.SWIFT系统简介

国际资金清算系统（SWIFT）由环球同业银行金融电讯协会管理，SWIFT的使用，使银行的结算提供了安全、可靠、快捷、标准化、自动化的通信业务，从而大大提高了银行的结算速度。SWIFT的设计能力是每天传输1 100万条电文，而当前每日传送500万条电文，这些电文划拨的资金以万亿美元计，它依靠的便是其提供的240种以上电文标准。SWIFT的电文标准格式，已经成为国际银行间数据交换的标准语言。

SWIFT自投入运行以来，以其高效、可靠、低廉和完善的服务，在促进世界贸易的发展，加速全球范围内的货币流通和国际金融结算，促进国际金融业务的现代化和规范化方面发挥了积极的作用。

2.SWIFT在我国的发展现状

SWIFT全称为环球同业银行金融电信协会支付系统。该系统于1973年5月成立，总部设在比利时的布鲁塞尔，主要为全球的银行及其他金融机构、企业提供安全的金融信息传输服务。

该系统创立之后，参与的银行数量迅速增加，1980年SWIFT与我国香港的银行联网。从1987年开始，非银行金融机构，包括经纪人、投资公司、证券公司和证券交易所等开始使用SWIFT。目前，SWIFT的报文传送平台、产品和服务对接了全球超过11 000家银行、证券机构、市场基础设施和企业用户，覆盖200多个国家和地区。

我国的中国银行于1983年加入SWIFT，是SWIFT组织的第1 034家成员行，并于1985年5月正式开通使用，随后各国有商业银行及上海和深圳的证券交易所也先后加入SWIFT。20世纪90年代后，所有办理国际银行业务的外资银行以及地方性银行纷纷加入SWIFT。1995年，SWIFT在北京和上海分别设立了访问点，分别与新加坡和中国香港的SWIFT区域处理中心主节点连接。

SWIFT于1999年在北京设立了办事处，对我国居民个人国际往来及企业间国际贸易往来的资金清算起了重要作用。

## 二、人民币跨境清算系统

随着人民币国际化进程的不断深入，跨境人民币各项政策的相继出台，跨境人民币业务规模不断扩大，人民币已成为中国第二大跨境支付货币和全球第四大支付货币，人民币跨境支付需求迅速增长。这对中国银行业而言机遇与挑战并存。

目前的跨境人民币清算有两种模式，即代理行模式和清算行模式。

1.代理行模式

代理行模式是成熟、广泛的国际贸易结算模式。这种模式是通过境外参加行在境内代理行开立人民币清算账户实现货币清算。在代理行模式下，境内代理行直接接入大额支付系统，境外参加行和境内代理行间的资金转移通过SWIFT传递跨境支付信息，然后通过大额支付系统进行清算。

2.清算行模式

为了进一步整合人民币支付结算渠道和资源，完善人民币跨境支付结算体系，提高跨境清算的效率，满足各主要时区的人民币业务发展需要，保证人民币跨境支付业务安全、稳定、高效进行，构建公平的市场竞争环境，中国人民银行于2012年组织开发独立的人民币跨境支付系统（CIPS）。在清算行模式下，港澳清算行直接接入大额支付系统，其他清算行通过其总行或者母行接入大额支付系统，所有清算行以大额支付系统为依托完成跨境及离岸人民币清算服务。

## 本章小结

根据我国支付清算需要，现行的支付清算分为两个重要的系统，即商业银行系统内的资金清算系统和中央银行现代化支付系统，其中中央银行的现代化支付系统无论是境内人民币的清算还是人民币跨境清算均发挥着极其重要的作用。其中，大额支付系统主要处理同城和异地的金额在规定起点以上的大额贷记支付业务和紧急的小额贷记支付业务。大额支付系统逐笔发送支付指令，全额实时清算资金，是中国现代化支付系统的重要组成部分。小额批量支付系统主要处理同城和异地纸质凭证截留的借记支付业务和小额贷记支付业务，支付指令批量发送，轧差净额清算资金，旨在为社会提供低成本、大业务量的支付清算服务。小额支付系统实行7×24小时连续运行，能支撑多种支付工具的使用，满足社会多样化的支付清算需求，成为银行业金融机构跨行支付清算和业务创新的安全高效的平台。

**综合训练**

1．多项选择题

（1）中国人民银行在国家支付清算活动中发挥的作用是（　　）。

A．主导作用　　B．监督作用

C．负责系统的建设和运行　　D．人才建设

E．政策和规制建设

（2）下列可以作为非现金支付工具的有（　　）。

A．银行支票　　B．银行汇票　　C．银行本票

D．商业承兑汇票　　E．银行承兑汇票

（3）根据清算系统的地域特征可以分为（　　）。

A．同城清算系统　　B．异地清算系统　　C．全额清算系统

D．差额清算系统　　E．大额清算系统

（4）采取批量发送支付指令轧差净额清算资金的系统是（　　）。

A．商业银行清算系统　　B．中国人民银行资金清算系统

C．小额支付清算系统　　D．大额支付清算系统

E．现代化支付系统

（5）"清算资金往来"账户的适用条件为（　　）。

A．发生往来的两个银行必须是同一系统的银行

B．发生往来的两个银行可以是跨系统的银行

C．两个系统内银行之间发生了任何业务往来

D．两个系统内银行之间发生了资金划拨关系

E．两个任意的银行之间发生了资金划拨关系

（6）以下符合"清算资金往来"账户的有（　　）。

A．属于资产负债共同性质　　B．可以记借方

C．可以记贷方　　D．只能记借方

E．只能记贷方

（7）大额支付系统处理的支付业务包括（　　）。

A．一般贷记支付业务　　B．即时转账业务　　C．普通借记支付业务

D．定期借记支付业务　　E．实时借记支付业务

（8）小额支付系统处理的业务有（　　）。

A．一般贷记支付业务　　B．即时转账业务　　C．普通借记支付业务

D．定期借记支付业务　　E．实时借记支付业务

第七章即测即评

2. 复习思考题

（1）商业银行系统内资金汇划清算的基本程序是什么？

（2）商业银行系统内资金汇划清算中发报经办行和清算行的账务如何核算？

（3）什么是中国人民银行现代化支付系统？主要由哪些系统构成？

（4）大额支付系统与小额支付系统有何区别？各自处理哪些支付业务？

（5）小额支付系统处理业务有哪几种分类？

（6）跨境人民币清算有哪几种模式？

# 第八章

## 金融机构往来的核算

### 本章导读

金融机构往来是商业银行由于执行货币政策、接受中央银行管理，以及办理业务与经营的需要而产生的商业银行相互之间的往来以及商业银行与中央银行之间的资金账务往来。在多元化金融体制下，金融机构往来既是必然的，也是必要的，它有助于资金在不同地区、不同行业、不同主体间流通，提高资金使用效率，可以为各类经济主体提供多样化的金融服务，满足企业融资投资的需要。通过金融机构往来，还可以将风险分散到多个领域及地区，降低风险对单一金融机构的冲击。金融机构之间的资金账务往来的内容较多，本章主要介绍商业银行通过中央银行准备金存款账户存取款项的核算；商业银行向中央银行办理再贴现业务的核算；商业银行之间办理异地转汇业务、同业拆借业务、票据交换业务的核算等。

### 基本概念

金融机构往来　再贴现　同城票据交换　跨系统转汇　同业拆借　转贴现

## 第一节　金融机构往来概述

### 一、金融机构往来的意义

金融机构往来是指金融机构相互之间的资金账务往来。广义的金融机构往来包括同一金融企业内部各机构间的资金账务往来、不同金融企业跨系统之间的资金账务往来以及金融企业与中央银行之间的资金账务往来。本章所述金融机构往来仅指金融企业与中央银行之间的资金账务往来以及金融企业跨系统之间的资金账务往来。

在我国多元化金融机构体制下，金融机构往来既是必然的，也是必需的。因为各金融企业每天要处理大量的资金收付业务，这些业务所反映的经济往来关系有着多样性、复杂性、广泛性的特点，有的业务由于收、付款方在同一个金融机构开立账户，因此在这一个机构内即可完成资金收付，而有的业务由于收、付款方不在同一个机构开立账户，因此，其资金收付要涉及两个或两个以上的金融机构才能完成，这就不可避免地要引起金融机构之间的资金账务往来。

我国中央银行作为“国家的银行”、“发行的银行”和“银行的银行”，其主要任务是负责拟定国家的金融政策、掌管国家的货币发行、经理国家金库，除此之外，还要对金融企业进行宏观调控，为此中央银行必须采用相应的手段，集中全国信贷力量，调剂各行资金；中央银行规定各金融企业经收的国家金库款以及财政性存款归中央银行所有，金融企业必须全部缴存中央银行；各金融企业吸收的一般存款也要按规定的比率缴存中央银行。这就发生了各金融企业与中央银行之间的资金往来。同时，我国信贷管理体制中还规定，各金融企业营运资金不足时，可按规定向中央银行申请再贷款、再贴现或向同业办理拆借。此外，各金融企业办理支付结算引起的汇划款项，也会形成与中央银行之间的资金往来。

可见，金融机构往来是现行金融机构体制和中国人民银行履行金融监管职能所必然产生的资金账务往来，它既是中国人民银行加强金融监管的重要手段，又是实现金融企业之间资金划拨和清算相互间资金存欠的工具。其内容各异，情况复杂，核算的环节多，会计部门必须根据不同的往来内容，按照相应的规定和要求，及时、准确、完整地进行核算反映。为了加强信贷资金管理，发挥中央银行的领导作用，各金融机构必须按规定在中央银行开立账户，金融机构往来引起的资金变化，都必须通过这个账户办理。

金融机构往来通过中央银行办理资金划拨并进行相应的核算和监督，既有利于中央银行对各金融企业的资金投向和信贷规模进行调节与控制，同时也有利于发挥各金融企业的职能作用，提高信贷资金的使用效益，调动各金融企业自主经营的积极性。这对于加强金融宏观控制，全面发挥金融企业的作用，搞活经济，促进商品生产的发展，加快社会主义现代化建设有着重要意义。

## 二、金融机构往来的核算要求

中央银行对全国信贷资金进行管理的重要经济手段之一，就是加强对金融机构往来的管理，这种管理要靠会计来进行，为此会计在核算中必须适应管理的需要，切实做到以下几点：

### （一）必须有利于加速各单位的资金周转

金融机构往来都是由工作上、业务上、资金上发生往来关系引起的，中央银行和各金融企业都必须严格执行全国统一的基本制度和各系统内的会计制度，在会计科目的设置上、凭证的使用上、报表的编制与汇总上都必须按制度规定办理，保证会计核算的统一性、衔接性。要树立全面观念，不能只图自己省事和自己方便，要考虑对方，在操作上密切配合，保证双方账务定时、定点按一定程序迅速传递，并及时予以转账。如有差错或不符，要及时查明情况，为对方提供便利，以加速社会各单位的资金周转。

（二）必须有利于中央银行对各金融企业的资金控制

为了加强信贷资金管理，中央银行对金融企业的存款账户应严格控制。金融企业到中央银行取款不得透支，发放贷款必须符合资产负债比例管理的规定。金融企业之间的同业拆借应恪守信用，通过双方在中央银行的账户办理转账，不得支取现金。中央银行与各金融企业之间的往来以及各金融企业之间的往来都是在及时划分各方资金的基础上进行的，相互往来的资金存欠必须及时清偿，要求各金融企业必须在中央银行保留足够的准备金存款，便于清算使用，如果在清算前资金不足，要采取措施及时调入资金，以防止相互拖欠。

（三）必须有利于金融企业资金的使用和账务处理

各金融企业对办理资金清算的同城和异地结算，必须按规定正确处理，对各种凭证的填写做到字迹清楚，内容完整，印章齐全。对凭证的传递要及时、迅速，便于中央银行正确无误地进行清算及账务处理，保证各金融企业的资金正常使用及账务处理。

**三、金融机构往来的内容**

（一）金融企业与中央银行的往来

金融企业与中央银行之间的往来主要包括金融企业向中国人民银行缴存和支取现金、缴存与调整应缴存的存款准备金、再贷款与再贴现、中国人民银行为金融企业转汇跨系统转账结算以及清算金融企业之间的资金存欠等。从上述业务内容来看，一类是由于中国人民银行行使中央银行职能，加强金融监管和金融宏观调控所要求的；另一类是在多元化金融机构体制下，中国人民银行作为“银行的银行”应该为商业银行提供清算服务而必然发生的资金账务往来。

根据制度规定，各金融企业实行独立核算的行处必须在中国人民银行开立准备金存款账户，以便通过中国人民银行办理有关业务。

（二）同业往来

同业往来是指金融企业之间由于办理跨系统结算、相互拆借等业务而引起的资金账务往来。其中，跨系统转账结算中的异地跨系统结算必须办理转汇，按照规定或者通过中国人民银行转汇，或者通过跨系统商业银行转汇，从而完成资金划拨。商业银行经营中也面临资金不足的情况，除了向中央银行借款，更简便、快捷的融资方式则是同业拆借，以及利用未到期已贴现的商业汇票进行转贴现，这也是近年来商业银行同业往来的主要内容。

## 第二节　与中央银行往来的核算

金融企业与中央银行往来的业务有很多，主要包括向中国人民银行缴存（调整）存款，向中央银行缴存或支取现金，向中国人民银行借款，通过中国人民银行异地汇划款项、同城票据交换等业务。

### 一、向中央银行缴存（调整）存款的处理

#### （一）缴存（调整）法定存款准备金的处理

1.法定存款准备金的管理内容

（1）法定存款准备金由各金融企业法人在法人所在地中国人民银行开立一个账户，统一缴存与考核。具体来说，国有商业银行、全国性的股份制商业银行，其法定存款准备金由各总行统一存入中国人民银行总行；交通银行与地方性的股份制商业银行，由各总行将法定存款准备金统一存入总行所在地的中国人民银行；城市信用社、农村信用社、信托投资公司、财务公司、金融租赁公司的法定存款准备金由法人统一存入当地中国人民银行。

（2）各金融企业在每日营业终了，自下而上逐级编制并汇总全行一般存款余额表，由法人统一汇总后报送法定存款准备金账户的开户中国人民银行，中国人民银行于每日营业终了按一般存款余额的一定比例（法定存款准备金率）考核法定存款准备金。

（3）各金融企业纳入法定存款准备金范围考核的一般存款包括：吸收的机关团体存款、财政预算外存款、个人储蓄存款、单位存款及其他各项存款。各金融企业按照规定的一般存款范围，定期按科目编制一般存款余额表，逐级汇总报送中国人民银行。

（4）各金融企业按法人统一存入中国人民银行的准备金存款低于一般存款余额的一定比例、各金融企业的分支机构在中国人民银行的准备金存款账户发生透支、金融企业不按时报送一般存款余额表的，均应按有关规定进行处罚。

2.法定存款准备金的核算

金融企业法人根据所属行处一般存款余额，向其法定存款准备金的开户中国人民银行办理缴存。缴存方法采取定期依据存款余额进行调整，即本期余额大于上期余额的差额乘以规定比例为本期调增额，本期余额小于上期余额的差额乘以规定比例为本期调减额。

当金融企业法人本期为调增时，会计分录为：

借：法定存款准备金

贷：存放中央银行款项

调减时会计分录相反。

法人（或总行）向中国人民银行缴存后，再按各一级分行一般存款余额计算其调增（减）额，向各一级分行收取（退回）法定存款准备金。调增时会计分录为：

借：系统内款项存放——××分行

贷：清算资金往来

调减时会计分录相反。

各一级分行收到总行清算报文后，进行账务处理。调增时会计分录为：

借：清算资金往来

贷：系统内上存款项

调减时会计分录相反。

各一级分行进行上述处理后，再依据各辖属市地行存款余额计算出调增（减）额，向各市地行收取（退回）法定存款准备金。调增时会计分录为：

借：系统内款项存放——××支（分）行

贷：清算资金往来

调减时会计分录相反。

市地行收到一级分行上述清算报文后，进行账务处理。调增时会计分录为：

借：清算资金往来

贷：系统内上存款项——上存一级分行备付金

调减时会计分录相反。

金融企业法人每日营业终了，法定存款准备金账户余额低于一般存款余额规定比例的，中国人民银行对不足部分按每日处以罚款。金融企业的会计分录为：

借：营业外支出——罚款支出户

贷：存放中央银行款项

（二）缴存财政性存款的核算

金融企业的各分支机构代办的国库业务吸收的中央预算收入、地方金库款和代理发行国债等存款都属于财政性存款，它是中国人民银行的资金来源，应全部划缴中国人民银行，一般是按旬调整，旬后5日内办理。

金融企业在初次缴存财政性存款后，即应按规定时间，根据财政性存款的增减变化，定期办理调整手续。存款增加即调增补缴，存款减少则调减退回。

1.调整缴存财政性存款的核算

金融企业按规定时间调整缴存财政性存款时，应按规定的调整范围，根据有关科目余额填制财政性存款科目余额表（参见表8–1），然后填制缴存（或调整）财政性存款划拨凭证一式四联（参见表8–2），据以计算调整数额，办理调整手续。

表8–1　**财政性存款科目余额表**

年　月　日

| 科目代号 | 余额<br>（位数） | 科目代号 | 余额<br>（位数） |
|---|---|---|---|
| | | | |
| | | | |
| | | | |
| | | | |
| 合计 | | | |

表8–2　**缴存（或调整）财政性存款**

**划拨凭证（借方凭证）**

年　月　日　字第　号

<table>
<tr><td rowspan="2">收受<br>银行</td><td>名称</td><td colspan="2">中国人民银行　行</td><td rowspan="2">缴存<br>银行</td><td>名称</td><td></td></tr>
<tr><td>账号</td><td colspan="2"></td><td>账号</td><td></td></tr>
<tr><td colspan="3">存款类别</td><td colspan="2">年　月　日余额</td><td>缴存<br>比例</td><td>应缴存金额</td></tr>
<tr><td colspan="3">财政性存款</td><td colspan="2"></td><td>%</td><td></td></tr>
<tr><td colspan="3"></td><td colspan="2"></td><td></td><td></td></tr>
<tr><td colspan="6">1.合计</td><td></td></tr>
<tr><td colspan="6">2.已缴存金额</td><td></td></tr>
<tr><td colspan="6">3.本次应补缴金额（1–2）</td><td></td></tr>
<tr><td colspan="6">4.本次应退回金额（2–1）</td><td></td></tr>
<tr><td colspan="4">上列缴存金额或补缴和应退回的金额，已按规定办理划转。</td><td>备注</td><td colspan="2">会计分录：<br>科目（借）________<br>对方科目（贷）________<br>会计　复核　记账</td></tr>
</table>

金融企业以划拨凭证第一、二联分别代转账贷方传票和转账借方传票，办理转账。如为调增补缴，会计分录为：

借：缴存中央银行财政性存款

　贷：存放中央银行款项

如为调减退回，则会计分录相反。

转账后，金融企业将各科目余额表一份留存，另一份随第三、四联划拨凭证送交中国人民银行审核转账。

2. 欠缴财政性存款的核算

金融企业定期调整缴存财政性存款时，如经计算为调增补缴，但准备金存款账户余额不足支付，其不足部分即为欠缴。以后调入资金，由中国人民银行一次扣收，不分次扣收。

金融企业调整缴存财政性存款发生欠缴时，亦应填制各科目余额表，根据本次实缴金额填制缴存财政性存款划拨凭证，将凭证内“本次应补缴金额”栏改作“本次能实缴金额”，并在凭证备注栏内注明本次应补缴金额和本次欠缴金额。对欠缴部分填制欠缴凭证一式四联（参见表8-3）。

表8-3 **财政性存款欠缴凭证**

| |
|---|
| 总字第　号 |
| 字第　号 |

<table>
<tr><td rowspan="2">收受银行</td><td>名称</td><td>中国人民银行　行</td><td rowspan="2">缴存银行</td><td>名称</td><td></td></tr>
<tr><td>账号</td><td></td><td>账号</td><td></td></tr>
<tr><td colspan="5" rowspan="2">欠缴存款类别</td><td>欠缴存款金额</td></tr>
<tr><td>（位数）</td></tr>
<tr><td colspan="5">本（上）次（　月　旬止）财政性存款欠缴金额</td><td></td></tr>
<tr><td colspan="3">上列缴存金额或补缴和应退回的金额，已按规定办理划转。</td><td>备注</td><td colspan="2">会计分录：<br>科目（借）________<br>对方科目（贷）________<br>会计　　复核　　记账</td></tr>
</table>

对实缴和欠缴部分应分别进行账务处理。实缴部分的会计处理与调增补缴相同。对欠缴部分，将欠缴凭证第一、二联妥善保管，另填制表外科目收入传票。其会计分录为：

收入：待清算凭证

然后将欠缴凭证第三、四联与划拨凭证第三、四联及各科目余额表一并送交中国人民银行。中国人民银行待金融企业准备金存款账户有足够资金时，应立即将欠缴存款收回。

金融企业收到中国人民银行扣收欠缴存款的特种转账传票后，应以原来保存的欠缴凭证第一、二联作转账贷、借方传票办理转账。其会计分录为：

借：缴存中央银行财政性存款

　贷：存放中央银行款项

填制表外科目付出传票，会计分录为：

付出：待清算凭证

同时，根据中国人民银行送来的两联罚款的特种转账传票，办理转账。其会计分录为：

借：营业外支出——罚款支出

　贷：存放中央银行款项

3.迟缴、少缴的处理

（1）迟缴。金融企业未在规定的时间内办理补缴财政性存款即为迟缴，按迟缴天数、应补缴存款金额及罚息率计收罚息。计算公式如下：

应收迟缴罚息=应补缴存款金额×逾期天数×罚息日利率

迟缴罚息的核算手续同欠缴罚息的核算手续。

（2）少缴。根据金融企业报送的有关划缴财政性存款报表，核实应划缴款数大于实划缴款数时即为少缴。发现少缴应通知金融企业立即填制“调整划缴款划缴凭证”补缴差额数。按如下规定进行账务处理：

对少缴部分，从最后调整日起至补缴日止（算头不算尾）按罚息率计收罚息。计算公式如下：

应收少缴罚息=少缴金额×少缴实际天数×罚息日利率

少缴罚息的核算手续与欠缴罚息的核算手续相同。

## 二、向中央银行缴存（支取）现金的处理

金融企业向中国人民银行支取和缴存现金必然会引起中国人民银行的货币发行或货币回笼。

### （一）金融企业向中国人民银行支取现金的核算

金融企业向当地中国人民银行发行库提取现金时，由管库员根据库存现金情况，提出提取现金数额，由出纳人员签发中国人民银行“现金支票”，经出纳负责人、主管领导审批签字以及会计主管审核后，加盖预留印鉴，交提款人到中国人民银行发行库提取现金。

中国人民银行会计部门根据金融企业提交的现金支票，凭以填制发行基金往来科目现金收入传票交发行库。发行库填制出库凭证凭以出库，并登记发行

基金库存簿。

金融企业取回现金后，应立即交管库员办理现金入库手续。管库员要逐捆卡把点清总数，与凭证核对无误后，填制“现金入库票”一式两联，一联留存凭以登记“库存现金登记簿”，一联交出纳人员。出纳人员根据“现金支票”存根联和“现金入库票”，登记“现金收入日记簿”。“现金支票”存根联交会计部门作贷方记账凭证，“现金收入日记簿”和一联“现金入库票”作借方凭证的附件。其会计分录为：

借：库存现金

　贷：存放中央银行款项

（二）金融企业向中国人民银行缴存现金的核算

金融企业向中国人民银行缴存现金时，由管库员根据缴存现金数额，填制中国人民银行“现金缴款单”一式三联（参见表8-4）和“现金出库票”一式两联，经出纳负责人和主管领导审查签字后，据以办理出库手续。现金出库时，管库员按出库票的券别、金额配款相符后，现金和两联“现金缴款单”一并点交缴款人。缴款人持单押款到中国人民银行发行库办理现金缴存手续。发行库将款项收妥后，将缴款单回单联退缴款行，同时填制发行基金入库凭证，办理入库手续。

表8-4　　　　　　　　现金缴款单（收入凭证）②

年　月　日　　　　总字第　　号　　现金日记账顺序　号

<table>
<tr><td rowspan="2">缴款人</td><td>全称</td><td colspan="7"></td><td colspan="4">款项来源</td><td colspan="4"></td></tr>
<tr><td>账号</td><td colspan="7"></td><td colspan="4">缴款部门</td><td colspan="4"></td></tr>
<tr><td colspan="7" rowspan="2">人民币<br>（大写）：</td><td>千</td><td>百</td><td>十</td><td>万</td><td>千</td><td>百</td><td>十</td><td>元</td><td>角</td><td>分</td></tr>
<tr><td></td><td></td><td></td><td></td><td></td><td></td><td></td><td></td><td></td><td></td></tr>
<tr><td>券别</td><td>张数</td><td>十</td><td>万</td><td>千</td><td>百</td><td>十</td><td>元</td><td>券别</td><td>张数</td><td>千</td><td>百</td><td>十</td><td>元</td><td>角</td><td>分</td><td>会计分录：</td></tr>
<tr><td>一百元</td><td></td><td></td><td></td><td></td><td></td><td></td><td></td><td>一元</td><td></td><td></td><td></td><td></td><td></td><td></td><td></td><td rowspan="3">（贷）<br>对方科目：<br>（借）</td></tr>
<tr><td>五十元</td><td></td><td></td><td></td><td></td><td></td><td></td><td></td><td>五角</td><td></td><td></td><td></td><td></td><td></td><td></td><td></td></tr>
<tr><td>十元</td><td></td><td></td><td></td><td></td><td></td><td></td><td></td><td>二角</td><td></td><td></td><td></td><td></td><td></td><td></td><td></td></tr>
<tr><td>五元</td><td></td><td></td><td></td><td></td><td></td><td></td><td></td><td>一角</td><td></td><td></td><td></td><td></td><td></td><td></td><td></td><td rowspan="2">会计　复核　记账　出纳</td></tr>
<tr><td>二元</td><td></td><td></td><td></td><td></td><td></td><td></td><td></td><td>分币</td><td></td><td></td><td></td><td></td><td></td><td></td><td></td></tr>
</table>

现金缴存后，金融企业缴款员将中国人民银行签章退回的“现金缴款单”回单联交管库员。管库员审查无误后，一联出库票凭以登记“库存现金登记簿”，另一联连同“现金缴款单”回单联交出纳员。出纳员凭以登记“现金付出日记簿”后，“现金缴款单”回单联交会计部门作借方凭证，“现金付出日记簿”和一联出库票作贷方记账凭证的附件。其会计分录为：

借：存放中央银行款项

　贷：库存现金

**三、向中央银行借款的核算**

向中央银行借款，是金融企业解决资金不足的一种办法。对中央银行来说，向商业银行及其他金融机构发放再贷款，是其向市场投放基础货币的主要渠道之一。中央银行通过对金融机构实施贷款额度控制，可以调节基础货币供应量。通过对贷款利率的调整，影响市场利率，进而影响商业银行信贷扩张能力和社会的货币需求。

（一）向中央银行借款的种类

1.按资金用途划分

目前我国中央银行向金融企业的再贷款按照资金用途可以分为四类：流动性再贷款、信贷政策支持再贷款、金融稳定再贷款、专项政策性再贷款。

其中，流动性再贷款，是指用于金融机构头寸调节和短期流动性支持的再贷款（不包括中小金融机构再贷款）。信贷政策支持再贷款则包括支农再贷款、支小再贷款和抵押补充贷款。支小再贷款发放对象为小型城市商业银行（按中国人民银行统计标准确定）、农村商业银行、农村合作银行和村镇银行等四类金融机构，用途为支持以上金融机构发放小微企业贷款。抵押补充贷款主要用于支持三家政策性银行发放棚改贷款、重大水利工程贷款及人民币“走出去”项目贷款等。金融稳定再贷款主要包括地方政府向中央专项借款、紧急贷款等风险处置类再贷款。专项政策性再贷款主要是针对中国农业发展银行粮棉油收购与储备贷款、金融资产管理公司不良贷款收购贷款，以及对商业银行发放的用于指定用途的再贷款。

2.按期限划分

中央银行向金融机构的再贷款按期限可分为短期再贷款和中长期再贷款。短期再贷款包括信用贷款，即以商业银行的信誉而对其发放的短期再贷款。质押贷款，指以商业银行持有的有价证券，如国库券、中国人民银行融资券、中国人民银行特种存款凭证、金融债券和银行承兑汇票作质押，而对其发放的短期再贷款。短期再贷款划分为3个月以内、20天以内和7天以内三个期限档次。

中长期再贷款主要有支农贷款、紧急贷款等。支农贷款最长不能超过1年，可展期累计不超过2年。紧急贷款最长期限2年，可展期一次且不得超过原贷款期限。

（二）向中央银行借款的核算

1.向中央银行借款

金融企业根据资金运用情况向中国人民银行申请借款时，借款人应填制借款凭证（参见表8-5），并在加盖借款人的公章和法定代表人或单位负责人的签章后，提交当地中国人民银行开户行。

表8-5 （ 贷款）借款凭证（申请书代借据）

日期 年 月 日

<table>
<tr><td rowspan="3">收款单位</td><td>名 称</td><td></td><td rowspan="3">借款单位</td><td>名 称</td><td colspan="11"></td></tr>
<tr><td>往来户账号</td><td></td><td>放款户账号</td><td colspan="11"></td></tr>
<tr><td>开户银行</td><td></td><td>开户银行</td><td colspan="11"></td></tr>
<tr><td colspan="16">借款期限（最后还款日）： 年 月 日 借款计划指标：</td></tr>
<tr><td colspan="6" rowspan="2">借款申请金额人民币（大写）：</td><td>千</td><td>百</td><td>十</td><td>万</td><td>千</td><td>百</td><td>十</td><td>元</td><td>角</td><td>分</td></tr>
<tr><td></td><td></td><td></td><td></td><td></td><td></td><td></td><td></td><td></td><td></td></tr>
<tr><td colspan="3" rowspan="2">借款原因及用途</td><td colspan="3" rowspan="2">银行核定金额：</td><td>千</td><td>百</td><td>十</td><td>万</td><td>千</td><td>百</td><td>十</td><td>元</td><td>角</td><td>分</td></tr>
<tr><td></td><td></td><td></td><td></td><td></td><td></td><td></td><td></td><td></td><td></td></tr>
<tr><td>期限</td><td>计划还款日期</td><td>计划还款金额</td><td colspan="13" rowspan="5"></td></tr>
<tr><td>1</td><td></td><td></td></tr>
<tr><td>2</td><td></td><td></td></tr>
<tr><td>3</td><td></td><td></td></tr>
<tr><td>4</td><td></td><td></td></tr>
</table>

中国人民银行计划部门对受理的再贷款申请，应认真进行审查；对单笔金额较大的贷款申请，应建立集体审批制度；中心支行对超过审批权限的贷款申请，应提出审查意见，报分行审批。

对审查批准的再贷款申请，应与借款人签订《借款合同》。对于发放质押贷款的，还应同时签订《质押担保合同》。中国人民银行计划部门审核无误后，签署意见。会计营业部门应凭《借款合同》、贷款额度通知书办理贷款发放处理手续。

借款的金融企业取得贷款后，以中国人民银行退回的第三联借款凭证代转账借方传票，并另编制转账贷方传票进行转账。其会计分录为：

借：存放中央银行款项

　贷：向中央银行借款

2.归还中央银行借款

借款人应当按照借款合同规定，按时足额归还贷款本息。在贷款到期时，应主动填制一式四联还款凭证（参见表8-6），加盖预留印鉴后提交中国人民银行办理贷款归还手续。

表8-6　**（　　贷款）还款凭证（支款凭证）**

日期　　年　　月　　日

<table>
<tr><td rowspan="3">借款行</td><td>名　称</td><td></td><td rowspan="3">付款行</td><td>名　称</td><td colspan="10"></td></tr>
<tr><td>往来户账号</td><td></td><td>贷款户账号</td><td colspan="10"></td></tr>
<tr><td>开户银行</td><td></td><td>开户银行</td><td colspan="10"></td></tr>
<tr><td colspan="2">计划还款日期</td><td>年　月　日</td><td colspan="2">还款次序</td><td colspan="10">第　次还款</td></tr>
<tr><td colspan="2" rowspan="2">偿还金额</td><td colspan="3" rowspan="2">人民币（大写）：</td><td>千</td><td>百</td><td>十</td><td>万</td><td>千</td><td>百</td><td>十</td><td>元</td><td>角</td><td>分</td></tr>
<tr><td></td><td></td><td></td><td></td><td></td><td></td><td></td><td></td><td></td><td></td></tr>
<tr><td colspan="15">还款内容</td></tr>
<tr><td colspan="3">由借款行账户内转还上述借款额<br><br>（借款行预留印鉴）</td><td colspan="12">会计分录：<br>（借）________<br>对方科目（贷）________<br>会计　复核　记账</td></tr>
</table>

中国人民银行会计部门审查还款凭证上的印鉴无误，抽出原借款凭证第五联“贷款到期卡”核对内容一致后，办理收回贷款本息的账务。转账后，分别登记借款行的存、贷款分户账，并将第四联还款凭证退交借款行，第三联还款凭证由计划部门保管。

借款的金融企业收到中国人民银行退回的还款凭证第四联代准备金存款账户的贷方传票，另编制贷款账户的转账借方传票办理转账。其会计分录为：

借：向中央银行借款

金融企业往来支出——中央银行往来支出户

贷：存放中央银行款项

对逾期的短期再贷款，中国人民银行将从借款人准备金存款账户扣收贷款本息，借款人按照逾期贷款利率计付利息。如果是质押贷款发生逾期，中国人民银行将依法处置作为贷款权利凭证的有价证券用于偿还贷款本息。

（三）再贴现业务的核算

再贴现是金融企业以已贴现尚未到期的商业汇票转让给中国人民银行，中国人民银行从汇票面额中扣除从再贴现之日起到票据到期日止的利息后，以其差额向金融企业融通资金的业务。再贴现业务是中国人民银行为了支持金融企业发展贴现业务而对金融企业开办的融资业务。从对金融企业融通资金的角度来看，再贴现与再贷款具有同样的作用，但却比再贷款更为灵活。首先，再贴现是以商业票据为基础，而商业票据是以商品交易为基础的，因而再贴现能使货币投放与商品流通相结合，在商业行为结束时即可收回票款，有利于保持货币流通与商品流通相适应。其次，再贴现的票据无论是商业承兑汇票还是银行承兑汇票，票据的出票人、付款人、承兑人都负有到期无条件付款的责任，使得到期收回再贴现票款有了保证。最后，中国人民银行可以通过再贴现率的调整，影响金融企业对其他企业办理贴现业务，从而达到放松或紧缩银根的目的。因此，再贴现是中国人民银行调节货币供应量与加强宏观调控的重要手段。

中国人民银行办理再贴现的对象是在中国人民银行开立账户的金融企业。再贴现的金额以再贴现的票据面额为准，扣除再贴现利息后，将其差额作为实付再贴现额支付给申请再贴现的金融企业。再贴现期限从再贴现之日起至汇票到期日止。

1.办理再贴现的核算

金融企业向中国人民银行申请再贴现时，应填制一式五联再贴现凭证，与商业承兑汇票或银行承兑汇票一并提交中国人民银行。

中国人民银行计划部门审核同意签署意见后，将再贴现凭证与汇票转送会计部门。会计部门应审查再贴现凭证与所附汇票的面额、到期日等有关内容是否一致。相符后，按规定的再贴现率计算出再贴现利息和实付再贴现金额。其计算公式如下：

再贴现利息=汇票金额×再贴现天数×日再贴现率

实付再贴现金额=汇票金额-再贴现利息

然后，将计算的再贴现利息和实付再贴现金额填入再贴现凭证中，以第一、二、三联再贴现凭证代传票办理转账。第四联再贴现凭证退还金融企业，第五联再贴现凭证和再贴现票据，一并按到期日顺序排列保管，并定期与再贴现科目账户余额核对。

金融企业收到中国人民银行退回的第四联再贴现凭证，据以编制特种转账借方、贷方传票，以第四联再贴现凭证作附件，办理转账。其会计分录为：

借：存放中央银行款项

　　金融企业往来支出——中央银行往来支出户

　贷：贴现资产——××汇票贴现户

2.再贴现到期收回的核算

再贴现汇票到期，再贴现中国人民银行作为持票人直接向付款人收取票款。再贴现中国人民银行在汇票背面背书栏加盖结算专用章及授权经办人的签名或印章，注明“委托收款”字样，同时填制委托收款凭证并注明汇票种类和号码，委托收款凭证与汇票一并交付款人办理收款。付款人在异地的，应在汇票到期前，匡算至付款人的邮程，提前办理委托收款。第二联委托收款凭证与再贴现凭证一并暂存，待款项划回后，凭以处理账务。

如果再贴现中国人民银行收到付款人开户银行或承兑银行退回的委托收款凭证、汇票和拒付理由书或付款人未付款项通知书后，应追索票款，从申请再贴现的金融企业账户收取，并将汇票和拒付理由书或付款人未付款项通知书交给申请再贴现的金融企业。

## 四、同城票据交换与清算

同城票据交换，是指同城的各商业银行（包括郊区县和毗邻地区各银行）定时、定点集中交换相互代收、代付的票据，及时处理账务并清算存欠，是实现同城行处往来的重要手段。票据交换的银行均应在中央银行开立备付金存款账户，通过该账户进行各行存欠资金的清算。

随着商品交易日益发展，同城结算业务随之增加，大量的结算业务收、付款人不在同一行开户，通过同城票据交换，有利于简化核算手续，提高银行工作效率，缩短资金清算时间，加速资金周转。

### （一）同城票据交换的基本做法

同城票据交换一般由中国人民银行主持，设置票据交换所，并派总清算员组织资金清算。参加同城票据交换的银行（称为清算行）须经中国人民银行批准并核发交换行号，方可按规定时间参加交换。一般每一营业日规定两场交换，上午和下午各一场。

交换票据时，可分为提出行和提入行两个系统。向他行提出票据的行称提出行，应提交他行清算的票据为提出票据；提回票据的行称为提入行，提交本行清算的票据为提入票据。参加票据交换的各清算行都可能在提出交换票据的同时，也收到对方提交的票据，因而既是提出行又是提入行。

各行提出交换的票据有两类：收到在本行开户的收款单位提交的应由他行开户单位付款的票据，称为借方票据或代付票据，如同城委托收款结算凭证等；收到在本行开户单位提交的委托本行向他行开户单位付款的票据，称为贷方票据或代收票据，如汇兑结算凭证、支票、银行本票等。

（二）同城票据交换的核算

参加票据交换的行处按规定的交换场次和时间参加票据交换时，应将提出的代收、代付票据，按提入行分别填制“票据交换借方汇总表”和“票据交换贷方汇总表”一式两联，一联与所提出的票据一并提出交换，另一联留存作传票或传票附件。

1.交换提出

（1）对提出的代收票据，会计分录为：

借：吸收存款——付款人活期存款户

　贷：待清算票据款项（或有关科目）

（2）对提出的代付票据，会计分录为：

借：待清算票据款项（或有关科目）

　贷：其他应付款——提出交换专户

退票时间过后，对他行未退回的代付票据为收款人进账，会计分录为：

借：其他应付款——提出交换专户

　贷：吸收存款——收款人活期存款户

对他行退回的代付票据，应将已退回的票据及收款人的其他有关凭证等一并退给收款人。其会计分录为：

借：其他应付款——提出交换专户

　贷：待清算票据款项（或有关科目）

2.交换票据

票据交换员将提出的票据在规定时间内提交给中央银行票据交换所，并核对他行提交的借（贷）方票据清单的笔数、金额是否与所属票据相符，是否属于本行票据。然后将本场本行提入借方票据和贷方票据的笔数、金额合计，反方向填写“提入借（贷）票据汇总计数单”，并计算本行应收金额和应付金额。其中，应收金额等于提出借方票据金额与提入贷方票据金额之和；应付金额等于提出贷方票据金额与提入借方票据金额之和。如果应收金额大于应付金额，即为应收差额；反之，为应付差额。

同时，交换所也根据各行输（交）来的数据，通过计算机进行分类汇总，轧计出交换行本场票据交换中应收金额、应付金额及应收或应付差额，并将有关数据打印出来交给各行的交换员进行核对。

各行交换员将已汇总的应收金额、应付金额及应收或应付差额与交换所打印的相应数据进行核对一致后，填列“同城票据清算划收（划付）专用转账凭证”一式四联。其中两联交票据交换所划拨转账清算差额，另两联带回本行进行账务处理。

3.交换提入

在票据交换中，提回的票据通常有两种：一是收款单位在本行开户的贷方票据；二是付款单位在本行开户的借方票据。提入行根据提回的借、贷方票据以及“提入借（贷）票据汇总计数单”办理转账。

（1）对提回的贷方票据，可以直接办理转账，会计分录为：

借：待清算票据款项（或有关科目）

　贷：吸收存款——收款人活期存款户

提回的贷方票据如果因其他原因不能进账，应办理退票，会计分录为：

借：待清算票据款项（或有关科目）

　贷：其他应付款——退票专户

（2）对提回的借方票据，若付款单位有足够的资金支付，则会计分录为：

借：吸收存款——付款人活期存款户

　贷：待清算票据款项（或有关科目）

若付款单位账户资金不足支付或因票据要素错误无法办理支付，则应办理退票，会计分录为：

借：其他应收款——退票专户

　贷：待清算票据款项（或有关科目）

并将待退的借方票据专夹保管，以便下场交换时，退交原提出行。

4.清算差额

当提出、提入的贷方票据和借方票据全部记入“待清算票据款项”科目后，该科目的余额应与本次通过中国人民银行划转存款的金额一致，应收、应付的方向也一致。各行以提回的“同城票据清算划收（划付）专用转账凭证”分别代替借、贷方记账凭证办理转账，结清“待清算票据款项”科目的余额。

（1）若本次交换为应付差额，会计分录为：

借：待清算票据款项（或有关科目）

　贷：存放中央银行款项

（2）若本次交换为应收差额，会计分录为：

借：存放中央银行款项

　贷：待清算票据款项（或有关科目）

（三）同城票据交换退票的处理

票据交换业务要坚持“先付后收，收妥抵用，银行不垫款”的原则。当提入行提入有错误的票据，如账号与户名不符、大小写金额不一致、付款人账户资金不足支付等，均要办理退票。

各行在办理退票时，应在规定的退票时间内电话通知原提出行，并将待退票据视同提出票据列入下次清算。由于待退票据款项已列入本次清算差额，为保持本次“待清算票据款项”科目余额与清算差额一致，便于账务平衡，对待退票据款项应列入“其他应收款”或“其他应付款”科目核算。退票时，填制“退票理由书”一式三联，一联留存本行作应收或应付科目的转账传票，另两联附退票票据于下次票据交换时退回原提出行。

1.退票行的处理

（1）退票行退回借方票据时，会计分录为：

借：待清算票据款项（或有关科目）

　贷：其他应收款——退票专户

（2）退回贷方票据的会计分录为：

借：其他应付款——退票专户

　贷：待清算票据款项（或有关科目）

2.原提出行的处理

原提出行接到退票行的电话通知或退回的票据后，核对票据交换登记簿确认属于本行提出的票据，在登记簿上注明退票的理由、时间。当收到退票行“退票理由书”时，据以填制特种转账传票办理账务。

（1）对于退回的借方票据，会计分录为：

借：其他应付款——退票专户

　贷：待清算票据款项（或有关科目）

（2）对于退回的贷方票据，会计分录为：

借：待清算票据款项（或有关科目）

　贷：吸收存款——原付款人活期存款户

# 第三节　同业往来业务的核算

同业往来就是商业银行跨系统之间，由于办理结算、相互拆借及代收、代付款项等业务和相互融通资金所引起的资金账务往来。

随着商品经济的发展，国民经济各部门、各单位之间的商品交易、劳务供应、资金调拨等经济活动所引起的货币结算，都必须而且必然通过银行办理。但是，由于收、付款单位开户银行不同，这些业务必然要引起银行之间的资金账务往来。如果收、付款单位开户行为同一系统行处，可以通过系统内联行往来划拨资金；如果收、付款单位开户行为不同的商业银行系统，则要引起不同银行系统之间的资金往来。根据自主经营、独立核算的要求，这种跨系统商业银行之间往来的资金必须及时清算，并且只能通过中央银行办理清算。同时，中央银行作为银行的银行，也应该为商业银行提供资金清算服务。

## 一、同业往来账户及其管理

### （一）同业往来账户的种类及内容

同业往来账户也称同业银行结算账户，是指银行业金融机构为境内其他银行开立的、与本银行或者第三方发生资金划转的人民币银行存款账户。

根据《中国人民银行关于加强银行业金融机构人民币同业银行结算账户管理的通知》，同业银行结算账户按照用途分为结算性和投融资性两类。结算性同业银行结算账户是指用于代理现金解缴、代理支付结算等支付结算业务的账户；投融资性同业银行结算账户是指用于同业存款（结算性存款除外）、同业借款、买入返售（卖出回购）、同业投资等融资和投资业务的账户。

### （二）同业银行结算账户的开立及使用

存款银行分支机构在其他银行开立同业银行结算账户应当逐户获得本银行一级法人的书面授权。存款银行一级法人应当以正式发文形式，明确分支机构开立同业银行结算账户的开户银行、账户名称、用途以及经办人员等。投融资性同业银行结算账户原则上应当由存款银行一级法人和一级分行开立，二级分行确有开立需要的，应当由一级法人进行授权，不得转由一级分行授权。存款银行支行及以下分支机构不得开立投融资性同业银行结算账户，不得异地开立同业银行结算账户。

存款银行申请开立同业银行结算账户时，除按照《人民币银行结算账户管理办法》等银行账户制度规定出具有关开户证明文件外，应当出具银行业监督管理部门颁发的金融许可证和经营范围批准文件。开户银行应当采取首次开户面签制度、双人复核制度，联网核查，向公安机关、税务和银行业监督管理部门查询等多种措施对开户证明文件的真实性、完整性和合规性进行查询。对存款银行开户意愿的真实性可以采取两种方法进行核实：一是通过大额支付系统向存款银行一级法人进行核实；二是到存款银行上门核实或者通过本银行在异地的分支机构上门核实。

存款银行应当根据账户管理协议的约定使用同业银行结算账户，不得违规和超范围使用同业银行结算账户。对于久悬账户，因业务开展需要等特殊情况的，可以不予撤销，但应当停止账户支付，停止支付时间超过5年的，应当销户。

开户银行应当严格执行年检制度。对于不符合开立条件的，应当立即停止支付，并通知存款银行办理销户手续。对账户使用存在可疑情形的，应当及时联系存款银行进行核实，并在2个工作日内向中国人民银行当地分支机构报告。

## 二、异地跨系统转汇的处理

跨系统转汇是指由于客户办理异地结算业务而引起的各商业银行之间相互汇划款项的业务。目前异地跨系统汇划款项除可通过中国人民银行转汇外，还可以通过跨系统商业银行转汇。

通过跨系统商业银行转汇，根据各地商业银行机构的设置情况可以有以下几种处理方法：

### （一）汇出行所在地为双设机构地区

双设机构地区是指汇出行所在地设有汇入行系统内的银行机构。当跨系统汇划款项业务发生时，汇出行将汇划款项凭证提交跨系统转汇行办理转汇，由转汇行通过本系统联行将款项划往汇入行，即采取“先横后直”的转汇方法。

汇出行根据客户提交的汇款凭证，分别不同系统的汇入行逐笔填制“转汇清单”，直接或通过同城票据交换交同城跨系统转汇行办理转汇。其会计分录为：

借：吸收存款——汇款人活期存款户

　　贷：存放中央银行款项（或存放同业款项）

转汇行收到汇出行划转来的凭证和清单，经审查无误后，通过本系统联行将款项划往异地汇入行转入收款人账户。其会计分录为：

借：存放中央银行款项（或存放同业款项）

　　贷：清算资金往来（或有关科目）

汇入行收到本系统划来的联行报单及有关结算凭证，经审核无误后，为收款单位入账。其会计分录为：

借：清算资金往来（或有关科目）

　贷：吸收存款——收款人活期存款户

（二）汇出行所在地为单设机构地区，汇入行所在地为双设机构地区

异地跨系统转汇业务发生时，汇出行应将跨系统汇划款项先通过本系统联行划转汇入行所在地的系统内转汇行，由转汇行转划给汇入行，即采取“先直后横”的转汇方法，资金存欠由汇入地中国人民银行清算。

汇出行根据客户提交的汇款凭证填制联行报单，通过联行往来将款项划转异地本系统的转汇行，由其直接或通过票据交换提交汇入行转入收款人账户。其会计分录为：

借：吸收存款——汇款人活期存款户

　贷：清算资金往来（或有关科目）

转汇行收到本系统汇出行划来的联行报单及结算凭证，经审核无误后，直接或通过票据交换向跨系统汇入行办理转划。其会计分录为：

借：清算资金往来（或有关科目）

　贷：存放中央银行款项（或存放同业款项）

汇入地中国人民银行将款项从转汇行准备金账户转入汇入行准备金账户。

汇入行收到转汇行划转的款项，为收款单位入账。其会计分录为：

借：存放中央银行款项（或存放同业款项）

　贷：吸收存款——收款人活期存款户

（三）汇出行、汇入行所在地均为单设机构地区

汇出行、汇入行所在地均为单设机构地区，在办理跨系统汇划款项时，应通过附近双设机构地区的商业银行办理转汇。汇出行先通过本系统联行划转双设机构地区的系统内银行（代转汇行），由其向跨系统银行（转汇行）办理划转，跨系统银行通过联行划转汇入行转入收款人户，即采取“先直后横再直”的办法，资金由转汇行所在地的中国人民银行清算。

### 三、同业拆借业务的处理

（一）同业拆借业务基本规定

根据中国人民银行《同业拆借管理办法》的规定，同业拆借是指经中国人民银行批准进入全国银行间同业拆借市场的金融机构之间，通过全国统一的同业拆借网络进行的无担保资金融通行为。全国统一的同业拆借网络主要包括全国银行间同业拆借中心的电子交易系统、中国人民银行分支机构的拆借备案系统及中国人民银行认可的其他交易系统。

为保证拆借业务的正常进行，促使拆借资金的合理运用，凡参与同业拆借

的金融机构必须遵守有关规定：

（1）可以申请进入同业拆借市场的金融机构必须是满足中国人民银行规定条件的各类金融机构，包括政策性银行、商业银行、城乡合作社及财务公司、信托公司等非银行金融机构。

（2）同业拆借交易以询价方式进行，自主谈判、逐笔成交。同业拆借利率由交易双方自行商定。金融机构进行同业拆借交易，应逐笔订立交易合同。交易合同的内容应当具体明确，详细约定同业拆借双方的权利和义务。

（3）同业拆借业务应纳入全机构统一授信体系，由总部自上而下实施授权管理，不得办理无授信额度或超授信额度的同业拆借业务。

（4）商业银行同业拆借的拆入资金用途应符合《中华人民共和国商业银行法》的有关规定。

（5）同业拆借的资金清算涉及不同银行的，应直接或委托开户银行通过中国人民银行大额实时支付系统办理。同业拆借的资金清算可以在同一银行完成的，应以转账方式进行。任何同业拆借清算均不得使用现金支付。

（6）同业拆借的期限在符合以下规定的前提下，由交易双方自行商定：各类商业银行、合作社拆入资金的最长期限为1年；金融资产管理公司、金融租赁公司、汽车金融公司、保险公司拆入资金的最长期限为3个月；企业集团财务公司、信托公司、证券公司、保险资产管理公司拆入资金的最长期限为7天。同业拆借到期后不得展期。

（7）中国人民银行对金融机构同业拆借实行限额管理。政策性银行的最高拆入限额和最高拆出限额均不超过该机构上年末待偿还金融债券余额的8%；中资商业银行、城市信用合作社、农村信用合作社县级联合社的最高拆入限额和最高拆出限额均不超过该机构各项存款余额的8%；外商独资银行、中外合资银行的最高拆入限额和最高拆出限额均不超过该机构实收资本的2倍。中国人民银行可以根据市场发展和管理的需要调整金融机构的同业拆借资金限额。

（二）同业拆借业务的核算

同业拆借可以在同城金融机构间进行，也可在异地金融机构间进行。无论同城还是异地，如果拆借双方的开户行涉及不同银行的，应直接或委托开户银行通过中国人民银行大额支付系统办理资金清算。

1.通过大额支付系统进行拆借的核算

（1）资金拆借的处理

拆放机构以拆入机构借据为依据，向中国人民银行填交进账单及转账支票，并编制特种转账借贷传票予以转账。其会计分录为：

借：拆放××同业款项

　贷：存放中央银行款项

中国人民银行分行收到进账单及转账支票后，以此两种凭证代转账借贷传票，将款项从拆放机构准备金账户转入拆入机构准备金账户，转账后将进账单回单联转交拆入机构。

拆入机构根据进账单回单联，编制特种转账借贷传票各一联，进行账务处理。其会计分录为：

借：存放中央银行款项

　贷：××同业拆入款项

（2）到期归还借款的处理

金融机构之间的资金拆借应恪守信用，履约还款。拆入机构归还借款时，应按同期限档次的拆借利率计算应付利息，将本息一并通过中国人民银行划转拆出机构。

拆入机构归还到期借款时，应根据本息金额填制进账单和转账支票送往中国人民银行，并根据中国人民银行退还的进账单回单联及支票存根，编制特种转账借方传票两联，贷方传票一联，办理转账。其会计分录为：

借：××同业拆入款项

　　金融企业往来支出——同业拆借利息支出

　贷：存放中央银行款项

中国人民银行收到借款机构归还借款的进账单和转账支票，作为记账传票办理转账，将款项从拆入机构准备金账户转入拆放机构准备金账户，转账后将进账单收账通知转交拆放机构。

拆出机构根据进账单回单联，编制特种转账借方传票一联，贷方传票两联，予以转账。其会计分录为：

借：存放中央银行款项

　贷：拆放××同业款项

　　金融企业往来收入——同业拆借利息收入

2.通过银行转账方式办理拆借的核算

根据中国人民银行《同业拆借管理办法》的规定，如果拆借业务涉及同一系统银行的，则可以通过转账方式，资金清算在行内清算系统进行。

（1）资金拆借的处理

拆放机构以拆入机构借据为依据填交划款凭证，银行审核无误予以转账。会计分录为：

借：拆放××同业款项

贷：清算资金往来

拆入机构银行收到划来款项，审核无误转入拆入机构账户。会计分录为：

借：清算资金往来

贷：××同业拆入款项

（2）到期收回款项的处理

拆入机构归还到期借款时，应根据本息金额填制还款单归还同业拆借款项。会计分录为：

借：××同业拆入款项

金融企业往来支出——同业拆借利息支出

贷：清算资金往来

拆出机构收到归还拆借款项，办理转账。会计分录为：

借：清算资金往来

贷：拆放××同业款项

金融企业往来收入——同业拆借利息收入

**四、转贴现业务的核算**

（一）转贴现业务及其规定

转贴现是指办理贴现的银行将其贴进的未到期票据，再向其他银行或贴现机构进行贴现的票据转让行为。转贴现业务包括买断式转贴现和回购式转贴现。

1.买断式转贴现

买断式转贴现是指金融机构（卖出方）将其合法持有的未到期已贴现的承兑汇票转让于另一家金融机构（买入方），买入方金融机构按照票面金额扣除贴现利息后将余额付给卖出方金融机构的票据行为。票据到期后由买入方直接向承兑人收款。

2.回购式转贴现

回购式转贴现包括买入返售（逆回购）和卖出回购（正回购）两种方式。买入返售（逆回购），是指银行在购买交易对手所持有的尚未到期的已贴现或已转贴现的商业汇票的同时，约定在未来某一日期由交易对手购回原商业汇票的业务行为。卖出回购（正回购），是指银行将未到期的已贴现或已转贴现的商业汇票转让给交易对手的同时，约定在未来某一日期由该行购回原商业汇票的融资行为。

(二) 转贴现业务核算

转贴现交易双方首先就票据转让的种类、金额、价格等要素协商一致达成交易意向，票据买入方审核票据承兑人信用风险，并且对票据真伪及跟单资料的真实性、合规性进行审核。经审核无误后，双方签署转贴现协议。

1.买断式转贴现

根据协议，票据买入方融出资金，收取利息。若采取线上清算方式，则会计分录为：

借：转贴现票据——商业承兑汇票（或银行承兑汇票）

　贷：存放中央银行款项

　　金融机构往来收入——转贴现利息收入

持票行在汇票到期时，通过委托收款向承兑人（承兑行）收回票款。收回票款的处理与贴现业务到期收回的处理相同。

票据卖出方卖出已贴现未到期票据，收回贴现款并支付利息，会计分录为：

借：存放中央银行款项

　　金融机构往来支出——转贴现利息支出

　贷：贴现资产

2.回购式转贴现

逆回购方买入票据，付出资金。会计分录为：

借：买入返售票据

　贷：存放中央银行款项

　　金融机构往来收入——转贴现利息收入

在协议规定的日期出售原商业汇票，会计分录为：

借：存放中央银行款项

　　金融机构往来支出——转贴现利息支出

　贷：买入返售票据

正回购方卖出票据，获得资金。会计分录为：

借：存放中央银行款项

　　金融机构往来支出——转贴现利息支出

　贷：卖出回购票据

按规定的日期购回原票据时，获取利差收入。会计分录为：

借：卖出回购票据

　贷：存放中央银行款项

　　金融机构往来收入——转贴现利息收入

**本章小结**

金融机构往来是指金融机构相互之间的资金账务往来，是商业银行与商业银行之间、商业银行和人民银行之间、商业银行与非银行金融机构之间，由于办理资金划拨、缴存存款和办理结算等业务而引起的资金业务往来。金融机构往来核算的内容涉及商业银行之间往来的有同城票据交换及清算、异地跨系统汇划款项相互转汇、同业拆借等；涉及商业银行和中央银行往来的，包括商业银行向中央银行送存或提取现金、缴存存款准备金、向中央银行借款、办理再贴现及通过中央银行汇划款项的。从重要性讲，金融机构往来有助于资金在不同地区、不同行业、不同经济主体间进行流通，提高资金的使用效率；另外，通过金融机构往来，可以将风险分散到多个领域或地区，从而降低单一风险对金融机构的影响；金融机构往来可以满足各类经济主体（包括金融机构自身）的投融资及风险管理需要。

随着经济金融的发展，金融机构往来的业务也不断创新，票据的回购交易及债券的回购交易都成为金融机构短期资金融通的重要渠道，金融衍生品交易对金融机构风险管理和实现资产保值增值发挥了重要作用。在传统的金融机构间往来之外，金融机构与科技公司的合作，利用大数据、云计算、区块链等技术，有效地提高了金融服务的效率和质量。

**综合训练**

1．多项选择题

（1）金融企业与中央银行之间的往来主要包括（ ）。

A．向中国人民银行缴存和支取现金　B．缴存存款准备金

C．再贷款　D．再贴现　E．转贴现

（2）同业往来业务包括（ ）。

A．跨系统转汇　B．同业拆借　C．再贴现

D．转贴现　E．同业存款

（3）商业银行向中央银行借款按资金用途可分为（ ）。

A．流动性再贷款　B．信贷政策支持再贷款

C．金融稳定再贷款　D．专项政策性再贷款

E．中小金融机构再贷款

（4）商业银行向中央银行质押贷款可以采用（ ）质物。

A．国库券　B．中国人民银行融资券

C．中国人民银行特种存款凭证　D．金融债券

E．银行承兑汇票

（5）同业银行结算账户按照用途分为（　　）。

A.结算性同业账户　B.投融资性账户　C.临时性账户

D.一般账户　E.专用账户

（6）结算性同业银行结算账户可以办理的业务有（　　）。

A.代理现金解缴　B.代理支付结算　C.同业存款

D.同业借款　E.同业投资

第八章即测即评

2.复习思考题

（1）简述金融机构往来核算的主要内容。

（2）金融机构与中国人民银行之间往来主要有哪些业务内容?

（3）通过跨系统商业银行转汇有哪几种处理方法?

（4）简述再贴现的核算手续。

（5）同业结算账户开立的基本要求是什么?

（6）同业结算账户的种类有哪些?

# 第九章

## 保险业务的核算

### 本章导读

保险机构是我国金融机构体系的重要组成部分。近年来，我国保险业快速发展，在保障和改善民生、防灾减损、服务实体经济等方面发挥了重要作用。国家金融监督管理总局网站数据显示，2020年保险业金融机构资产规模为23万亿元。截至2024年10月，保险公司资产规模已经达到35万亿元。随着经济的全球化和数字化转型的加速，保险公司正积极采用大数据、人工智能、区块链等技术，以提高风险评估的准确性、简化理赔流程、增强客户体验。保险业务的会计核算不仅能够真实地记录保险公司各项业务的保费收入及赔款支出情况，反映保险公司盈利能力及偿付能力，也能够客观地反映保险业务中存在的问题，从而为保险产品创新及保险服务朝着个性化、数字化、普惠化方向发展指明方向。

保险公司的业务有别于一般的工商企业及其他金融企业，其业务的会计核算有一些显著的特征，比如，按险种分别建账、分别核算损益，实物形态的资产所占比例很小，其收取的保费所形成的保险金，主要以银行存款、债券等形式进行投资，并且实行按会计年度和按业务年度两种损益结算方法。通过本章的学习，可以了解保险的概念和种类，掌握保险业务会计核算的特点，以及财产保险业务的核算、人身保险业务的核算、再保险业务的核算。

### 基本概念

财产保险　人身保险　健康保险　意外伤害险　再保险

## 第一节　保险公司业务概述

### 一、保险的概念与种类

#### （一）保险的含义

保险是指投保人根据合同约定，向保险人支付保险费，保险人对于合同约定的可能发生的事故因其发生所造成的财产损失承担赔偿保险金责任，或者当被保险人死亡、伤残疾病或者达到合同约定的年龄、期限等条件时承担给付保险金责任的商业保险行为。

（二）保险的种类

《中华人民共和国保险法》（以下简称《保险法》）按照保险保障范围的不同将保险分为财产保险、人身保险两大类。

1. 财产保险

财产保险是指以财产及其有关利益为保险标的的保险，它是与人身保险相对应的概念。这里指的保险标的，包括以物质形态存在的和以非物质形态存在的财产及其有关利益。财产保险主要包括以下三种：

（1）财产损失保险，是指以物质及有关利益为保险标的的保险，是一种狭义的财产保险，具体包括火灾险、货物运输险、工程保险等。

（2）责任保险，是指以被保险人对第三者依法应负的赔偿责任为保险标的的保险。根据法律规定，被保险人因疏忽或过失，造成他人的人身伤害或财产损失应负的经济赔偿责任，由保险人代为赔偿。

（3）信用保险，是保险人为被保险人向权利人提供的一种信用担保业务。例如，分期付款买卖合同中的销货方担心买方不付款或不能按期付款而要求保险人保险，保证其在遇到上述情况而受到损失时，由保险人给予赔偿。

2. 人身保险

人身保险是指以人的身体或寿命作为保险标的，当被保险人在保险期间内因保险事故导致伤、残、死亡或者生存至保险期满时，保险人给付保险金的保险。人身保险按保险内容、保险期限、交费方式、给付方式等标准概括起来大体上分为以下两种：

（1）人寿保险，是指以被保险人的生命为保障对象的保险。例如，死亡保险、生存保险、两全保险、年金保险等。

（2）意外伤害保险，是指保险人对被保险人在保险有效期内遭受严重的意外伤害导致伤残或死亡而给付约定的保险金的保险。

**二、保险业务核算的特点**

保险公司的业务有别于一般的工商企业及其他金融企业，因此，其业务的会计核算有以下几个显著的特点。

（一）按险种分别建账、分别核算损益

因为各险种类别之间在业务经营期限、币种、赔付方式、收费方式上都存在很大的差别，因此，允许保险公司根据不同类型的保险产品分别计算收入和支出，从而更准确地评估每个险种的盈利情况。

（二）资产构成的特殊性

保险公司的流动资产中，实物形态的资产所占比例很小，其收取的保费所形成的保险金主要以银行存款、债券等形式进行投资。根据《保险法》的规定，保险公司应当按照其注册资本总额的20%提取保证金，存入监管机构指定的银行，除保险公司清算时用于清偿债务外，不得动用。

（三）保险公司年度决算的重点是估算负债

与一般企业不同，保险公司的年度决算重点在于估算负债，特别是那些与未了责任和未决赔款相关的负债。这是因为保险公司的负债往往具有较大的不确定性，需要通过专业的技术和方法来进行估算。

（四）特有的责任准备金

由于保险公司的经营风险很大，为了防范风险和保障投保人的权益，必须按《企业会计准则》的要求，计提各种准备金。如为尚未终止的非寿险保险责任提取的未到期责任准备金，为非寿险保险事故已发生尚未结案的未决赔款的赔案应提取准备金，为尚未终止的人寿保险责任提取的寿险责任准备金等。

而且，基于会计信息谨慎性要求，保险公司应当至少于每年年度终了，选择恰当的方法对保险责任准备金进行充足性测试。如果按照保险精算重新计算确定的相关保险责任准备金金额超过充足性测试日已确认的相关保险责任准备金余额，应当按照其差额补提相关保险责任准备金；如果按照保险精算重新计算确定的相关保险责任准备金金额小于充足性测试日已确认的相关保险责任准备金余额的，不调整相关保险责任准备金。

（五）实行按会计年度和按业务年度两种损益结算方法

为了更好地匹配收入和支出，保险公司一般采取特殊的会计期间划分，即按照会计年度或业务年度来确定会计期间。除长期工程险、再保险等业务按业务年度结算损益外，其他各类保险业务应按会计年度结算损益。按会计年度结算损益的保险业务，其收支差额计入当期损益；按业务年度结算损益的保险业务，收支差额在非结算损益年度，全额作为长期责任准备金提存，不计入当期损益，并于次年转回，滚存到结算损益年度终了时结算损益。

## 第二节　财产保险业务的核算

### 一、保费收入的核算

2020年12月财政部印发《企业会计准则第25号——保险合同》，要求在境内外同时上市的企业以及在境外上市并采用国际财务报告准则或企业会计准则编制财务报表的企业，自2023年1月1日起执行；其他执行企业会计准则的企业自2026年1月1日起执行。同时，允许企业提前执行。执行本准则的企业不再执行《企业会计准则第25号——原保险合同》和《企业会计准则第26号——再保险合同》。

对于保费收入的确认，本节按照《企业会计准则第25号——原保险合同》第七条规定，原保险合同保费收入同时满足下列条件时，才能予以确认：

1.原保险合同成立并承担相应的保险责任

原保险合同成立并承担相应保险责任，是指原保险合同已经签订，保险人在原保险合同生效时开始承担约定的保险责任。保险人和投保人在签订原保险合同时，通常会约定一个保险责任起讫时间。例如，某非寿险原保险合同约定，保险责任起讫时间以保险单载明的时间为准，从保险责任起始日起，每12个月为一个保险年度。又如，某寿险原保险合同约定，保险责任自保险人同意承保并收到首期保费的次日零时开始，至合同列明的终止性保险事故发生时止。如果原保险合同签订日和生效日不是同一天，保险人在合同生效日前收到的款项，不应确认为保费收入，而应确认为一笔负债。

2.与原保险合同相关的经济利益很可能流入

与原保险合同相关的经济利益很可能流入，是指与原保险合同相关的保费收回的可能性大于不能收回的可能性。保险人在确定保费能否收回时，应当结合以前和投保人交往的直接经验、投保人的信用和财务状况、其他方面取得的信息等因素，综合进行判断。如果投保人信用良好，能够按照合同约定的期限和金额按期支付保费，通常表明相关的经济利益很可能流入；如果投保人破产、死亡，财务状况出现严重困难，或由于其他原因造成投保人的生产或生存环境严重恶化，通常表明相关的经济利益不是很可能流入。在通常情况下，对于一次性收取保费的原保险合同，签订合同时通常会收到保费，即意味着相关的经济利益已经流入；对于分期收取保费的原保险合同，签订合同时通常会收到第一期保费，其他各期保费尚未收到，因此，其他各期保费是否能够收回，需要保险人进行职业判断。

3.与原保险合同相关的收入能够可靠地计量

保险人签发的原保险合同，保费金额通常已经确定，表明保费收入金额能够可靠计量。对于非寿险原保险合同和寿险原保险合同，保险人承担的保险风险性质不同，保费计量依据的假设不同，保费收入的计量方法也各不相同。

## 二、保险赔款支出的核算

### （一）相关会计科目设置

1.“赔付支出”科目

“赔付支出”科目属于损益类科目，用于核算保险公司支付的原保险合同赔付款项和再保险合同赔付款项。保险公司可以单独设置“赔款支出”“满期给付”“年金给付”“死伤医疗给付”“分保赔付支出”等科目。该科目可按保险合同和险种进行明细核算。期末，应将“赔付支出”科目余额转入“本年利润”科目，结转后“赔付支出”科目无余额。

2.“预付赔付款”科目

“预付赔付款”科目属于资产类科目，用于核算保险公司从事保险业务预先支付的赔付款。该科目按照保险人或受益人进行明细核算。本科目期末借方余额，反映保险公司预付的赔付款；期末如为贷方余额，反映保险公司尚未补付的赔付款。

3.“损余物资”科目

“损余物资”科目属于资产类科目，用于核算保险公司按照原保险合同约定承担赔偿保险金责任后取得的损余物资成本。该科目可按损余物资种类进行明细核算。损余物资发生减值的，可以单独设置“损余物资跌价准备”科目，比照“存货跌价准备”科目进行处理。“损余物资”科目期末借方余额，反映保险公司承担赔偿保险金责任后取得的损余物资成本。

4.“应收代位追偿款”科目

“应收代位追偿款”科目属于资产类科目，用于核算保险公司按照原保险合同约定承担赔付保险金责任后确认的代位追偿款。该科目可按被追偿单位（或个人）进行明细核算。“应收代位追偿款”科目期末借方余额，反映保险合同已确认尚未收回的代位追偿款。

### （二）赔款支出的账务处理

会计部门在接到业务部门的理赔计算书后，应认真审查有关内容，审查无误后，根据不同情况分别处理。

1.当时结案的核算

对于保险赔案清楚，能及时结案的，应通过“赔付支出”科目核算。会计分录为：

借：赔付支出

　贷：银行存款

2.预付赔付款的核算

由于赔款的计算和审核工作复杂，往往需要很长时间，保险公司为了使被保险人能及时恢复生产经营活动，经常采取按估计损失的一定比例预付赔款的办法，等损失核定后，再补足差额。

出险后，保险公司预付部分赔款时，会计分录为：

借：预付赔付款

　贷：银行存款

损失核定后，保险公司支付剩余赔款，会计分录为：

借：赔付支出

　贷：预付赔付款

　　　银行存款

## 三、财产保险准备金的核算

### （一）财产保险准备金的含义

财产保险准备金是指保险公司为履行其承担的保险责任或者备付未来赔款，从收取的保险费中按规定提存的资金准备，它是保险公司的一种资金积累，包括未到期责任准备金和未决赔款准备金。

### （二）未到期责任准备金的核算

1.未到期责任准备金的确认

未到期责任准备金是指保险公司为尚未终止的非寿险保险责任提取的准备金。在保险公司按非寿险原保险合同约定的保费总额确认保费收入的情况下，为了真实地反映保险公司当期已赚取的保费收入，保险公司就有必要在确认保费收入的当期期末，按照保险精算确定的未到期责任准备金金额提取未到期责任准备金，将保费收入调整为已赚取的保费收入，并确认未到期责任准备金负债。从性质上讲，未到期责任准备金属于未赚取的保费收入，确认未到期责任准备金就是确认未赚取的保费收入。随着时间的推移，保险风险在逐渐减少，未赚取的保费收入也随之转化为已赚取的保费收入。因此，通常情况下，对同一尚未终止的非寿险保险责任而言，保险公司在资产负债表日按照保险精算重新计算确定的未到期责任准备金金额应当小于上一资产负债表日已确认的未到期责任准备金余额。为了真实地反映保险公司当期期末未赚取的保费收入，保险公司应当在资产负债表日，按照保险精算重新计算确定的未到期责任准备金金额与已确认的未到期责任准备金余额的差额，对未到期责任准备金余额进行调整。

2.未到期责任准备金的计量

对未到期责任准备金的计量，目前主要采用百分比估算法，具体包括1/2法、1/8法、1/24法和1/365法。

（1）1/2法也称年平均估算法。该法以1年作为计算期间，假定每年中的所有保险单是在365天中逐日均匀开立的，即每天签单起保收取的保险费大体相等。这样，就可以认为1年的保险单在当年还有50%的有效部分未到期，故应从当年收取的保费中提取50%作为下一年履行50%未到期责任的准备金。计算公式为：

年末提取未到期责任准备金=本年保费收入×50%

由于整个保险期间风险并不是均匀分布的，并且保单生效也不是均匀分布在整个承保年度，因此这种方法虽然简便易行，但不够准确。

（2）1/8法也称季平均估算法。该法以一个季度作为计算期间，假定每季中的所有保险单是逐日均匀开立的，即在一个季度中每天签单起保收取的保险费大体相等。这样，就可以认为每季度的保险单有半个季度的责任未到期。1年中有8个“半季度”，因此，到年末时，对在第一季度投保的保险单应提取的未到期准备金为第一季度所收保费的1/8，另外7/8为已到期保费；对在第二季度投保的保险单应提取的未到期准备金为第二季度所收保费的3/8，另外5/8为已到期保费，以此类推。计算公式为：

$$\frac{\text{年末提取}}{\text{未到期责任准备金}}=\frac{\text{一季度}}{\text{保费收入}}\times 1/8+\frac{\text{二季度}}{\text{保费收入}}\times 3/8+\frac{\text{三季度}}{\text{保费收入}}\times 5/8+\frac{\text{四季度}}{\text{保费收入}}\times 7/8$$

（3）1/24法也称月平均估算法，为国家金融监督管理总局允许选择的方法。该法以一个月作为计算期间，假定每月中的所有保险单是逐日均匀开立的，即在一个月中每天签单起保收取的保险费大体相等。这样，就可以认为每月的保险单有半个月的责任未到期。1年可分为24个半个月，对1年期保险单来说，开立保险单的当月末已到期责任为1/24，23/24的保费则是未到期责任准备金。以后每过一个月，已到期责任加上2/24，未到期责任准备金减少2/24，到年末，1月份开立保险单的未到期责任准备金为保费的1/24，2月份开立保险单的未到期责任准备金为保费的3/24，以此类推，12月份开立保险单的未到期责任准备金为保费的23/24，计算公式为：

$$\frac{\text{年末提取未到期}}{\text{责任准备金}}=\frac{\text{1月份}}{\text{保费收入}}\times 1/24+\frac{\text{2月份}}{\text{保费收入}}\times 3/24+\cdots+\frac{\text{12月份}}{\text{保费收入}}\times 23/24$$

值得注意的是，目前保险公司未到期责任准备金是按月提取，每月在计算未到期责任准备金时应相应往前推12个月。比如，在2016年5月提取未到期责任准备金时，2015年6月份开立保险单的未到期责任准备金为保费的1/24，2015年7月份开立保险单的未到期责任准备金为保费的3/24，以此类推，2016年5月份开立保险单的未到期责任准备金为保费的23/24。按照1/24法计提未到期责任准备金，每月开立保险单时，当月按保费的23/24计提未到期责任准备金，随着保险责任期限的逐渐缩短而逐月按2/24转回，即将大部分保费通过计提准备金的方式事后逐月反映为利润。

（4）1/365法也称日平均估算法，为国家金融监督管理总局允许选择的方法，也是最为精确的方法。根据某日保单的第二年有效天数，逐笔计算未到期责任准备金。计算公式为：

某日保单未到期责任准备金=第二年有效天数÷保险期天数×当日保费收入

3.相关会计科目设置

（1）“未到期责任准备金”科目。“未到期责任准备金”科目属于负债类科目，用于核算保险公司提取的非寿险原保险合同未到期责任准备金。再保险接受人提取的再保险合同分保未到期责任准备金，也在“未到期责任准备金”科目核算。该科目可按保险合同进行明细核算。“未到期责任准备金”科目期末贷方余额，反映保险公司的未到期责任准备金。

（2）“提取未到期责任准备金”科目。“提取未到期责任准备金”科目属于损益类科目，用于核算保险公司提取的非寿险原保险合同未到期责任准备金和再保险合同分保未到期责任准备金。该科目可按保险合同和险种进行明细核算。期末，应将“提取未到期责任准备金”科目余额转入“本年利润”科目，结转后“提取未到期责任准备金”科目无余额。

4.账务处理

（1）“未到期责任准备金”的主要账务处理：

①确认原保费收入、分保费收入的当期，应按保险精算确定的未到期责任准备金：

借：提取未到期责任准备金

　　贷：未到期责任准备金

②资产负债表日，按保险精算重新计算确定的未到期责任准备金与已确认的未到期责任准备金的差额：

借：未到期责任准备金

　　贷：提取未到期责任准备金

③原保险合同提前解除的，按相关未到期责任准备金余额：

借：未到期责任准备金

贷：提取未到期责任准备金

（2）“提取未到期责任准备金”的主要账务处理：

①确认原保费收入、分保费收入的当期，应按保险精算确定的未到期责任准备金：

借：提取未到期责任准备金

贷：未到期责任准备金

②资产负债表日，应按保险精算重新计算确定的未到期责任准备金与已确认的未到期责任准备金的差额：

借：未到期责任准备金

贷：提取未到期责任准备金

③原保险合同提前解除的，应按相关未到期责任准备金余额：

借：未到期责任准备金

贷：提取未到期责任准备金

（三）未决赔款准备金的核算

1.未决赔款准备金的确认

保险人与投保人签订原保险合同，向投保人收取保费，同时承担了在保险事故发生时向受益人赔付保险金的责任。对于非寿险原保险合同，在保险事故发生之前，保险人承担的向受益人赔付保险金的责任是一种潜在义务，不满足负债的确认条件，不应当确认为负债。保险事故一旦发生，保险人承担的向受益人赔付保险金的责任变成一种现时义务，满足负债的确认条件，应当确认为负债。因此，保险人应当在非寿险保险事故发生的当期，按照保险精算确定的未决赔款准备金金额，提取未决赔款准备金，并确认未决赔款准备金负债。

未决赔款准备金是指保险人为非寿险保险事故已发生尚未结案的赔案提取的准备金，包括已发生已报案未决赔款准备金、已发生未报案未决赔款准备金和理赔费用准备金。其中，已发生已报案未决赔款准备金，是指保险人为非寿险保险事故已发生并已向保险人提出索赔、尚未结案的赔案提取的准备金。已发生已报案未决赔款准备金的基础数据主要来源于理赔部门，应当反映理赔部门对于理赔模式、赔付支出变化、零赔案、大赔案等问题的经验和判断。已发生未报案未决赔款准备金是指保险人为非寿险保险事故已发生、尚未向保险人提出索赔的赔案提取的准备金。理赔费用准备金是指保险人为非寿险保险事故已发生尚未结案的赔案可能发生的律师费、诉讼费、损失检验费、相关理赔人员薪酬等理赔查勘费用提取的准备金。根据与具体赔案之间的关系，理赔费用准备金可分为直接理赔费用准备金和间接理赔费用准备金。保险人专门设置的理赔部门发生的理赔人员薪酬，通常应当根据与具体赔案之间的关系，分别归属于直接理赔费用准备金和间接理赔费用准备金。直接理赔费用准备金是指保险人为直接发生于具体赔案的律师费、诉讼费、损失检验费等提取的理赔费用准备金。间接理赔费用准备金是指保险人为非直接发生于具体赔案的理赔人员薪酬等理赔查勘费用提取的理赔费用准备金。在计算确定间接理赔费用准备金金额时，保险精算部门通常采用比率分摊法进行评估。

2.相关会计科目设置

（1）“保险责任准备金”科目。“保险责任准备金”科目属于负债类科目，用于核算保险公司提取的原保险合同保险责任准备金，包括未决赔款准备金、寿险责任准备金、长期健康险责任准备金。再保险接受人提取的再保险合同保险责任准备金，也在“保险责任准备金”科目核算。保险公司也可以单独设置“未决赔款准备金”“寿险责任准备金”“长期健康险责任准备金”等科目。该科目可按保险责任准备金类别、保险合同进行明细核算。“保险责任准备金”科目期末贷方余额，反映保险公司的保险责任准备金金额。

（2）“提取保险责任准备金”科目。“提取保险责任准备金”科目属于损益类科目，用于核算保险公司提取的原保险合同保险责任准备金，包括提取的未决赔款准备金、提取的寿险责任准备金、提取的长期健康险责任准备金。再保险接受人提取的再保险合同保险责任准备金，也在“提取保险责任准备金”科目核算。保险公司也可以单独设置“提取未决赔款准备金”“提取寿险责任准备金”“提取长期健康险责任准备金”等科目。该科目可按保险责任准备金类别、险种和保险合同进行明细核算。期末，应将“提取保险责任准备金”科目余额转入“本年利润”科目，结转后“提取保险责任准备金”科目无余额。

3.账务处理

（1）“未决赔款准备金”的主要账务处理：

①投保人发生非寿险保险合同约定的保险事故当期，企业应按保险精算确定的未决赔款准备金：

借：提取未决赔款准备金

　贷：未决赔款准备金

对保险责任准备金进行充足性测试，应按补提的保险责任准备金：

借：提取未决赔款准备金

　贷：未决赔款准备金

②原保险合同保险人确定支付赔付款项金额或实际发生理赔费用的当期，应按冲减的相应未决赔款准备金余额：

借：未决赔款准备金

　贷：提取未决赔款准备金

（2）“提取未决赔款准备金”的主要账务处理：

①投保人发生非寿险保险合同约定的保险事故当期，企业应按保险精算确定的未决赔款准备金：

借：提取未决赔款准备金

　贷：未决赔款准备金

对保险责任准备金进行充足性测试，应按补提的保险责任准备金：

借：提取未决赔款准备金

　贷：未决赔款准备金

②原保险合同保险人确定支付赔付款项金额或实际发生理赔费用的当期，应按冲减的相应保险责任准备金余额：

借：未决赔款准备金

　贷：提取未决赔款准备金

## 第三节　人身保险业务的核算

### 一、人寿保险业务的核算

人身保险是以人的生命、身体或劳动能力为保险标的，以被保险人的生死、伤害、疾病为保险事故的保险业务。人身保险具有储蓄性、保险金额定额给付的确定性、保险期限长期性等特点，这些特点决定了人身保险业务核算与财产保险业务核算存在差异，具有自己的特殊性。根据我国《保险法》的规定，人身保险可以分为人寿保险、人身意外伤害保险和健康保险三大类。

人寿保险是一种以人的生死为保险对象的保险，是被保险人在保险责任期内生存或死亡，由保险人根据契约规定给付保险金的一种保险，主要包括定期人寿保险、终身人寿保险、生存保险、生死两全保险等。人寿保险业务主要包括保费收入的核算、保险金给付的核算等内容。

#### （一）人寿保险业务保费收入的核算

人寿保险业务保费收入的确认，应同时满足企业会计准则中所规定的三个确认条件。同时，准则还规定，对于寿险原保险合同，分期收取保费的，应当根据当期应收取的保费确定保费收入；一次性收取保费的，应当根据一次性应收取的保费确定保费收入。为了反映和监督人寿保险业务保费收入的增减变动情况，主要应设置“保费收入”、“预收保费”和“应收保费”等科目进行核算。人寿保险业务保费收入的核算包括业务发生时收取保费和预收保费两种情况。

1.保险业务发生时收取保费的核算

保险业务发生时，若分期收取保费的，应当根据当期应收取的保费确认保费收入；若一次性收取保费的，应当根据一次性应收取的保费确认保费收入。会计分录为：

借：库存现金（或银行存款、应收保费）

　贷：保费收入

2.预收保费的核算

在预收保费的情况下，投保人提前缴纳的保险费，应通过“预收保费”科目核算。会计分录为：

借：库存现金（或银行存款）

　贷：预收保费

将预收的保费转为已实现的保费收入时，会计分录为：

借：预收保费

　贷：保费收入

（二）人寿保险业务保险金给付的核算

人寿保险业务保险金给付是保险公司对投保人在保险期满或在保险期中支付保险金，以及对保险期内发生保险责任范围内的意外事故按规定给付的保险金。人寿保险公司的主要义务就是当被保险人发生保险事故时，根据保险合同的约定给付保险金，因此，给付保险金是人寿保险公司经营业务的重要组成部分。根据保险合同的规定，给付保险金分为三种：满期给付、死伤医疗给付、年金给付。人寿保险公司在办理给付保险金时，应由投保人提供有关单证及证明。经业务部门审查核实后，填制“满期给付领取收据”或“死伤医疗给付领取收据”等，并由投保人签章后，连同保险分户卡一并送交会计部门。会计人员认真复核后，向投保人支付保险金。

1.满期给付的核算

被保险人生存到保险期满时，保险公司给付的保险金称作满期给付。我国开办的养老保险，当被保险人达到退休年龄或约定的领取年龄，并且缴费期限达到条款规定的年限时，可以办理月领养老金手续。缴费期限不足规定年限者，应办理一次性领取养老金手续。满期给付是综合投保年龄、保险期限、缴费时间和投保份数等因素，根据寿险数学精算出来的。满期给付一般由被保险人本人受领。目前，我国开办的人寿保险满期险种主要有简易人寿保险、团体人寿保险、普通个人生存保险，以及生死两全保险等。为了反映和监督人寿保险业务满期给付的增减变动情况，主要应设置“满期给付”科目进行核算。该科目属于损益类科目，核算保险公司因人寿保险业务的被保险人生存至保险期满，公司按保险合同约定支付给被保险人的满期保险金。其借方登记所发生的满期给付金额，贷方登记按规定冲减的满期给付金额，期末，应将该科目余额转入“本年利润”科目，结转后该科目无余额。该科目可按保险合同和险种进行明细核算。

（1）被保险人生存至期满，按保险条款规定支付保险金时，会计分录为：

借：满期给付

　贷：银行存款

（2）在满期给付时，如有保户质押贷款本息未还清，则应将其未还清的贷款本息从应支付的保险金中扣除。会计分录为：

借：满期给付　（应给付金额）

　贷：保户质押贷款——××户　（未收到的保户质押贷款本金）

　　利息收入——保户质押贷款利息收入户　（欠息金额）

　　银行存款　（实际支付金额）

（3）在保险合同规定的缴费宽限期内发生满期给付时，会计分录为：

借：满期给付　（应给付金额）

　贷：保费收入　（投保人未缴保费金额）

　　利息收入——保户质押贷款利息收入户　（欠息金额）

　　银行存款　（实际支付金额）

（4）期末，将“满期给付”科目的余额转入“本年利润”科目时，会计分录为：

借：本年利润

　贷：满期给付

2.死伤医疗给付的核算

死伤医疗给付分为死亡给付、伤残给付和医疗给付三种。为了反映和监督人寿保险业务死伤医疗给付的增减变动情况，主要应设置“死伤医疗给付”科目进行核算。该科目属于损益类科目，核算保险公司因人寿保险及长期健康保险业务的被保险人，在保险期内发生保险责任范围内的保险事故，公司按保险合同的约定支付给被保险人（或受益人）的保险金。其借方登记所发生的死伤医疗给付金额，贷方登记按规定冲减的死伤医疗给付金额，期末，应将该科目余额转入“本年利润”科目，结转后该科目无余额。该科目可按保险合同和险种进行明细核算。死伤医疗给付的账务处理包括发生和期末结转死伤医疗给付两项内容，同时应考虑是否存在投保人贷款本息未还清和未缴保费的情况。

（1）被保险人在保险期内发生保险责任范围内的死亡、意外伤残、医疗事故而按保险责任支付保险金时，会计分录为：

借：死伤医疗给付

　贷：银行存款

（2）发生死伤医疗给付时，如有贷款本息未还清，则应将其未还清的贷款本息从应支付的保险金中扣除。会计分录为：

借：死伤医疗给付　（应给付金额）

　贷：保户质押贷款——××户　（未收到的保户质押贷款本金）

　　利息收入——保户质押贷款利息收入户　（欠息金额）

　　银行存款　（实际支付金额）

（3）在保险合同规定的交费宽限期内发生死伤医疗给付时，会计分录为：

借：死伤医疗给付　（应给付金额）

　贷：保费收入　（投保人未交保费金额）

　　利息收入——保户质押贷款利息收入户　（欠息金额）

　　银行存款　（实际支付金额）

（4）期末，将“死伤医疗给付”科目的余额转入“本年利润”科目时，会计分录为：

借：本年利润

　贷：死伤医疗给付

3. 年金给付的核算

年金给付是被保险人生存至规定的年龄，人寿保险公司按保险合同规定支付给被保险人的给付金额。为了反映和监督人寿保险业务年金给付的增减变动情况，主要应设置“年金给付”科目进行核算。该科目属于损益类科目，业务处理同满期给付和死伤医疗给付。

## 二、人身意外伤害保险业务和健康保险业务的核算

### （一）人身意外伤害保险业务和健康保险业务的概念

1. 人身意外伤害保险

人身意外伤害保险是以被保险人的身体或劳动能力作为保险标的，以被保险人在保险有效期内因遭受意外伤害造成死亡、残疾、支出医疗费、暂时丧失劳动能力为给付保险金条件的人身保险业务。

2. 健康保险

健康保险也称疾病保险，是以被保险人的疾病、分娩及其所致残疾、死亡

为保险标的，以被保险人在保险有效期内因患病造成死亡、残疾、支出医疗费暂时丧失劳动能力为给付保险金条件的人身保险业务。

按保险期限的长短，健康保险可分为短期健康保险和长期健康保险；按保险标的所产生的结果，可分为医疗保险和残疾收入补偿保险等。其中，短期健康保险是指保险期限为1年及1年以下的健康保险；长期健康保险是指保险期限在1年以上的健康保险；医疗保险是指保险人对投保人由于疾病等所支付的医疗费用承保的保险；残疾收入补偿保险是指保险人对投保人由于疾病等所致的收入损失承保的保险。

（二）人身意外伤害保险业务和健康保险业务的会计处理

1.科目设置

为了反映和监督人身意外伤害保险业务和健康保险业务的保费收入和保险金给付情况，主要应设置“保费收入”“应收保费”“赔款支出”“死伤医疗给付”等科目进行核算。其中，“赔款支出”科目的设置在财产保险业务赔款支出的核算中已述，“死伤医疗给付”科目用于核算长期健康险业务。

2.保费收入的核算

人身意外伤害保险业务和健康保险业务保费收入的确认，也应同时满足《企业会计准则第25号——原保险合同》中所规定的三个确认条件，并且应当根据原保险合同约定的保费总额确认。投保人向保险公司申办人身意外伤害保险和健康保险时，应办理投保手续和缴纳保费。每日对外营业结束后，由业务部门汇编“××险保费日结单”，连同保费收据存根送交会计部门。会计部门审查后办理入账。其会计分录为：

借：库存现金（或银行存款、应收保费）

　贷：保费收入——××险种

3.保险金给付的核算

保险公司应当在确定支付赔付款项或实际发生理赔费用的当期，按照确定支付的赔付款项金额或实际发生的理赔费用金额，计入当期损益；同时，冲减相应的未决赔款准备金、长期健康险责任准备金余额。关于冲减相应的未决赔款准备金余额的核算前已述；保险公司在办理人身意外伤害保险和健康保险保险金给付时，应由投保人提供有关单证及证明。经业务部门审查核实后，填制“××险给付领取收据”，并由被保人签章，连同分户卡送交会计部门。会计部门经审核无误后据以给付投保人保险金。其会计分录为：

借：赔款支出（或死伤医疗给付）

　贷：库存现金（或银行存款等科目）

## 三、人身保险准备金的核算

在人身保险业务准备金核算中，保险公司对尚未终止的人寿保险责任应提取寿险责任准备金；对尚未终止的长期健康保险责任应提取长期健康险责任准备金；对尚未终止的人身意外伤害险和健康险非寿险保险责任应提取未到期责任准备金；对非寿险保险事故已发生尚未结案的赔案应提取未决赔款准备金。其中，未到期责任准备金和未决赔款准备金的核算，与财产保险业务中未到期责任准备金和未决赔款准备金的核算基本相同，这里主要介绍寿险责任准备金和长期健康险责任准备金的核算。

### （一）寿险责任准备金的核算

寿险责任准备金是指保险公司为将来要发生的保险责任而提存的资金。寿险公司80%~90%的负债都为寿险责任准备金负债，而这些准备金在精算假设上的轻微变化或在准备金评估方法上的变化都会对某个时期的收入和公司的价值产生极大的影响。

1.会计科目设置

为了反映和监督寿险责任准备金的增减变动情况，主要应设置“寿险责任准备金”和“提取寿险责任准备金”科目进行核算。

（1）“寿险责任准备金”科目。“寿险责任准备金”科目属于负债类科目，核算保险公司为尚未终止的人寿保险责任提取的准备金。其贷方登记按规定提取、补提的寿险责任准备金，借方登记按规定冲减的寿险责任准备金，期末余额在贷方，反映保险公司的寿险责任准备金。该科目可按保险合同进行明细核算。

（2）“提取寿险责任准备金”科目。“提取寿险责任准备金”科目属于损益类科目，核算保险公司为尚未终止的人寿保险责任提取的准备金。其借方登记按规定提取、补提的寿险责任准备金，贷方登记按规定冲减的寿险责任准备金。期末，应将该科目余额转入“本年利润”科目，结转后该科目无余额。该科目可按险种和保险合同进行明细核算。

2.账务处理

（1）寿险责任准备金的计提。保险人在确认寿险保费收入的当期，应按保险精算确定寿险责任准备金，会计分录为：

借：提取寿险责任准备金

　贷：寿险责任准备金

（2）寿险责任准备金充足性测试。保险人至少应当于每年年度终了，对寿险责任准备金进行充足性测试。保险人按照保险精算重新计算确定的寿险责任准备金金额超过充足性测试日已提取的寿险责任准备金余额的，应当按照其差额补提寿险责任准备金；保险人按照保险精算重新计算确定的寿险责任准备金金额小于充足性测试日已提取的寿险责任准备金余额的，不调整寿险责任准备金。

（3）寿险责任准备金的冲减。原保险合同保险人确定支付赔付款项金额或实际发生理赔费用的当期，应冲减相应寿险责任准备金余额，会计分录为：

借：寿险责任准备金

　贷：提取寿险责任准备金

（4）寿险责任准备金的转销。寿险原保险合同提前解除的，保险人应将相关寿险责任准备金余额予以转销。会计分录为：

借：寿险责任准备金

　贷：提取寿险责任准备金

（5）提取寿险责任准备金的期末结转。期末，应将“提取寿险责任准备金”科目的余额结转到“本年利润”科目，会计分录为：

借：本年利润

　贷：提取寿险责任准备金

（二）长期健康险责任准备金的核算

长期健康险责任准备金是指保险人为尚未终止的长期健康保险责任提取的准备金。根据规定，保险人应当在确认寿险保费收入当期，按照保险精算确定的金额，提取长期健康险责任准备金，并确认长期健康险责任准备金负债。

1.会计科目设置

为了反映和监督长期健康险责任准备金的增减变动情况，主要应设置“长期健康险责任准备金”“提取长期健康险责任准备金”科目进行核算。

（1）“长期健康险责任准备金”科目。“长期健康险责任准备金”科目属于负债类科目，核算保险公司为尚未终止的长期健康保险责任提取的准备金。其贷方登记按规定提取、补提的长期健康险责任准备金，借方登记按规定冲减的长期健康险责任准备金，期末余额在贷方，反映保险公司的长期健康险责任准备金。该科目可按保险合同进行明细核算。

（2）“提取长期健康险责任准备金”科目。“提取长期健康险责任准备金”科目属于损益类科目，核算保险公司为尚未终止的长期健康保险责任提取的准备金。其借方登记按规定提取、补提的长期健康险责任准备金，贷方登记按规定冲减的长期健康险责任准备金。期末，应将该科目余额转入“本年利润”科目，结转后该科目无余额。该科目可按险种和保险合同进行明细核算。

2.账务处理

（1）长期健康险责任准备金的计提。保险人在确认寿险保费收入的当期，应按保险精算确定长期健康险责任准备金，会计分录为：

借：提取长期健康险责任准备金

　贷：长期健康险责任准备金

（2）长期健康险责任准备金充足性测试。保险人至少应当于每年年度终了，对长期健康险责任准备金进行充足性测试。保险人按照保险精算重新计算确定的长期健康险责任准备金金额超过充足性测试日已提取的长期健康险责任准备金余额的，应当按照其差额补提长期健康险责任准备金；保险人按照保险精算重新计算确定的长期健康险责任准备金金额小于充足性测试日已提取的长期健康险责任准备金余额的，不调整长期健康险责任准备金。

（3）长期健康险责任准备金的冲减。原保险合同保险人确定支付赔付款项或实际发生理赔费用的当期，应冲减相应长期健康险责任准备金余额，会计分录为：

借：长期健康险责任准备金

　贷：提取长期健康险责任准备金

（4）长期健康险责任准备金的转销。寿险原保险合同提前解除的，保险人应将相关长期健康险责任准备金余额予以转销。会计分录为：

借：长期健康险责任准备金

　贷：提取长期健康险责任准备金

（5）提取长期健康险责任准备金的期末结转。期末，应将“提取长期健康险责任准备金”科目的余额结转到“本年利润”科目，会计分录为：

借：本年利润

　贷：提取长期健康险责任准备金

## 第四节　再保险业务的核算

### 一、再保险业务概述

（一）再保险概念

再保险又称分保，是指一个保险人（再保险分出人）分出一定的保费给另一个保险人（再保险接受人），再保险接受人对再保险分出人由原保险合同所引起的赔付成本及其他相关费用进行补偿的保险业务。在再保险业务中，分出保险业务的保险人称为原保险人或再保险分出人，亦即为再保险合同的投保人；接受分保业务的保险人称为再保险人或再保险接受人（分入人）。

在再保险业务中，再保险分出人为了转移风险和责任，将原保险合同中一定比例的保费收入分给再保险接受人，这对再保险分出人而言为分出保费，对再保险接受人而言则为分保费收入。原保险人承保业务和进行经营管理要花费一定的开支，要向再保险人收取一定的分保手续费，称为分保佣金；原保险合同确认的赔付款项及理赔费用，按再保险合同约定应由再保险接受人承担的部分，对再保险接受人而言为分保赔付支出，对再保险分出人而言则为摊回赔付支出。

（二）再保险业务的种类

再保险业务可分为比例再保险和非比例再保险两大类。

1.比例再保险

比例再保险是指原保险人与再保险人以保险金额为基础、计算比例、分担保险责任限额的再保险。比例再保险又可分为成数再保险和溢额再保险。

（1）成数再保险是指再保险分出人以保险金额为基础，对每一危险单位按固定比例即一定成数作为自留额，将其余的一定成数转让给再保险接受人，保险费和保险赔款按同比例分摊的再保险。

（2）溢额再保险是指再保险分出人以保险金额为基础，规定每一危险单位的一定额度作为自留额，并将其超过自留额的部分，即溢额，分给再保险接受人的再保险。再保险接受人按承担溢额责任占保险金额的比例收取分保费用和分摊分保赔款。

2.非比例再保险

非比例再保险又称为超额再保险，是一种以赔款为基础，计算自赔限额和分保责任限额的再保险。非比例再保险又可分为超额赔款再保险和超额赔付率再保险。

（1）超额赔款再保险是指由再保险分出人与再保险接受人签订协议、对每一危险单位损失或一次巨灾事故的累计责任损失规定一个自赔额，自赔额以上至一定限度由再保险接受人负责。

（2）超额赔付率再保险是指以一定时期（一般为1年）的积累责任赔付率为基础计算责任限额，当实际赔付率超过约定赔付率时，其超过部分由再保险接受人负责一定限额。

（三）再保险业务核算的特点

1.再保险业务产生的资产、负债及相关收支单独确认

根据企业会计准则的规定，再保险分出人应单独核算其所持有的再保险合同，不应当将再保险合同形成的资产与有关原保险合同形成的负债相互抵消，

也不应当将再保险合同形成的收入或费用与有关原保险合同形成的费用或收入相互抵消。

2.再保险业务资金结算方式与原保险业务不同

再保险业务资金结算是在保险人之间进行，或通过保险经纪人进行，采用的是“风险共担、利益共享”的原则。在再保险分出人发生赔款及手续费、佣金、税金及附加等业务的情况下，再保险接受人不直接向保险受益人支付赔款、向保险代理人或经纪人支付手续费和佣金以及其他相关税费，而是事先由再保险分出人支付赔款和税费，再保险接受人按分保比例事后与再保险分出人核算应负担的份额。因此，对再保险业务应核算摊回分保赔款和摊回分保费用。

3.分保账单是再保险业务核算的专用凭证

分保账单是核算再保险业务的专用会计凭证，也是定期清算往来账款的唯一依据，它由再保险分出人编制并送再保险接受人。分保账单一般按季编制，账单中一般载明分保手续费、分保赔款、分保准备金、分保费等内容，会计部门根据账单中借贷方的差额，确定是应收还是应付。

4.再保险业务是保险公司间的业务

这种业务不涉及向保险代理人或保险经纪人支付手续费的问题，没有手续费的核算。

再保险业务分为分出再保险业务的核算和分入再保险业务的核算两个方面。

## 二、分出再保险业务的核算

### （一）会计科目设置

1.“应收分保账款”科目

“应收分保账款”科目属于资产类科目，用于核算保险公司从事再保险业务应收取的款项。该科目可按再保险分出人或再保险接受人和再保险合同进行明细核算。再保险分出人、再保险接受人结算分保账款时，按应付分保账款金额，借记“应付分保账款”科目，按应收分保账款金额，贷记本科目，按其差额，借记或贷记“银行存款”科目。“应收分保账款”科目期末借方余额，反映企业从事再保险业务应收取的款项。

2.“应付分保账款”科目

“应付分保账款”科目属于负债类科目，用于核算保险公司从事再保险业务应付未付的款项。该科目可按再保险分出人或再保险接受人和再保险合同进行明细核算。再保险分出人、再保险接受人结算分保账款时，按应付分保账款金额，借记“应付分保账款”科目，按应收分保账款金额，贷记“应收分保账款”科目，按其差额，借记或贷记“银行存款”科目。“应付分保账款”科目期末贷方余额，反映企业从事再保险业务应付未付的款项。

3.“存入保证金”科目

“存入保证金”科目属于负债类科目，用于核算金融企业收到客户存入的各种保证金，如信用证保证金、承兑汇票保证金、保函保证金、担保保证金等。该科目可按客户进行明细核算。金融企业收到客户存入的保证金，借记“银行存款”“存放中央银行款项”“应付分保账款”等科目，贷记“存入保证金”科目；向客户归还保证金做相反的会计分录。资产负债表日应按计算确定的存入保证金利息费用，借记“财务费用”“利息支出”等科目，贷记“银行存款”“存放中央银行款项”等科目。“存入保证金”科目期末贷方余额，反映企业接受存入但尚未返还的保证金。

4.“分出保费”科目

“分出保费”科目属于损益类科目，用于核算保险公司再保险分出人向再保险接受人分出的保费。该科目可按险种进行明细核算。期末，应将“分出保费”科目余额转入“本年利润”科目，结转后“分出保费”科目无余额。

5.“应收分保合同准备金”科目

“应收分保合同准备金”科目属于资产类科目，用于核算保险公司再保险分出人从事再保险业务确认的应收分保未到期责任准备金，以及应向再保险接受人摊回的保险责任准备金。保险公司再保险分出人可以单独设置“应收分保未到期责任准备金”“应收分保未决赔款准备金”“应收分保寿险责任准备金”“应收分保长期健康险责任准备金”等科目。该科目可按再保险接受人和再保险合同进行明细核算。“应收分保合同准备金”科目期末借方余额，反映企业从事再保险业务确认的应收分保合同准备金余额。

6.“摊回保险责任准备金”科目

“摊回保险责任准备金”科目属于损益类科目，用于核算公司再保险分出人从事再保险业务应向再保险接受人摊回的保险责任准备金，包括未决赔款准备金、寿险责任准备金、长期健康险责任准备金。保险公司再保险分出人也可以单独设置“摊回未决赔款准备金”“摊回寿险责任准备金”“摊回长期健康险责任准备金”等科目。该科目可按保险责任准备金类别和险种进行明细核算。期末，应将“摊回保险责任准备金”科目余额转入“本年利润”科目，结转后“摊回保险责任准备金”科目无余额。

7.“摊回赔付支出”科目

“摊回赔付支出”科目属于损益类科目，用于核算保险公司再保险分出人向再保险接受人摊回的赔付成本。保险公司再保险分出人也可以单独设置“摊回赔款支出”“摊回年金给付”“摊回满期给付”“摊回死伤医疗给付”等科目。该科目可按险种进行明细核算。期末，应将“摊回赔付支出”科目余额转入“本年利润”科目，结转后“摊回赔付支出”科目无余额。

8.“摊回分保费用”科目

“摊回分保费用”科目属于损益类科目，用于核算保险公司再保险分出人向再保险接受人摊回的分保费用。该科目可按险种进行明细核算。期末，应将“摊回分保费用”科目余额转入“本年利润”科目，结转后“摊回分保费用”科目无余额。

（二）账务处理

分出再保险业务的会计处理主要包括应收分保准备金、分出保费及摊回款项、预收赔款和存入分保保证金等。

1.应收分保准备金的核算

再保险分出人应当在确认非寿险原保险合同保费收入的当期，按照相关再保险合同的约定，计算确认相关的应收分保未到期责任准备金资产，并冲减提取未到期责任准备金。再保险分出人应当在提取原保险合同未决赔款准备金、寿险责任准备金、长期健康险责任准备金的当期，按照相关再保险合同的约定，计算确定应向再保险接受人摊回的相应准备金，确认为相应的应收分保准备金资产。

2.分出保费及摊回款项的核算

（1）分出保费、摊回分保手续费、摊回赔付成本的确认。再保险分出人应当在确认原保险合同保费收入的当期，按照相关再保险合同的约定，计算确定分出保费和应向再保险接受人摊回的分保费用，计入当期损益。再保险分出人应当在确定支付赔付款项金额或实际发生理赔费用而冲减原保险合同相应准备金余额的当期，冲减相应的应收分保准备金余额；同时，按照相关再保险合同的约定，计算确定应向再保险接受人摊回的赔付成本，计入当期损益。摊回准备金和摊回赔付成本的区别：摊回准备金是预计由再保险接受人补偿的金额；摊回赔付成本是由再保险接受人实际补偿的金额。因此，在确认摊回赔付成本的同时应冲减相应的摊回准备金。分出保费、摊回分保费用、摊回赔付成本的计算方法因再保险合同种类的不同而不同，具体计量金额一般由保险人业务部门根据再保险合同约定计算确定。

（2）分出保费、摊回分保手续费、摊回赔付成本的调整。再保险分出人对分出保费、摊回分保手续费、摊回赔付成本进行调整时，应将调整金额计入调整当期的损益，主要有以下几种情况：①再保险分出人应当在原保险合同提前解除的当期，按照相关再保险合同的约定，计算确定分出保费、摊回分保费用的调整金额，计入当期损益。②再保险分出人应当在因取得和处置损余物资、确认和收到应收代位追偿款等而调整原保险合同赔付成本的当期，按照相关再保险合同的约定，计算确定摊回赔付成本的调整金额，计入当期损益。③再保险分出人与再保险接受人约定采用浮动（或累进）分保手续费率方式下，再保险分出人依据合同规定在能够计算确定实际分保手续费率而调整分保手续费时，应将调整金额计入当期损益。再保险分出人确认入账的分保手续费调整金额应为经再保险接受人确认一致后的金额。

（3）纯益手续费的处理。再保险分出人应当根据相关再保险合同的约定，在能够计算确定应向再保险接受人收取的纯益手续费时，将该项纯益手续费作为摊回分保费用计入当期损益。纯益手续费只有再保险接受人实际上有“纯益”时才给付。实务中，保险人通常按照业务年度计算纯益，而一个业务年度的再保险业务往往要跨越若干个会计年度才能结算出损益。再保险分出人确认纯益手续费收入主要应考虑其可靠计量问题，只有能够依据相关数据计算确定应向再保险接受人收取的纯益手续费时，即纯益手续费能够可靠计量时，纯益手续费收入才予以确认。

（4）非比例再保险合同分出保费、摊回赔付成本的处理。对于超额赔款再保险等非比例再保险合同，再保险分出人应当根据再保险合同的约定，计算确定分出保费，计入当期损益。对于非比例再保险合同，再保险分出人应在能够计算确定应向再保险接受人摊回的赔付成本时，将该项应摊回的赔付成本计入当期损益。

3.预收赔款和存入分保保证金的核算

（1）预收赔款的处理。再保险分出人在发生大额索赔的情况下有可能会垫付很大金额的再保险份额的赔款。为了避免这种情况，有些再保险合同约定再保险分出人承保的每张保险单项下或每一次事故的估计损失达到或超过合同约定的限额时，再保险分出人可根据已决赔款或预付赔款的结付金额向再保险接受人发出现金赔款通知书及相关理赔资料，要求再保险接受人预先支付分保份额相对应的现金赔款；再保险分出人收到该现金赔款后视为已决赔款，在当季账单中进行冲销。在这种情况下，分保业务账单的贷方栏中会增加“现金赔款（冲销）”等类似项目。再保险分出人收到再保险接受人预付的现金赔款时，借记“银行存款”科目，贷记“预收赔付款”科目，发出分保业务账单时，按照账单中转销的现金赔款金额，借记“预收赔付款”科目，贷记“应收分保账款”科目。

（2）存入分保保证金的处理。分保保证金是再保险分出人从应付给再保险接受人的分保费中以一定比例扣存，作为再保险接受人履行分保未了责任的保证金。该保证金留存期一般为12个月，至次年同期归还，归还时要支付利息。分保保证金从性质上属于再保险接受人的预付款。当再保险接受人无力履行分保赔付责任时，扣存的分保保证金给再保险分出人提供了一定的安全保障。在再保险合同约定再保险分出人扣存分保保证金的情况下，相关分保业务账单借方栏中会增加“扣存分保保证金”项目，贷方栏中会增加“转回上年度扣存的分保保证金”“分保保证金利息”等项目。因再保险分出人扣存分保保证金的交易具体体现在分保业务账单中，再保险分出人应当在发出分保业务账单时，依据账单标明的相关金额进行会计处理。再保险分出人对于存入分保保证金，应当按期计提利息。

## 三、分入再保险业务的核算

### （一）会计科目设置

#### 1.“分保费用”科目

“分保费用”科目属于损益类科目，用于核算保险公司再保险接受人向再保险分出人支付的分保费用。该科目可按险种进行明细核算。期末，应将“分保费用”科目余额转入“本年利润”科目，结转后“分保费用”科目无余额。

#### 2.“存出保证金”科目

“存出保证金”科目属于资产类科目，用于核算金融企业因办理业务需要存出或缴纳的各种保证金款项。该科目可按保证金的类别以及存放单位或交易场所进行明细核算。金融企业存出保证金，借记“存出保证金”科目，贷记“银行存款”“存放中央银行款项”“结算备付金”“应收分保账款”等科目；减少或收回保证金时做相反的会计分录。“存出保证金”科目期末借方余额，反映企业存出或缴纳的各种保证金余额。

### （二）账务处理

#### 1.分保费收入及分保费用的核算

保险公司在确认分保费收入的当期，应按再保险合同约定计算确定的分保费用金额，借记“分保费用”科目，贷记“应付分保账款”科目。收到分保业务账单，按账单标明的金额对分保费用进行调整，借记或贷记“分保费用”科目，贷记或借记“应付分保账款”科目。

2.纯益手续费的处理

因纯益手续费计算的特殊性，再保险接受人应当根据相关再保险合同的约定，在能够计算确定应向再保险分出人支付的纯益手续费时，将该项纯益手续费作为分保费用，计入当期损益。再保险接受人确认入账的纯益手续费支出金额应为经双方确认一致后的金额。

3.分保赔付成本

再保险接受人确认分保赔付成本的会计处理与保险人确认原保险同赔付成本的会计处理相类似，即再保险接受人应当在收到分保业务账单的当期，按照账单标明的分保赔付款项金额，作为分保赔付成本，计入当期损益；同时，冲减相应的分保准备金余额。

4.预付赔款的处理

再保险接受人向再保险分出人预付的现金赔款，应当在支付预付赔款时，借记“预付赔付款”科目，贷记“银行存款”科目；收到分保业务账单时，按照账单上转销的赔款，借记“应付分保账款”科目，贷记“预付赔付款”科目；存出分保保证金的处理，再保险接受人应当在收到分保业务账单时，依据账单标明的相关金额进行存出分保保证金的会计处理。再保险接受人对存出的分保保证金，应当按期计提利息。

**本章小结**

保险机构是我国金融机构体系的组成部分，在我国国民经济发展中发挥着日益重要的作用。目前看，虽然保险公司盈利水平在不断提升，但随着经济发展不确定因素的增加，保险行业投资收益及盈利水平面临增长压力，随着金融科技融入保险经营模式，保险行业的业务结构也面临优化升级，未来保险行业的发展将更加注重创新和可持续性。一方面，通过深化科技应用，保险公司将提供更加智能、高效的服务，如智能保顾、远程健康监测、即时理赔等，以增强客户黏性和市场竞争力。另一方面，随着社会对环境、社会和公司治理（ESG）的重视，保险公司将开发更多绿色保险、社会责任保险产品，推动行业向可持续发展方向转型。

**综合训练**

1.单项选择题

（1）下列属于财产损失险的是（　　）。

A.第三者责任险　　B.工程保险

C.抵押信用保险　　D.年金保险

（2）下列保险业务实行按业务年度结算损益的是（　　）。

A.人寿保险业务　　B.人身意外伤害保险业务

C.健康保险业务　　D.长期工程险业务

(3)“预付赔付款”科目属于(　　)。

A.资产类科目　　B.负债类科目

C.损益类科目　　D.所有者权益类科目

(4)对未到期责任准备金的计量,下列百分比估算法中以一个季度作为计算期间的是(　　)。

A.1/2法　　B.1/8法

C.1/24法　　D.1/365法

(5)下列属于间接理赔费用准备金的是(　　)。

A.理赔人员薪酬　　B.律师费

C.诉讼费　　D.损失检验费

(6)被保险人生存至规定的年龄,人寿保险公司按保险合同规定支付给被保险人的给付金额,这是给付保险金中的(　　)。

A.满期给付　　B.医疗给付

C.死亡给付　　D.年金给付

(7)下列会计科目用于核算保险公司再保险分出人向再保险接受人摊回的赔付成本的是(　　)。

A.摊回保险责任准备金　　B.摊回分保费用

C.摊回赔付支出　　D.应付分保账单

第九章即测即评

2.复习思考题

(1)保险业务核算的特点包括哪些?

(2)简述财产保险业务核算的基本方法。

(3)简述人身保险业务核算的基本方法。

(4)简述再保险的概念及业务种类。

# 第十章

## 证券业务的核算

**本章导读**

证券公司是我国金融机构体系的重要组成部分，证券行业在金融业乃至整个经济系统中发挥着重要的作用，证券公司的稳健经营与我国经济可持续发展息息相关。历经多年的发展，我国证券公司整体管理水平较高，风险控制能力较强，会计核算严谨。证券公司日常经营涉及大量的金融工具的确认和计量，几乎涵盖了现有所有的金融工具品种。证券业务本身具有针对性强、证券资产价值变动频繁以及清算关系复杂等特点，使得其会计核算相比其他金融机构特点更加突出。正确地进行会计核算，不仅可以真实反映证券公司的各项财务状况、经营成果及现金流量，对于规范证券业务的会计操作、提高行业透明度、防范资本市场风险也具有重要意义。

本章从介绍证券业务的种类和证券业务核算的特点入手，分别详细地介绍了证券经纪业务、证券自营业务、证券承销业务以及其他证券业务的会计科目设置和核算方法。

**基本概念**

证券　资本证券　证券经纪业务　证券自营业务　证券承销业务　全额承购包销方式　余额承购包销方式

## 第一节　证券业务概述

### 一、证券业务的意义

证券是证明持券人有权按照证券所规定的内容，取得相应权益的证明书。证券分为商品证券、货币证券和资本证券（或收益证券）。商品证券本身没有价值，只证明持券人对商品具有领取权的证券，如提货单、仓单等。货币证券是表明持券人对货币具有索取权的证券，如汇票、本票、支票等。资本证券是表明持券人的资本所有权或债权，并可以据其获得一定收益的证券，如股票、债券等。金融企业经营的证券业务指的就是资本证券业务。资本证券是一种特殊资本，持有人能够获得一定的收益，并可以转让给他人而收回本金，也就是说资本证券可以买卖，具有市场性。

证券是商品经济发展到一定阶段的必然产物。长期以来，我国主要通过银行这一信用中介机构，采取间接金融的融资方式筹集巨额资金。然而，这种单一的融资方式早已不能适应商品经济多层次、全方位发展的需要，为此，国家逐步开放了证券市场，使那些在间接方式下取得资金的经济组织能在证券市场上直接筹集所需要的资金，让企业有筹集渠道上的比较和选择，让投资者自行决定投资方向和承担投资风险，从而逐步开放直接金融的融资方式。以证券公司为主体的证券经营机构正是这种在有价证券的发行者和投资者之间起中介作用的非银行金融机构，它们通过经营、募集、发行、承销、经纪或自营方式买卖各类有价证券，以实现其基本职能。

如今，证券经营机构经营的证券业务不断扩大，证券市场在证监会的宏观指导和监督下，正逐步走向完善、成熟。证券经营机构依法、合规地从事业务活动，对于促进资本市场的发展和完善，推动企业股份制改造和现代企业制度的建立，以及推进金融宏观调控工具的运用与作用的发挥产生着重要影响。

## 二、证券业务的种类

根据《中华人民共和国证券法》（以下简称《证券法》）的规定，我国证券业务主要有证券经纪业务、证券自营业务、证券承销业务和其他证券业务。证券公司必须将其证券经纪业务、证券自营业务、证券承销业务和其他证券业务分开办理，不得混合操作。

### （一）证券经纪业务

证券经纪业务，是指企业（证券公司、银行，下同）通过其建立的营业网络，受客户（投资者）委托，按照客户的要求，在证券市场上代客户买卖证券的行为，包括代理买卖证券业务、代理兑付证券业务和代理保管证券业务。

我国《证券法》规定，办理经纪业务，不得接受客户的全权委托而决定证券买卖、选择证券种类、决定买卖数量或者买卖价格。不得以任何方式对客户证券买卖的收益或者赔偿证券买卖的损失做出承诺。不垫付资金，不赚取差价，只按受托完成交易金额的一定比例或按定额收取经纪佣金。

证券的发行对于企业是否及时、足额筹集资金有着极为重要的意义，特别是对那些知名度不高、初次发行证券、社会公众不大了解的企业更是如此，因此，为了降低发行风险，在一般情况下，除少量的内部债券或股票的发行工作企业可以自行组织以外，数额较大的和向社会公开发行的债券或股票的发行工作均委托企业（证券公司、银行）代理。

我国证券经纪业务有其自身的特点，这是由我国特有的交易制度决定的。目前，从上海、深圳两个证券交易所的实际情况看，我国证券经纪业务可分为两大类：一类是A股、基金及债权代理买卖业务，所有证券公司依法设立的营业部都可以经营此类业务；另一类是B股代理买卖业务，由B股特许证券商来代理。B股特许证券商又可分为境内B股特许证券商和境外特许证券商。境内B股特许证券商代理B股买卖业务，可在其已开通交易的A股席位上进行；境外特许证券商可通过其拥有的B股特别席位完成代理买卖业务，也可以委托境内B股特许证券商完成代理买卖业务。

（二）证券自营业务

证券自营业务是证券公司以自己的名义，用公司的自有资金和依法筹集的资金买卖证券以达到获利目的的证券业务。自营业务中的证券一般是能随时变现且持有期间不准备超过1年或虽不能随时变现但其发行期或购入日至到期日的剩余期限不满1年（含1年）的股票、债券、基金和权证等经营性证券，证券买入价与卖出价之间的差额，即为自营证券买卖业务的毛利。

证券公司开展自营业务必须以自己的名义进行，不得假借他人名义或以个人名义进行，并且不得将其自营账户借给他人使用。自营业务所使用的资金必须是自有资金和依法筹集的资金。自营业务买卖的对象既有上市证券，也有非上市证券。

（三）证券承销业务

证券承销业务是指证券在发行过程中，企业（证券公司、银行）接受发行人的委托，代理发行人发行证券的活动，包括代国家发售国库券、国家重点建设债券，代企业发行集资债券和股票、基金等。在我国目前的证券实务中，证券承销包括包销和代销两种方式。

（四）其他证券业务

其他证券业务是指企业（证券公司、银行）经批准在国家许可的范围内进行的除经纪、自营和承销业务以外的业务，如买入返售证券、卖出回购证券等。

**三、证券业务核算的特点**

证券公司属于金融企业的范畴，但其业务内容与商业银行、保险公司、信托投资机构等其他金融企业不同。因此，证券业务的会计核算与其他金融企业的会计核算也有很大区别，主要体现在：

（一）业务的针对性强

证券业务所涉及的单位从业务性质上可分为三大类：一是以证券公司为

主体，包括各类投资信托公司及非银行金融机构所属证券部等证券经营机构；二是以证券交易所为主体，包括各地证券交易中心等证券中介机构；三是证券登记公司、登记结算公司和投资咨询公司等证券服务机构。由于这些机构业务性质、经营范围和涉及的对象均不同，因此使用的会计科目及账务处理既有区别又有联系，有的甚至借贷方向相反，如“清算备付金”科目，对证券公司来说属资产类，而对证券中介机构及证券服务机构来说则属负债类。本书主要介绍证券公司的会计核算。

（二）价值变动频繁

各类证券是证券公司主要的流动资产，其价值反映在表内会计科目中，但数量都在表外科目中核算。各类证券的实际价值并非账面价值，其真正价值应该是市价。因此，对于证券本身这种流通性很强、价格波动频繁的特殊金融商品而言，如何准确、真实、及时地反映其实际价值，并且能实事求是地反映证券经营机构的实际经营状况，是一个至关重要的问题。

（三）清算关系复杂

证券市场中的证券买卖交易同商品市场中商品的销售，从形式上看二者的交易原则基本相同，即“钱货两清”，但其交易对象不同，商品买卖中买卖双方的地位相对稳定，而证券交易中，无论是充当经纪人的证券经营机构，还是作为客户的投资人，在整个证券市场中地位都是不稳定的。一会儿买入某种证券，一会儿卖出某种证券，他们不断地充当应收证券者，或者应付证券者，给资金或证券的清算带来了难度。一笔证券买卖成交后，从卖方角度看，交易所对证券商是应收证券，应付价款；投资人对证券商是应付证券，应收价款。而从买方角度看，则正好相反。可见，清算关系是因人而异，根据买卖地位而变化的，所以，会计核算必须明确对象。

## 第二节　证券经纪业务的核算

### 一、会计科目的设置

1.“代买卖证券款”科目

“代买卖证券款”科目为负债类科目，用来核算证券公司接受客户委托，代客户买卖股票、债券和其他有价证券由客户交存的款项。公司代客户认购新股的款项、代客户领取的现金股利和债券利息、代客户向证券交易所支付的配股款等，也在本科目核算。

2.“代兑付债券”科目

“代兑付债券”科目是资产类科目，用来核算证券公司代理国家或企业兑付到期的债券。其借方登记已兑付的各类到期债券以及因委托单位未拨付或拨付不足债券兑付资金，客户兑付时垫付的资金；贷方登记国家或企业拨付的委托兑付债券资金，以及向委托单位交付已兑付的债券并收回垫付的资金；余额表示已接受委托但还未兑付的及已经兑付但尚未交付的债券款项。

3."代兑付债券款"科目

"代兑付债券款"科目是负债类科目，用来核算证券公司代理国家或企业等单位兑付债券业务而收到委托单位预付的兑付债券资金。其贷方登记收到委托单位的兑付资金，借方登记代理兑付的资金，余额表示应付但尚未兑付的债券本息款。

4."清算备付金"科目

"清算备付金"科目为资产类科目，用来核算证券公司为证券交易的资金清算与交收而存入指定清算代理机构的款项。其借方登记证券公司存入清算代理机构的款项、公司代客户通过证交所买卖证券时卖出总额大于买入总额的差额减去相关的税费后的数额，以及公司自营卖出证券实际收到的金额；贷方登记从清算代理机构收回资金的数额、公司代客户通过证交所买卖证券时买入证券总额大于卖出证券总额的差额加上相关的税费后的数额，以及公司自营买入证券时支付的实际成本，余额反映公司和客户存入指定代理机构尚未使用的款项。

## 二、代理买卖证券业务的核算

代理买卖证券业务是证券公司代理客户进行证券买卖的业务。公司代理客户买卖证券收到的款项，必须全额存入指定的商业银行，并在"银行存款"科目中单设明细科目进行核算，不能与本公司的存款混淆。公司在收到代理客户买卖证券款项的同时应当确认为一项负债，与客户进行相关的结算。公司代理客户买卖证券的手续费收入应当在与客户办理买卖证券款项清算时确认收入。

### （一）资金专户的核算

1.客户开设资金专户并交来款项以及日常存款时的会计分录

借：银行存款

　　贷：代买卖证券款

客户取款时，会计分录相反。

2.客户销户、结清利息时的会计分录

借：应付款项——应付客户资金利息

　　贷：银行存款

3.客户资金专户统一结息时的会计分录

借：应付款项——应付客户资金利息（已提利息部分）

　　利息支出（未提利息部分）

　贷：代买卖证券款

4.公司为客户在证券交易所开设清算资金专户时的会计分录

借：清算备付金——客户

　贷：银行存款

（二）代理买卖证券

1.公司接受客户委托，通过证券交易所代理买卖证券，与客户清算时

如果买入证券成交总额大于卖出证券成交总额，则会计分录为：

借：代买卖证券款（买卖证券成交价的差额，加代扣代缴的交易税费和应向客户收取的佣金等手续费）

　　手续费及佣金支出——代买卖证券手续费支出（公司应负担的交易费用）

　贷：清算备付金（买卖证券成交价的差额，加代扣代缴的印花税费和公司应负担的交易费）

　　　手续费及佣金收入——代买卖证券手续费及佣金收入（应向客户收取的佣金等手续费）

2.公司接受客户委托，通过证券交易所代理买卖证券，与客户清算时

如果卖出证券成交总额大于买入证券成交总额，则会计分录为：

借：清算备付金（买卖证券成交价的差额，减代扣代缴的印花税费和公司应负担的交易费）

　　手续费及佣金支出——代买卖证券手续费支出（公司应负担的交易费用）

　贷：代买卖证券款（买卖证券成交价的差额，减代扣代缴的交易税费和向客户收取的佣金等手续费）

　　　手续费及佣金收入——代买卖证券手续费及佣金收入（应向客户收取的佣金等手续费）

（三）代理认购新股

1.代理客户认购新股，收到客户认购款时的会计分录

借：银行存款

　贷：代买卖证券款

2.将款项划付清算代理机构时的会计分录

借：清算备付金——客户

　贷：银行存款

3.客户办理申购手续，在公司与证券交易所清算时的会计分录

借：代买卖证券款

　贷：清算备付金——客户

4.证券交易所完成中签认定工作，将未中签资金退给客户时的会计分录

借：清算备付金——客户

　贷：代买卖证券款

5.公司将未中签的款项划回时的会计分录

借：银行存款

　贷：清算备付金——客户

6.公司将未中签的款项退给客户时的会计分录

借：代买卖证券款

　贷：银行存款

（四）代理配股派息的核算

1.采取当日向证券交易所解交配股款的，在客户提出配股要求时的会计分录

借：代买卖证券款

　贷：清算备付金——客户

2.采用定期向证券交易所解交配股款的，在客户提出配股要求时的会计分录

借：代买卖证券款

　贷：其他应付款——应付客户配股款

3.与证券交易所清算配股款时，按配股金额做会计分录

借：其他应付款——应付客户配股款

　贷：清算备付金——客户

（五）代客户领取现金股利和利息的核算

在代客户领取现金股利和利息时，会计分录为：

借：清算备付金——客户

　贷：代买卖证券款

（六）公司按规定向客户统一结息的核算

当公司按规定向客户统一结息时，会计分录为：

借：利息支出（或应付利息）

　贷：代买卖证券款

### （七）代客户兑付证券

代客户兑付证券是证券公司接受发行单位委托，兑付到期证券，兑付结束后，将已兑付证券集中交给发行单位，同时向发行单位收取手续费的业务。

1.企业兑付无记名证券

（1）为了不使代理兑付证券的证券公司垫付资金，证券发行单位应向代理兑付证券的证券公司拨付兑付证券款，证券公司收到委托单位的兑付资金时，会计分录为：

借：银行存款

　贷：代理兑付证券款

（2）收到客户交来的证券，按兑付金额做会计分录：

借：代理兑付证券

　贷：银行存款

（3）兑付期结束后，应将已兑付的证券集中交给发行单位，如果代兑付证券款有剩余，亦应一并交回，同时收取手续费。手续费可以从代兑付证券款中扣留，也可以单独结算。会计分录为：

借：代理兑付证券款

　贷：代理兑付证券

　　　银行存款

　　　手续费及佣金收入

（4）如果委托单位尚未拨付兑付资金，并由公司垫付的，收到兑付债券时，按兑付金额记账，会计分录为：

借：代理兑付证券

　贷：银行存款

2.企业兑付记名证券

（1）收到委托单位的兑付资金时，会计分录为：

借：银行存款

　贷：代理兑付证券款

（2）兑付债券本息时，按兑付金额做会计分录：

借：代理兑付证券

　贷：银行存款

3.收取代兑付债券手续费收入

（1）手续费向委托单位单独收取的，按应收或已收取的手续费做会计分录：

借：其他应收款（或“结算备付金”）
  贷：手续费及佣金收入

（2）手续费与兑付款一并汇入的，在收到款项时，应按实际收到的金额做会计分录：

借：银行存款
  贷：代理兑付证券款（应兑付的金额）
    其他应收款——预收代兑付证券手续费（事先取得的手续费）

（3）待兑付证券业务完成后，确认手续费及佣金收入，会计分录为：

借：其他应收款——应收代兑付证券手续费
  贷：手续费及佣金收入

## 第三节 证券自营业务的核算

证券自营业务按其经营形式可分为两种，一种是场内交易，另一种是场外交易。场内交易也称为交易所交易，它是最重要、最集中、最组织化的证券交易活动，是一种有固定场所、固定时间并有一定规则的证券买卖活动。场外交易是指不在交易所内交易，而在交易所市场以外进行的证券交易的总称。

### 一、证券自营业务会计科目的设置

1.“交易性金融资产”科目

本科目为资产类科目，用来核算持有的以公允价值计量且其变动计入当期损益的金融资产。

2.“债权投资”科目

本科目为资产类科目，用来核算持有以摊余成本计量的金融投资的价值。

3.“其他债权投资”或者“其他权益工具投资”科目

本科目为资产类科目，用来核算以公允价值计量且其变动计入其他综合收益的金融投资的价值。

### 二、证券自营业务核算的有关规定

（一）自营证券买入的成本计量

自营证券买入时应按照实际成本核算的原则，即应按照清算日买入时的实际成本作为入账价值。这里的实际成本包括买入时成交的价款和缴纳的相关税费。

（二）自营证券卖出的收益确认和成本计量

从事证券业务的金融企业与其他企业的经营有较大的区别，它是以买卖证券来获取利润，而不是像其他企业那样将证券作为投资对象，它所经营的就是证券本身，因此，自营证券出售的差价收入，应在与证券交易所清算时按成交价扣除买入成本、相关税费后的净额确认。自营证券销售成本的核算，可以采用先进先出法、加权平均法和移动平均法等方法。除法律法规或规章等的要求，以及为了使提供的企业财务状况、经营成果和现金流量等会计信息更可靠、更相关外，方法一经确定，不得随意变更。如有变更，应当在会计报表附注中予以说明。

（三）自营证券跌价准备的计提

自营证券业务是一种高风险、高收益的业务，买入的证券在证券市场进行流通，其价格波动通常较大，对于券商来说，自营收益伴随着相当大的自营风险，从会计核算的角度考虑，提取自营证券跌价准备充分体现了会计核算的谨慎性原则。从事证券业务的金融企业，其自营证券应在期末按成本与市价孰低计价，当市价低于成本时，应按其差额计提跌价准备。自营证券的跌价是指自营证券预计未来可收回金额低于账面价值所发生的损失。预计未来可收回金额按照市价确定。自营证券跌价准备的提取可采用单项比较法、分类比较法和总额比较法三种方法。证券公司出售自营证券时，一般不同时调整已计提的跌价准备，待期末时再一并予以调整。

**三、证券自营业务的账务处理**

证券公司在证券交易所进行自营证券交易时，应按照金融工具确认和计量准则的规定，根据持有证券的意图将其划分为交易性金融资产和其他债权投资，并分别以下情况进行账务处理：

（一）买入自营证券

1.买入时划分为交易性金融资产的自营证券

（1）应按证券的公允价值做会计分录：

借：交易性金融资产

　贷：清算备付金——客户

（2）发生交易费用时，会计分录为：

借：投资收益

　贷：清算备付金——客户

2.买入时划分为以公允价值计量且其变动计入其他综合收益的自营证券

应做会计分录：

借：其他债权投资（或其他权益工具投资）

　贷：清算备付金——客户

3.在自营证券持有期间收取现金股利或应收利息的会计分录

借：清算备付金——客户

　贷：投资收益

4.购进的自营证券包含已宣布发放的股利或利息的会计分录

借：交易性金融资产

　　其他应收款

　贷：清算备付金

5.实际收到这部分股利或利息时的会计分录

借：银行存款

　贷：其他应收款

6.资产负债表日，计算交易性金融资产的公允价值与其账面余额的差额

（1）如果交易性金融资产的公允价值高于其账面余额，按其差额做会计分录：

借：交易性金融资产（公允价值变动）

　贷：公允价值变动损益

（2）如果公允价值低于其账面余额，按其差额，做相反的会计分录。

7.资产负债表日，计算其他债权投资（或其他权益工具投资）的公允价值与其账面余额的差额

（1）如果其他债权投资（或其他权益工具投资）的公允价值高于其账面余额，按其差额，做会计分录为：

借：其他债权投资（或其他权益工具投资）

　贷：资本公积——其他资本公积

（2）如果公允价值低于其账面余额，按其差额，做相反的会计分录。

8.自营证券持有期间以公允价值计量且其变动计入其他综合收益的金融投资发生减值的会计分录

借：资产减值损失

　贷：其他债权投资（或其他权益工具投资）减值准备

（二）出售自营证券

1.出售交易性金融资产时

（1）按实际收到款项的金额做会计分录：

借：清算备付金——客户（账面余额）

　贷：交易性金融资产（账面余额）

　　　交易性金融资产（公允价值变动）

（2）按其差额借记或贷记“投资收益”科目。同时，根据该项交易性金融资产的公允价值的变动情况，做会计分录：

借（或贷）：公允价值变动损益

　贷（或借）：投资收益

2. 出售其他债权投资（或其他权益工具投资）时，按实际收到款项的金额做会计分录

借：清算备付金——客户

　贷：其他债权投资（或其他权益工具投资）

## 第四节　证券承销业务的核算

### 一、会计科目的设置

1.“代理承销证券款”科目

本科目为负债类科目，用来核算企业（证券公司、银行）接受委托，采用余额承购包销方式或代销方式承销证券所形成的、应付证券发行人的承销资金。本科目应当按照委托单位和证券种类进行明细核算。

2.“代理发行证券”科目

本科目为资产类科目，用来核算企业（证券公司、银行）接受委托代理发行的股票、债券等证券的价值。

### 二、证券承销业务的账务处理

按照我国《证券法》的规定，发行人向不特定对象公开发行的证券，法律、行政法规规定应当由证券公司承销的，发行人应当同证券公司签订承销协议。证券承销业务采取代销或者包销方式。证券代销是指证券公司代发行人发售证券，在承销期结束时，将未售出的证券全部退还给发行人的承销方式。在代销业务中证券公司向委托人收取手续费。证券包销是指证券公司将发行人的证券按照协议全部购入或者在承销期结束时将售后剩余证券全部自行购入的承销方式。

证券公司在代销、包销期内，对所代销、包销的证券应当保证先行出售给认购人，证券公司不得为本公司预留所代销的证券和预先购入并留存所包销的证券。

（一）代销证券的主要账务处理

（1）证券公司收到发行单位交来的代销证券，在发行期开始前，可以作为重要凭证保管，不做账务处理。发行期开始，应按照面值或协议价入账。采用代销方式承销证券的，应将未售出的证券退还委托单位，并冲销备查账簿中登记的承销证券。其会计分录为：

借：代理发行证券

　贷：代理承销证券款

（2）发售证券后，做会计分录：

借：银行存款

　贷：代理发行证券

（3）发行结束后，将代销证券款交给委托单位，同时应由委托单位付给手续费。手续费可以从发行证券款中扣除，也可以单独结算收取，由双方协商。如果从发行证券款中扣留，则其会计分录为：

借：代理承销证券款

　贷：银行存款

　　手续费及佣金收入

如果是单独结算，则其会计分录为：

借：代理承销证券款

　贷：银行存款

借：银行存款

　贷：手续费及佣金收入

（4）发行结束后，如果尚有未售出证券，应退回，会计分录为：

借：代理承销证券款

　贷：代理发行证券

（二）一般承销无记名证券的主要账务处理

证券公司一般采用余额承购包销方式承销无记名证券。余额承购包销方式是证券公司与证券发行单位事先签订合同或协议，确定由证券公司代理发行该单位的证券数量，在发行期内如果证券公司承担发售的证券没有全部售出，则剩余部分由证券公司购入。

（1）收到委托单位委托发行的证券时，不需要在账内同时确认为一项资产和一项负债，只需在专设的备查账簿中登记承销情况。

（2）在约定的期限内售出证券时，应按承销价格做会计分录：

借：银行存款

　贷：代理承销证券款

（3）承销期结束，将募集资金付给委托单位并收取手续费，会计分录为：

借：代理承销证券款（承销价格）

　贷：银行存款（实际支付给委托单位的金额）

　　手续费及佣金收入

同时，冲销备查账簿中登记的承销证券。

（4）承销期结束如有未售出的证券，按合同规定由证券公司认购，则应按承销价格确认为自营库存证券，会计分录为：

借：交易性金融资产

　贷：代理承销证券款

（三）承销记名证券的主要账务处理

（1）证券公司通过证券交易所上网发行的，在证券上网发行日根据承销合同确认的证券发行总额，按承销价格，在备查账簿中记录承销证券的情况。

（2）证券公司与证券交易所交割清算时，按网上实际发行数量和承销价格计算的承销款项减去上网费用后的余额做会计分录：

借：清算备付金

　　其他应收款——应收代垫委托单位上网费

　贷：代理承销证券款

（3）承销期结束，证券公司将承销证券款项交付委托单位并收取承销手续费和代垫上网费用时，按承销价格做会计分录：

借：代理承销证券款

　贷：其他应收款——应收代垫委托单位上网费

　　　手续费及佣金收入（承销手续费）

　　　清算备付金

同时，冲销备查账簿中登记的承销证券。

（4）承销期结束如有未售出的证券，应当比照承销无记名证券的相关规定进行处理。

（5）证券公司通过柜台承销证券的账务处理，应当比照承销无记名证券的相关规定进行处理。

## 第五节　其他证券业务的核算

### 一、会计科目的设置

1.“买入返售的金融资产”科目

本科目为资产类科目，用来核算企业（证券公司）按返售协议约定先买入再按固定价格返售给卖出方的证券所融出的资金。本科目应当按照买入返售金融资产的类别和融资方进行明细核算。

2.“卖出回购金融资产款”科目

本科目为负债类科目，主要核算企业（银行）按回购协议卖出票据、证券、贷款等金融资产所融入的资金。本科目应当按照卖出回购金融资产的类别和融资方进行明细核算。

**二、买入返售金融资产业务的主要账务处理**

买入返售证券业务，是指企业与其他企业以合同或协议的方式，按照一定价格买入证券，到期日再按合同规定的价格将该批证券返售给其他企业，以获取买入价与卖出价的差价收入。这实际上是以证券为依据向交易对方融通资金，而证券并不做真正的转移。

1.企业根据返售协议买入金融资产时的会计分录

借：买入返售的金融资产（实际支付的款项和交易费用之和）

　贷：清算备付金

2.资产负债表日，按合同约定的名义利率计算确定的买入返售金融资产的利息收入的金额做会计分录

借：买入返售的金融资产

　贷：利息收入（或投资收益）

3.收到支付的买入返售金融资产的利息、现金股利等时的会计分录

借：清算备付金

　贷：买入返售的金融资产

合同约定的名义利率与实际利率差异较大的，应采用实际利率计算确定利息收入。

4.返售日，按收到的返售价款做会计分录

借：清算备付金

　贷：买入返售的金融资产（账面余额）

　　　利息收入（或投资收益）

5.在交易对方违约的情况下，企业有权取得本应按固定价格返售的证券等资产的会计分录

借：交易性金融资产（取得该资产的公允价值）

　　清算备付金（交易对方支付的履约保证金）

　贷：买入返售的金融资产（账面余额）

同时，按其差额借记或贷记“利息收入”“投资收益”等科目。

**三、卖出回购金融资产业务的主要账务处理**

卖出回购证券业务，是指公司与其他企业以合同或协议的方式，按照一定价格卖出证券，到期日再按合同规定的价格买回该批证券，以获取一定时期内资金的使用权。这项业务一般是证券公司持有证券，但急需资金，故将证券暂

时卖给某单位以取得资金，协议规定期满后再购回，是券商解决暂时性资金不足的一项措施，属于短期融通资金业务。在此类业务中，一般是卖出价低于回购价，差额即为资金使用费，而证券并不真正转移。

1.企业根据回购协议卖出证券等金融资产时的会计分录

借：清算备付金（实际收到的金额）

　贷：卖出回购金融资产款

2.资产负债表日，按实际利率计算确定的卖出回购金融资产的利息费用做会计分录

借：利息支出

　贷：卖出回购金融资产款

实际利率与合同约定的名义利率差异不大的，也可以采用合同约定的名义利率计算确定利息费用。

3.卖出回购金融资产协议到期时的会计分录

借：卖出回购金融资产款（账面余额）

　　利息支出

　贷：清算备付金（实际支付的金额）

4.在交易对方违约的情况下的会计分录

借：卖出回购金融资产款（账面余额）

　　清算备付金（交易对方支付的履约保证金）

　　贷款损失准备（已计提的减值准备）

　贷：交易性金融资产

同时，按其差额借记或贷记“投资收益”等科目。

**本章小结**

证券公司是我国金融市场的一个重要组成部分，起到促进资本的流动和为企业提供多种融资渠道的作用，是我国资本市场重要的组织者和参与者。2017年我国财政部对原金融工具准则进行修订并陆续发布了《企业会计准则第22号——金融工具确认和计量》《企业会计准则第23号——金融资产转移》《企业会计准则第24号——套期会计》《企业会计准则第37号——金融工具列报》四项“新金融工具会计准则”，该准则的修订给金融机构带来了较大影响。由于证券公司经营的金融工具品种多，因此，新金融工具准则对其影响极大，其会计核算也将做出相应改变。准确及时地对其业务进行会计核算不仅能够真实地反映证券公司各项业务的财务状况、经营成果及现金流量，而且通过会计核算提供的会计信息具有相关性，可以有效提高资本市场透明度，约束投

资者行为，促进资本市场规范发展。

**综合训练**

1．单项选择题

（1）证券公司以自己的名义，用公司的自有资金和依法筹集的资金买卖证券以达到获利目的的业务是（　　）。

A．证券经纪业务　　B．证券自营业务

C．证券承销业务　　D．其他证券业务

（2）下列属于证券服务机构的是（　　）。

A．信托公司　　B．商业银行

C．证券交易所　　D．证券登记公司

（3）下列会计科目用来核算证券公司为证券交易的资金清算与交收而存入指定清算代理机构的款项的是（　　）。

A．代买卖证券款　　B．代兑付债券

C．代兑付债券款　　D．清算备付金

（4）在代理认购新股的核算中，客户办理申购手续，在公司与证券交易所清算时，应做会计分录的借方是（　　）。

A．代理兑付证券款　　B．代理买卖证券款

C．代理兑付证券　　D．其他应收款

（5）在证券自营业务的核算中，买入以公允价值计量且变动计入其他综合收益的自营证券，应做会计分录的借方是（　　）。

A．交易性金融资产

B．公允价值变动

C．其他债权投资（其他权益工具投资）

D．结算备付金

（6）对于证券承销业务中的包销方式，下列叙述正确的是（　　）。

A．承销商不承担发行风险

B．承销商不垫付资金

C．未售出证券的所有权属于发行人

D．要求承销发行人支付的费用相对较高

（7）“卖出回购金融资产款”科目是（　　）。

A．资产类科目　　B．负债类科目

C．损益类科目　　D．所有者权益类科目

第十章即测即评

2．复习思考题

（1）简述证券业务核算的特点。

（2）金融企业经营的不同证券业务的收益来源有什么不同？

（3）自营证券和证券承销业务的收益各自通过什么科目核算反映？如何使用这几个会计科目？

# 第十一章
## 信托投资业务的核算

### 本章导读

信托业务在我国的金融体系中占有重要地位，在社会经济中发挥着重要作用。目前我国主要由信托投资公司经营信托业务。经过多年的发展改革，受到市场融资需求旺盛、居民财富管理多样化等因素推动，我国信托业高速发展，资产管理规模迅速膨胀。然而，随着经济发展黄金时期的结束，信托业面临盈利能力、偿债能力下降的趋势，面临转型发展的需要。

本章所讲的信托是指金融企业以其信用接受客户委托，按照客户的要求，对其拥有所有权的资产代为经营、运用与管理的业务，包括信托存款、信托贷款、委托存款、委托贷款，以及短期投资和中长期股权投资等。本章分别阐述了信托存贷款业务、委托存贷款业务、短期投资、长期股权投资、信贷资产转让的基本核算方法。

### 基本概念

信托　信托存款　信托贷款　委托存款　委托贷款　短期投资　长期股权投资　信贷资产转让业务

## 第一节　信托投资业务概述

### 一、信托定义

信托是委托人基于对受托人的信任，将其财产权委托给受托人，由受托人按委托人的意愿，以自己的名义，为受益人的利益或者特定目的，进行管理或者处分的民事法律行为。

信托起源于英国的Use（用益）制度。Use制度的运用须以财产所有者对受托人的信任为前提，故以其为代表的财产处分方式，被称为Trust，即信托。信托是社会经济发展到一定阶段的产物，是随着商品货币关系的发展而发展的。信托不因信托投资公司的依法解散、被宣告破产或者被依法撤销而终止，也不因信托投资公司的辞任而终止，但法律或者信托文件另有规定的除外。

信托是多边信用关系，涉及委托人、受托人、受益人、信托财产。信托业务是信托投资公司以营利和收取报酬为目的，以受托人身份承诺信托和处理信托事务的经营行为。委托人是具有完全民事行为能力的自然人、法人或者依法成立的其他组织，委托人有权了解其信托财产的管理、运用、处分及收支情况，并有权要求受托人做出说明，委托人有权查阅、抄录或者复制与其信托财产有关的信托账目以及处理信托事务的其他文件。受托人也应当是具有完全民事行为能力的自然人、法人，受托人应当按照信托文件的规定，为受益人的最大利益处理信托事务。受益人是在信托中享有信托受益权的人，它可以是自然人、法人或者依法成立的其他组织，委托人可以是受益人，也可以是同一信托的唯一受益人；受托人也可以是受益人，但不是同一信托的唯一受益人。信托财产是信托投资公司因承诺信托而取得的财产。信托投资公司因信托财产的管理、运用、处分或者其他情形而取得的财产，也是信托财产。法律、行政法规禁止流通的财产不得作为信托财产，法律、行政法规限制流通的财产，依法经有关部门批准后，可以作为信托财产。

## 二、信托的分类

根据不同的角度，信托可以有不同的分类。

### （一）资金信托、财产信托和财产权信托

根据信托财产种类的不同，信托分为资金信托、财产信托和财产权信托。资金信托是委托人基于对受托人的信任，将自己合法拥有的资金委托给受托人，由受托人按委托人的意愿以自己的名义，为受益人的利益或者特定目的管理、运用和处分资金的行为。财产信托是委托人将自己的动产、不动产等非货币形式的财产委托给受托人按照约定的条件和目的进行管理或者处分的行为。财产权信托是委托人将自己的专利、版权、知识产权等财产权委托给受托人按照约定的条件和目的进行管理或者处分的行为。

### （二）私益信托和公益信托

信托按照受益对象或信托目的分为私益信托和公益信托。私益信托是指委托人为自己或者其他特定个人（包括亲戚、朋友）的利益而设立的信托。其目的是实现私人利益。信托制度产生的初期，即是以私益信托的形式出现的。目前，私益信托仍是信托业务中的主要部分，如设备信托、证券信托、投资信托等。公益信托是指委托人为了社会公众的利益而设立的信托。设立公益信托不得有确定的受益人，只能以社会公众或者一定范围内的社会公众作为受益人。一般而言，公益信托将被直接用于发展某项或某些公益事业，如发展社会福利、环境保护等。

（三）任意信托、推定信托和法定信托

按照信托关系建立的法律依据，信托可分为任意信托、推定信托和法定信托。任意信托是信托当事人（委托人、受托人、受益人）有要成立信托关系的意思，并明确订立在有关信托文件之中，即这种信托的成立完全以各方当事人的自由意思表示为依据，不受外力干预。推定信托是信托关系成立，并没有订立明确的契约或者遗嘱等，而是由法院根据信托关系人的来往信件或其他有关文件记载研究推定三方当事人确曾有建立信托关系的意思，继而明确真正的信托关系。法定信托是依法律的规定来推测当事人的意思所发生的一种信托，即由司法机关确定其法律上的信托效力。

**三、信托业务核算的原则**

第一，信托资产不属于信托公司的自有资产，也不属于信托公司对受益人的负债。信托公司终止时，信托资产不属于其清算财产。

第二，信托公司的自有资产与信托资产应分开管理、分别核算，并将不同委托人的信托财产分别管理、分别记账。

第三，信托公司管理不同类别的信托业务，应分别按项目设置信托业务明细账进行核算管理。

## 第二节　信托存贷款业务的核算

在信托业务中，委托人将资金存入信托机构后，对其使用不做具体要求，只提出原则性的使用方向，而信托人可以自主地代为运营，但委托机构要提出最低收益率的要求，信托机构的收益为信托贷款的利息，信托机构要承担经营风险。

**一、信托存款的核算**

信托存款是在特定的资金来源范围内，由金融信托机构以信托方式吸收的存款。吸收信托存款的资金来源一般是指那些游离于生产和流通环节之外的非经营性资金，并且委托人对其有自主支配权，而并非生产和流通领域的暂时闲置资金和预算内资金，如财政部门可以有偿使用的预算外资金、各企事业主管部门可自主支配和有偿使用的资金、劳动保险机构的劳保基金等。

信托存款一般为定期一年以上的定期存款。

（一）存入信托存款

在存入信托存款时，会计分录为：

借：银行存款

　贷：实收信托

（二）定期计算利息

信托存款从信托机构开出存单起息，由于其为定期存款，因此利息应在存款期满后随本清结，但在存期内根据权责发生制原则定期计算应付利息。会计分录为：

借：利息支出

　贷：应付利息

（三）到期支取

信托机构将存单和卡片账核对一致后，将本息一并支付，划转到委托人在银行的存款账户上。会计分录为：

借：实收信托

　　应付利息

　　利息支出

　贷：银行存款

**二、信托贷款的核算**

信托贷款业务是由信托项目管理、运用、处分信托财产而发放的各项贷款。信托贷款的发放必须符合信贷原则、条件，并对贷款的发放按程序进行审查。在贷款前，信托公司应当派专人核查借款人的财务状况、市场竞争力情况、管理状况以及担保人的保证能力，形成的调查报告应当经过信托投资决策委员会的审批后才能对外发放贷款，并且信托公司还应当派专人实行贷后管理、贷后回收和贷后催收。信托贷款具有方便、灵活的特点，且不受行业、地区的限制，既可以对企业临时资金周转的需要发放贷款，也可以对以技术改造为主的固定资产项目发放贷款。

（一）发放贷款

发放贷款时，做会计分录：

借：客户贷款

　贷：银行存款

（二）期末计提贷款利息

期末计提贷款利息时，做会计分录：

借：应收利息

　贷：利息收入

当客户贷款到期（含展期，下同）90天后仍未收回的，或者客户贷款尚未到期而已计提应收利息逾期90天后仍未收回的，或者客户贷款虽然未逾期或逾期未超过90天但借款人生产经营已停止、项目已停建的，应将原已计入损益的利息收入转入表外核算，其后发生的应计利息纳入表外核算。其会计分录为：

借：利息收入（所转应收利息金额）

　贷：应收利息

已转入表外核算的应收利息以后收到的，应按以下原则处理：

（1）本金未逾期，且有客观证据表明借款人将会履行未来还款义务的，应将收到的该部分利息确认为利息收入。收到该部分利息时，按收到的金额做会计分录：

借：银行存款

　贷：利息收入

（2）本金未逾期，且无客观证据表明借款人将会履行未来还款义务的，或本金已逾期的，应将收到的该部分利息确认为客户贷款本金的收回。收到该部分利息时，按收到的金额做会计分录：

借：银行存款

　贷：客户贷款

（3）期末，信托项目应对管理、运用、处分信托财产而持有的各项贷款进行全面检查，并合理计提贷款损失准备。其中，委托人以信贷资产设立信托而取得的客户贷款，如果委托人尚未终止确认的，则不能计提贷款损失准备。会计分录为：

借：资产减值损失——计提的贷款损失准备

　贷：贷款损失准备

（4）对于确实无法收回的各项贷款，经批准作为呆账损失时，应冲销提取的贷款损失准备，会计分录为：

借：贷款损失准备

　贷：客户贷款

已确认并转销的贷款损失准备，如以后又收回的，应按实际收回的金额做会计分录：

借：客户贷款

　贷：贷款损失准备

借：银行存款

　贷：客户贷款

（5）到期收回贷款本息时，会计分录为：

借：银行存款

贷：应收利息

客户贷款

利息收入

借：贷款损失准备

贷：资产减值损失

## 第三节　委托存贷款业务的核算

### 一、委托存款业务的核算

委托存款是信托机构吸收的，委托人所存入的用于发放给指定受益人、项目、用途的资金。信托机构不得吸收毫无目的的存款，必须有相应的标的物。

（一）存入委托存款的核算

委托人与信托机构商定办理委托业务后，双方应签订“委托存款协议书”，表明存款的资金来源、金额、期限及双方的责任等。信托机构根据协议书为委托人开立委托存款账户，并由委托人将委托存款资金存入到信托机构开立的银行账户里。

委托人通过自己的开户银行将委托存款资金划转到信托机构开立的银行账户里后，信托机构开户银行应交给信托机构收账通知，信托机构凭以向委托人开出“委托存款单”，并据以处理账务。会计分录为：

借：银行存款

贷：实收信托

（二）定期计息的核算

委托存款在未发放委托贷款和进行委托投资前，信托机构应向委托人计付利息，而发放委托贷款和进行委托投资后，则不再计息。因此，对委托存款的计息基数应为委托存款余额与委托贷款余额的轧差数。会计分录为：

借：利息支出

贷：应付利息

（三）支取委托存款的核算

委托人对于委托存款随时可以支取，但已发放委托贷款后，在收回贷款之前不能支取。因此，对委托存款的支取只限于委托存款大于委托贷款的部分或者是在委托贷款收回之后。会计分录为：

借：实收信托

贷：银行存款

## 二、委托贷款业务的核算

委托贷款是信托机构按照委托人指定的对象、项目、用途、期限、金额、利率而发放的贷款。委托贷款的发放必须有与之对应的委托存款作为资金来源，并且贷款额不能超过存款额。

### （一）委托贷款的发放

委托人委托信托机构发放委托贷款，必须将贷款的主要内容书面通知信托机构，通知中写明借款单位、贷款项目、贷款金额、贷款期限、利率等。委托贷款的发放必须符合国家有关政策的规定，如果委托人要求信托机构对贷款承担经济责任，在贷款到期时负责收回，则信托机构应按信贷程序进行审查，经批准后方能贷出。

发放委托贷款时，信托机构应与借款人签订贷款合同，并由借款人填写借款借据一并提交信托机构。信托机构将发放的贷款通过开户银行转入借款人存款账户。会计分录为：

借：委托贷款——××单位委托贷款户

　　贷：银行存款

### （二）收取手续费与结息的核算

信托机构按委托人的要求发放贷款应收取手续费作为收入。手续费率要根据信托机构承担责任的大小，按贷款额的一定比例确定。一般来说，如果信托机构不负责到期收回贷款，手续费率低些，并且是在发放贷款时向委托人收取；如果信托机构负责到期收回贷款，则手续费率要高些，一般是按一定比例的存贷利差向借款人收取。委托贷款的利率一般由委托单位确定，或者由委托单位和用款单位协商确定，由信托机构负责按季收取，在委托贷款到期时付给委托单位。

如果是在发放贷款时向委托人收取手续费，则应通过委托人在银行的存款账户收取。会计分录为：

借：银行存款

　　贷：手续费及佣金收入

如果是按存贷利差收取手续费，则应在按季计算贷款利息时一并收取。向借款人收取的贷款利息应付给委托人，因此转入“应付账款”科目，手续费部分转入相应科目。会计分录为：

借：银行存款

　　贷：应付账款——应付委托贷款利息户

　　　　手续费及佣金收入

（三）委托贷款到期收回的核算

委托贷款到期，由信托机构负责收回贷款的，应通过借款人开户银行，从其存款账户收取。会计分录为：

借：银行存款

　贷：委托贷款——××单位委托贷款户

如果协议规定在贷款收回后终止委托行为，则应将委托存款及利息划转到委托人在银行开立的存款账户中。会计分录为：

借：实收信托

　应付账款——应付委托贷款利息户

　贷：银行存款

## 第四节　短期投资的核算

### 一、短期投资的含义

短期投资是信托项目管理、运用、处分信托财产而持有的，能随时变现并且持有时间不准备超过1年（含1年）的投资，包括股票、债券、基金等。短期投资持有期限短，能够在公开市场上进行交易，有明确的市价，并且具有流动性和收益性的特点。

### 二、短期投资的账务处理

短期投资的入账价格是取得投资的实际购入成本，不计算溢价和折价。这是因为短期投资的持有期不到1年，如果短期投资购入债券，也并不等到债券到期时再出售并确定收益，而是随时准备变现，因此，无论溢价和折价都不会对金融企业当年的财务成果产生直接影响。

（一）购入短期投资

购入短期投资时，按实际支付的价款（含买价、经纪人佣金、手续费等费用）做会计分录：

借：短期投资

　贷：银行存款（或其他货币资金等）

已存入证券公司但尚未进行短期投资的资金，先作为其他货币资金处理，待实际投资时，按实际支付的价款或实际支付的价款减去已宣告但尚未领取的现金股利，或已到付息期但尚未领取的债券利息，作为短期投资成本。会计分录为：

借：其他货币资金

　贷：银行存款

借：短期投资

应收股利（应收利息）

贷：其他货币资金

委托人以有价证券设立信托而取得的短期投资，按信托文件约定的价值，作为短期投资成本。会计分录为：

借：短期投资

贷：实收信托

当实际支付的价款包含已宣告但尚未领取的现金股利或已到付息期但尚未领取的债券利息时，应从投资成本中扣除，作为“应收股利”“应收利息”单独核算。会计分录为：

借：短期投资

应收股利（应收利息）

贷：银行存款（或其他货币资金）

短期投资以付款时间作为入账时间，如果付款时尚未收到票券的，可在备查账簿中登记，待收到票券时再予以注销。

（二）获得现金股利或利息

短期投资持有期间获得现金股利或利息时，会计分录为：

借：银行存款（实际收到的现金股利或利息）

贷：应收股利（或应收利息，已确认的应收股利或利息）

投资收益

持有股票期间获得的股票股利（即派送红股）或转增股份不做账务处理，在短期投资账户“数量”栏进行记录。

（三）期末账面差额的处理

期末，对短期投资应按市价进行计量，市价高于或低于短期投资账面价值的差额，计入当期损益。会计分录为：

借（或贷）：短期投资

贷（或借）：投资收益

委托人以有价证券设立信托而取得的短期投资，如委托人未终止确认，则期末仍应按成本计量。

（四）出售短期投资

出售短期投资时，会计分录为：

借：银行存款（实际收到的金额）

贷：短期投资（账面价值）

应收股利（或应收利息、已确认的应收股利或利息）

借或贷：投资收益

出售短期投资时，其结转的短期投资成本可采用加权平均法、先进先出法、个别计价法等确定。

## 第五节　长期股权投资的核算

### 一、长期股权投资的含义

长期股权投资是信托项目管理、运用、处分信托财产而持有的、期限在1年以上（不含1年）的各种股权性质的投资，包括购入的股票和其他股权投资等。信托项目对外进行的长期股权投资，应根据不同情况，分别采用成本法或权益法核算。如信托项目对被投资单位无控制、无共同控制且无重大影响的，长期股权投资应采用成本法核算；如信托项目对被投资单位具有控制、共同控制或重大影响的，长期股权投资应采用权益法核算。

通常情况下，信托项目对其他单位的投资占该单位有表决权资本总额20%或20%以上且具有重大影响，或虽投资不足20%但具有重大影响的，应采用权益法核算。信托项目对其他单位的投资占该单位有表决权资本总额20%以下，或对其他单位的投资虽占该单位有表决权资本总额20%或20%以上，但不具有重大影响的，应采用成本法核算。

委托人以长期股权投资设立信托而取得的采用权益法核算的长期股权投资，如委托人未终止确认，信托项目不对该长期股权投资采用权益法核算，而仍由委托人采用权益法核算。

信托项目对长期股权投资进行业务核算时，需要通过“长期股权投资”科目反映。该科目下设“股票投资”和“其他股权投资”两个明细科目。采用权益法核算的，应在本科目下分别设置“投资成本”、“损益调整”、“股权投资准备”及“股权投资差额”等明细科目，对因权益法核算所产生的影响长期股权投资账面余额的增减变动因素分别加以核算和反映。

### 二、长期股权投资业务的核算

1.认购股票付款时

按实际支付的价款（包含支付的税金、手续费等费用）做会计分录：

借：长期股权投资——股票投资

　贷：银行存款

实际支付的价款中包含的已宣告但尚未领取的现金股利，按实际支付的价款减去已宣告但尚未领取的现金股利后的金额做会计分录：

借：长期股权投资——股票投资

应收股利

贷：银行存款

2. 委托人以长期股权投资设立信托而取得的长期股权投资

按信托文件约定的价值做会计分录：

借：长期股权投资——股票投资

贷：实收信托

3. 以其他方式进行股权投资（如对其他企业的股权进行投资）的

按实际支付的款项做会计分录：

借：长期股权投资——其他股权投资

贷：银行存款

**三、成本法的主要账务处理**

采用成本法核算时，除追加投资或收回投资外，长期股权投资的账面价值一般应保持不变。股权持有期内应于被投资单位宣告发放现金股利或利润时确认投资收益。确认的股权投资收益仅限于所获得的被投资单位在接受投资后产生的累积净利润的分配额，所获得的被投资单位宣告分派的现金股利或利润超过上述数额的部分，作为初始投资成本的收回，冲减投资的账面价值。

**【例 11-1】** 2×20 年 1 月 1 日，大华信托投资公司受托的某信托项目以银行存款购入乙公司 12% 的股份并计划长期持有，实际投资成本 1 200 万元，2×20 年 4 月 30 日，乙公司宣告分派 2×19 年度的现金股利 150 万元。其账务处理如下：

（1）2×20 年 1 月 1 日购入乙公司 12% 的股份时，做会计分录：

借：长期股权投资——其他股权投资（投资成本）　　12 000 000

贷：银行存款　　12 000 000

（2）2×20 年 4 月 30 日，乙公司宣告分派 2×19 年度的现金股利时，做会计分录：

借：应收股利（1 500 000×12%）　　180 000

贷：长期股权投资——其他股权投资（投资成本）　　180 000

2×20 年 5 月 12 日收到现金股利时，做会计分录：

借：银行存款　　180 000

贷：应收股利　　180 000

（3）假设乙公司 2×20 年 1 月 1 日的股东权益总额 11 000 万元，其中股本

10 000万元，留存收益1 000万元，2×19年乙公司实现净利润200万元，2×20年4月30日宣告分派2×19年现金股利250万元，则：

应冲减初始投资成本=［（1 500 000+2 500 000）−2 000 000］×12%−180 000
=60 000（元）

应确认的投资收益=2 500 000×12%−60 000=240 000（元）

会计分录为：

借：应收股利　300 000
　贷：长期股权投资——其他股权投资（投资成本）　60 000
　　投资收益　240 000

**四、权益法的主要账务处理**

权益法是在投资最初以初始投资成本计量，以后根据享有的被投资单位所有者权益份额的变动，对投资的账面价值进行调整的方法。

采用权益法核算时，如长期股权投资初始投资成本与在被投资单位所有者权益中所占的份额有差额的，应调整初始投资成本。取得投资时，应按初始投资成本高于应享有取得日被投资单位所有者权益份额的差额，作为股权投资差额处理，按一定期限平均摊销；初始投资成本低于应享有取得日被投资单位所有者权益份额的差额，在资本公积中反映。会计分录为：

借：长期股权投资——投资成本
　贷：银行存款

借：长期股权投资——股权投资差额
　贷：长期股权投资——投资成本

借：投资收益
　贷：长期股权投资——股权投资差额

借：长期股权投资——股权投资差额
　贷：资本公积——股权投资差额

股权投资差额的摊销期限，合同规定了投资期限的，按投资期限摊销；合同没有规定投资期限的，按不超过10年（含10年）的期限摊销。

采用权益法核算时，按应享有或应分担的被投资单位当年实现的净利润的份额（法规或企业章程规定不属于投资企业的净利润除外）做会计分录：

借：长期股权投资——损益调整
　贷：投资收益

发生净亏损时，做相反的会计分录，但以股权投资账面价值减记至零为限。如被投资单位以后各期实现净利润，应在计算的收益分享额超过未确认的亏损分担额以后，按超过未确认的亏损分担额的金额，恢复投资的账面价值。

被投资单位因增资扩股而增加的所有者权益，按持股比例计算应享有的份额，做会计分录：

借：长期股权投资——股权投资准备

　贷：资本公积——股权投资准备

被投资单位宣告分派现金股利或利润，则按持股比例计算应分享的份额，会计分录为：

借：应收股利

　贷：长期股权投资——损益调整

收到分来的股票股利时，不进行账务处理，但应在备查账簿中登记。

因追加投资等原因对长期股权投资的核算从成本法改为权益法时，应在中止采用成本法时，按追溯调整后长期股权投资的账面价值（不含股权投资差额）加上追加投资成本作为初始投资成本，并以此为基础计算追加投资后的股权投资差额。

因减少投资等原因对被投资单位不再具有控制、共同控制和重大影响时，应中止采用权益法，并以中止采用权益法时股权投资的账面价值作为新的投资成本。

因改变投资目的而将短期投资划转为长期股权投资时，应按短期投资成本与市价孰低原则结转，并以此确定的价值作为长期股权投资的初始投资成本，长期股权投资初始投资成本与短期投资账面余额的差额，计入当期损益。

企业应定期对长期股权投资进行检查，如长期股权投资的账面价值高于可收回金额的，应按其差额计提长期投资减值准备，计入当期损益。委托人以长期股权投资设立信托而收到的长期股权投资，如委托人未终止确认，则不计提减值准备。

## 第六节　信贷资产转让业务的核算

信贷资产转让业务是指公司与政策性银行、商业银行、财务公司、其他信托投资公司等金融机构以已经存在的贷款合同为基础，相互协商后签订的“信贷资产转让合同”，以约定的价格、在约定的期限内转让信贷资产的行为。按照信贷资产转让金额与原贷款合同约定的贷款金额是否相同，信贷资产转让分为部分转让和全额转让。按照信贷资产转让方对转出的贷款所承担风险程度不同，信贷资产转让业务分为信贷资产回购业务与信贷资产买断业务。信贷资产回购业务是指公司根据“信贷资产转让合同”受让或者出让贷款后，由信贷资产转让方承担在约定的回购日无条件从受让方购回该笔信贷资产的行为。在转让期间，贷款风险完全由转让方承担。信贷资产转让业务主要包括四种类型：一是买入返售，是指公司向其他金融机构买入由对方承诺到期回购的信贷资产；二是卖出回购，是指公司向其他金融机构卖出公司信贷资产，同时承诺到期回购；三是买断，是指公司向其他金融机构买断对方的信贷资产；四是卖断，是指公司向其他金融机构卖出公司的信贷资产。

**一、买入返售信贷资产业务的核算**

1.买入返售信贷资产时的会计分录

借：买入返售信贷资产

　贷：银行存款

2.期末计提利息时的会计分录

借：应收利息

　贷：利息收入

3.贷款到期时的会计分录

借：银行存款

　贷：买入返售信贷资产

　　　应收利息

　　　利息收入

**二、卖出回购信贷资产业务的核算**

1.卖出回购信贷资产时的会计分录

借：银行存款

　贷：卖出回购信贷资产款

2.期末计提卖出回购信贷资产利息时的会计分录

借：销售费用

　贷：应付利息

3.到期回购信贷资产时的会计分录

借：卖出回购信贷资产款

　　应付利息

　　销售费用

　贷：银行存款

**本章小结**

本章所讲的信托是指金融企业以其信用接受客户委托，按照客户的要求，对其拥有所有权的资产代为经营、运用与管理的业务，包括信托存款、信托贷款、委托存款、委托贷款，以及短期投资和中长期股权投资等。

信托业务核算的原则是：第一，信托资产不属于信托公司的自有资产，也不属于信托公司对受益人的负债。信托公司终止时，信托资产不属于其清算财产。第二，信托公司的自有资产与信托资产应分开管理、分别核算，并将不同委托人的信托财产分别管理、分别记账。第三，信托公司管理不同类别的信托业务，应分别按项目设置信托业务明细账进行核算管理。

**综合训练**

1.单项选择题

（1）委托人为自己或者其他特定个人（包括亲戚、朋友）的利益而设立的信托是（　　）。

A.私益信托　　B.资金信托

C.公益信托　　D.任意信托

（2）下列属于财产权信托的是（　　）。

A.房地产信托　　B.融资型资金信托

C.债权信托　　D.机器设备信托

（3）金融机构的信托存款通常为（　　）。

A.储蓄存款　　B.活期存款

C.一年以上的定期存款　　D.五年以上的定期存款

（4）下列关于委托存贷款业务，叙述正确的是（　　）。

A.信托机构可以吸收毫无目的的存款

B.委托贷款的发放必须有与之对应的委托存款作为资金来源

C.委托存款在委托贷款发放后，委托人可以随时支取

D.信托机构自行承担委托贷款的风险并收取本金和利息

（5）下列属于短期投资的是（　　）。

A.存入5年定期存款　　B.购买某公司发行的2年期债券

C.购买3年期国库券　　D.购买半年后到期的5年期国债

（6）长期股权投资中，信托项目对其他单位的投资虽占该单位有表决权资本总额的20%以上，但不具有重大影响，核算应采用（　　）。

A.权益法　　B.现金法

C.成本法　　D.公允价值法

（7）公司向其他金融机构卖出公司的信贷资产，此业务属于信贷资产转让业务中的（　　）。

A.买入返售　　B.卖出回购

C. 买断　　D. 卖断

第十一章即测即评

2. 复习思考题

(1) 信托业务的核算原则是什么?

(2) 委托存贷款业务和信托存贷款业务有什么区别?

(3) 股权投资有哪两种核算方法? 这两种核算方法有何区别?

(4) 信贷资产转让业务有哪些类型?

# 第十二章
## 所有者权益、财务损益及利润的核算

### 本章导读

所有者权益是指金融企业资产扣除负债后，由所有者享有的剩余权益，通常由实收资本（或股本）、资本公积（含资本溢价或股本溢价、其他资本公积）、盈余公积和未分配利润构成，商业银行等金融企业在税后利润中提取的一般风险准备也是所有者权益的组成部分。本章主要介绍金融企业实收资本（或股本）、资本公积、盈余公积和未分配利润的核算，金融企业财务收入的管理与核算以及利润和利润分配的核算。

### 基本概念

金融企业收入　金融企业费用　利润　利润分配　未分配利润　一般风险准备

## 第一节　金融企业所有者权益的核算

所有者权益是指金融企业资产扣除负债后由所有者享有的剩余权益。公司的所有者权益又称为股东权益。所有者权益按照组成内容不同，包括所有者投入的实收资本、资本公积、盈余公积和未分配利润等。按照形成来源又可分为投入资本和留存收益。

**一、实收资本的核算**

实收资本是金融企业经营的启动资金和先决条件，是金融企业最原始的资金来源，它反映投资者对企业利益要求权的大小。我国的有关法律法规对金融企业的法定资本最低限额做出了明确规定，如设立分支机构的全国性商业银行，其最低实收资本金为10亿元人民币；设立全国性的信托投资机构，其最低实收资本金为3亿元人民币。各金融企业只有按照法律、法规的要求出资后，才能开展其经营业务活动。

金融企业筹集资本金的来源包括国家资本、法人资本、个人资本和外商资本。投资者可以以现金、实物、无形资产等形式向企业投资。

按照金融企业会计制度，对资本金的核算，会计上设置“实收资本”科目，通过这个科目集中反映金融企业收到投资者投入的资本情况，对于股份制金融企业，则通过“股本”科目核算。

由于各商业银行总行是统一法人，按照统一注册、统一管理、统一核算的原则，实收资本由总行统一管理。一级分行和直属分行的营运资金由总行拨付，一级分行营业部和二级分行的营运资金由一级分行拨付。

（一）以货币资金投资

金融企业收到投资者以货币资金方式投资，以实际收到的金额记账，会计分录为：

借：库存现金（或有关科目）

　贷：实收资本（或股本）

（二）以资产实物投资

金融企业收到投资者以房屋、设备等固定资产实物投资时，若账面价值大于评估确认价值，则会计分录为：

借：固定资产（原价）

　贷：实收资本（或股本）

　　累计折旧（原价与评估确认价值的差额）

（三）以无形资产投资

金融企业收到投资者以其拥有的土地使用权、商标权、专利权等无形资产进行投资时，应按评估确认或合同、协议约定的金额记账，会计分录为：

借：无形资产

　贷：实收资本（或股本）

（四）营运资金的拨付、拨入

1.总行向境内外分行拨付营运资金

（1）总行拨付境内外分行营运资金时，通过系统内清算系统办理资金划拨，会计分录为：

借：拨付营运资金——××分行户

　贷：清算资金往来（或有关科目）

（2）境内外分行收到其总行拨付通知及有关凭证时，会计分录为：

借：清算资金往来（或有关科目）

　贷：拨入营运资金

2.境内外分行向下级行拨付营运资金

（1）境内外分行向下级行拨付营运资金时，会计分录为：

借：拨入营运资金——××支行户

贷：清算资金往来（或有关科目）

（2）支行收到分行拨入的营运资金时，会计分录为：

借：清算资金往来（或有关科目）

贷：拨入营运资金——××分行户

3.基层行增加营运资金

（1）基层行增加营运资金时，应按规定填制“划转营运资本金报告单”办理向上划转手续。其会计分录为：

借：资本公积（或盈余公积）

贷：拨入营运资金——上级行户

（2）上级行收到后须按规定上划总行，会计分录为：

借：拨入营运资金——支行户

贷：拨入营运资金——总行户

（3）总行收到后，应按规定增加实收资本，会计分录为：

借：拨付营运资金——分行户

贷：实收资本 （或股本）

（五）按规定将资本公积转增资本金

金融企业总部按法定程序以资本公积转增资本金时，会计分录为：

借：资本公积

贷：实收资本 （或股本）

按规定用法定盈余公积转增资本金时，会计分录为：

借：盈余公积——法定盈余公积金

贷：实收资本（或股本）

## 二、资本公积的核算

### （一）资本公积的定义及来源

资本公积是投资者或他人投入到企业、所有权归属于投资者，并且金额上超过注册资本部分，但不构成实收资本或股本的那部分资本。

资本公积尽管属于投入资本范畴，但它与实收资本又有所不同。资本公积在金额上并没有严格的限制，而且在来源上也相对比较多样，它可以来源于投资者的额外投入，也可以来源于除投资者之外的其他企业或个人，如接受捐赠的资产等。

资本公积的来源主要包括两类：一是可以直接用于转增资本的资本公积，包括资本（或股本）溢价、接受现金捐赠、拨款转入和其他资本公积等。其中，资本溢价，是指股份公司溢价发行股票时的溢价部分；拨款转入，是指企业收到国家拨入的专门用于技术改造、技术研究等的拨款，项目完成后，按规定转入资本公积的部分，企业应按转入金额入账；其他资本公积，是指除上述各项资本公积以外所形成的资本公积，以及从资本公积各准备项目转入的金额。二是不可以直接用于转增资本的资本公积，包括接受捐赠非现金资产准备和股权投资准备等。其中，接受捐赠非现金资产准备，是指企业因接受非现金资产捐赠而增加的资本公积；股权投资准备，是指企业对被投资单位的长期股权投资采用权益法核算时，被投资单位因接受捐赠等原因增加资本公积，投资企业按其持股比例或投资比例相应增加的资本公积。

我国《公司法》等法律规定，资本公积的用途主要是转增资本，即增加实收资本（或股本）。

(二) 资本公积的具体核算

会计上设置“资本公积”科目，用于反映金融企业的资本公积增减变动情况。

资本公积可以按法定程序转增实收资本。当金融企业总部按法定程序将资本公积、盈余公积转增实收资本时，应收回所属行（处）等额资本公积和盈余公积，并对所属行（处）拨付等量营运资金。

1.接受捐赠形成资本公积

当金融企业接受包括货币资金、实物、无形资产等捐赠时，按评估确认价值记账。其会计分录为：

借：库存现金（或有关科目）

　贷：资本公积

2.资本溢价形成资本公积

如果投资者缴付的出资额大于注册资本，其差额为资本溢价，应缴数额仍为实收资本。其会计分录为：

借：存放中央银行款项（或有关科目）

　贷：实收资本或股本（应缴数额）

　　　资本公积

3.以资本公积金转增资本

经股东大会批准，以资本公积金转增资本。其会计分录为：

借：资本公积

　贷：实收资本（或股本）

## 三、留存收益的核算

### (一) 留存收益的概念及内容

金融企业的留存收益是指企业从历年实现利润中提取或形成的留存企业内部的积累，即企业在一定时间实现的税后利润扣除已宣布分配的利润后形成的，包括盈余公积和未分配利润。

企业留存收益的主要作用体现在：第一，可以满足企业维持或扩大经营活动的资金需要，保持或提高企业的获利能力；第二，可以保证企业有足够的资金弥补以后年度可能出现的亏损，也保证企业有足够资金用于偿还债务，保护债权人的权益。

1.盈余公积

盈余公积包括法定盈余公积和任意盈余公积。法定盈余公积，是指金融企业按照《公司法》规定的比例从净利润中提取的盈余公积。当法定盈余公积累计金额达到企业注册资本的50%以上时，可以不再提取。任意盈余公积，是指金融企业经股东大会或类似机构批准按照规定的比例从净利润中提取的盈余公积。

盈余公积的用途：弥补亏损、转增资本、发放现金股利或利润：

第一，弥补亏损。根据《企业会计准则》和有关法规的规定，企业发生亏损，可以用发生亏损后5年内实现的税前利润来弥补，当发生的亏损在5年内仍不足弥补的，应使用所实现的所得税后利润弥补。通常，当企业发生的亏损用所得税后利润仍不足弥补的，可以用所提取的盈余公积加以弥补，但应由董事会提议、股东大会批准或类似机构批准。

第二，转增资本（或股本）。当企业提取的盈余公积累积比较多时，可以将盈余公积转增资本（股本），但必须经股东大会或类似机构批准，而且用盈余公积转增资本后，留存的盈余公积不得少于注册资本的25%。

第三，发放现金股利或利润。公司当年无利润，原则上不得分配股利。但在用盈余公积弥补亏损后，经股东大会特别决议，可以用盈余公积分配股利。但在分配股利后，盈余公积不得少于注册资本的25%。

2.未分配利润

金融企业未分配利润是企业实现的净利润经过弥补亏损、提取盈余公积和向投资者分配利润后留存在企业的、历年结存的利润。未分配利润通常用于留待以后年度向投资者进行分配。

### (二) 留存收益的具体核算

在会计上，设置“盈余公积”科目，并在该科目下设置“法定盈余公积”

“任意盈余公积”两个专户。企业提取的法定盈余公积列入“法定盈余公积”专户，只能用于弥补亏损或经批准转增实收资本。

（1）从税后利润中提取法定盈余公积和任意盈余公积时，会计分录为：

借：利润分配——提取法定盈余公积

　　　　　　——提取任意盈余公积

　贷：盈余公积——法定盈余公积

　　　　　　　——任意盈余公积

（2）用盈余公积弥补亏损时，会计分录为：

借：盈余公积——盈余公积金户

　贷：利润分配——盈余公积补亏户

（3）用盈余公积转增资本金时，会计分录为：

借：盈余公积——盈余公积金户

　贷：实收资本（或股本）

为了核算金融企业历年累积的未分配利润情况，在“利润分配”账户中专门设置了“未分配利润”明细账户。年度终了，将全年实现的利润由“本年利润”账户转入“利润分配——未分配利润”账户，同时将“利润分配”账户下其他明细账户的余额转入“未分配利润”明细账户。结转后“未分配利润”明细账户的贷方余额为未分配的利润，借方余额为未弥补的亏损。其核算见本章第三节。

根据《金融企业准备金计提管理办法》的规定，从事存贷款业务的金融企业应于每年年度终了，根据承担风险和损失的资产余额的一定比例提取一般风险准备金，用于弥补尚未识别的可能性损失。一般风险准备金属于金融企业的所有者权益，其核算见本章第四节。

## 第二节　金融企业财务损益的核算

### 一、金融企业收入

#### （一）收入的概念及特征

金融企业收入是指金融企业在日常活动中形成的、会导致所有者权益增加的、与所有者投入资本无关的经济利益的总流入。其中，日常活动是指金融企业为完成其经营目标所从事的经常性活动以及与之相关的活动，如商业银行对外贷款、租赁公司出租资产、保险公司签发保单等，均属于金融企业的日常活动。

收入的特征主要体现在：

（1）收入是从金融企业的日常活动中产生，而不是从偶发的交易或事项中产生的。金融企业直接从对外提供金融产品和劳务中获得收入，这种收入与企业的业务经营活动密切相关（如银行的利息收入来源于银行为其客户提供贷款业务的正常活动）。因此，凡与金融企业的业务经营活动没有紧密联系的收入（如处置固定资产等非正常活动获得的收入），一般不得作为金融企业的收入处理，这是对金融企业收入进行划分和归类的基本准则。

（2）收入只包括本金融企业经济利益的流入，不包括为第三方或者为客户代收的款项，如金融企业办理委托贷款业务向借款企业收取的利息，应归属为委托方的收入，而不是金融企业的利息收入。代收的款项，一方面增加金融企业的资产，另一方面增加金融企业的负债，根据“资产=负债+所有者权益”的公式，它并不增加金融企业的所有者权益，因此不属于金融企业的经济利益，不能作为金融企业的收入。

（3）收入是金融企业取得经营利润的主要来源，能增加金融企业的所有者权益，具体可能表现为金融企业资产的增加，如增加银行存款、应收手续费等；也可能表现为金融企业负债的减少，如以手续费及佣金收入抵偿债务等；或两者兼而有之，如手续费及佣金收入的款项中部分抵债，部分收取现金。收入的这一特征既反映了其经济属性，同时也表明了它在金融企业经营活动中的重要地位。

收入与收益和利得密切相关。收益是收入和利得的总称，是金融企业在一个特定会计期间内增加的除所有者投资以外的经济利益。与收入概念相对应，金融企业不经过经营过程就取得的，或不曾预期获得的收益称为利得。利得是金融企业偶发性交易事项的结果，如固定资产处置形成的收益、金融企业接受政府的补贴，以及因其他企业违约收取的违约金等。在利润表中，收入一般以发生额反映，利得一般以净额反映。区分收入和利得的概念和反映形式，有助于报表的使用者正确评价金融企业收益的质量，也有助于规范金融企业的收入行为。

由上可知，凡不是通过金融企业对外提供金融产品或劳务所获得的收益，或增加的资本、抵减的债务，都不得划在收入的范围内核算，金融企业应当根据收入的性质，按照收入确认的条件，合理地确认和计量各项收入。

### （二）收入的内容及确认条件

金融企业的业务具有一定的特殊性。按照收入所反映的内容，可以把收入分为利息收入、金融企业往来收入、手续费及佣金收入、保费收入、投资收益、证券发行差价收入、证券自营差价收入、买入返售证券收入、汇兑收益和其他业务收入等。

金融企业收入的确认与其他企业一样必须坚持权责发生制原则、配比原则，同时《企业会计准则》规定金融企业和一般企业一样必须在满足以下条件时才能确认收入：

（1）与交易相关的经济利益能够流入金融企业。只有当与交易相关的经济利益能够流入金融企业时，才能够确认收入。金融企业应根据客户的信用状况、以往的经验、双方达成的协议和其他方面的信息来判断经济利益是否能够流入，如果流入的可能性不大，即使满足其他条件，也不应当确认与该交易相关的收入。

（2）收入的金额能够可靠地计量。能够可靠地计量是金融企业收入确认的基本前提，当收入的金额能够可靠地计量时，金融企业才能进行确认；如果取得的利益不能用货币金额可靠计量，则不能确认。

（三）收入的核算

为了全面反映和监督金融企业营业收入的实现情况，金融企业应根据其业务经营范围设置相关的收入类科目，主要有“利息收入”、“金融企业往来收入”、“手续费及佣金收入”、“保费收入”、“汇兑损益”和“其他业务收入”等科目。由于金融企业的业务具有一定的特殊性，下面主要以金融企业主要业务收入为例进行阐述。

1.利息收入

利息收入是金融企业发放各项贷款取得的利息收入（不包括金融机构往来的利息收入），通过“利息收入”科目进行核算。

金融企业发放的贷款，应按期计提利息并确认利息收入。发放贷款到期（含展期，下同）90天及以上尚未收回的，其应计利息停止计入当期利息收入，转作表外核算；已计提的贷款应收利息在贷款本金到期90天后仍未收回的，或者应收利息逾期90天后仍未收回的冲减已经计入损益的利息收入，转作表外核算。

（1）结息日按规定计收利息或实际收到利息的核算

应根据利息结算清单或其他有关凭证据以转账。会计分录如下：

借：吸收存款——××单位活期存款户 （或有关科目）

　贷：利息收入——××利息收入户

（2）会计期末利息的核算

根据权责发生制的原则，在会计期末对已发生但尚未收取的利息要定期结算列为当期损益。本期应收取的利息，应确认为收入的实现（无论当期是否实际收到利息），并计入当期损益。按月或按季计提应收利息时，会计分录如下：

借：应收利息

　贷：利息收入——××利息收入户

实际收到利息时，冲减已计提的应收利息。会计分录如下：

借：吸收存款——××单位活期存款户 （或有关科目）

　贷：应收利息

（3）应收利息超过规定的期限转作表外的核算

贷款本金或利息超过90天的相应的应收利息应转作表外，不再计入当期损益。对于已经计入损益的应收利息应冲减利息收入，转作表外核算。会计分录如下：

借：利息收入——××利息收入户

　贷：应收利息

2.金融企业往来收入

金融企业往来收入是商业银行在经营过程中，与中央银行、其他商业银行和非银行金融机构之间，以及与同系统其他行处之间由于存入款项、资金拆借和资金账务往来而发生的利息收入、存贷款利差收入和下级行处上缴的管理费收入，均通过“金融企业往来收入”科目核算。

（1）存放中央银行款项利息收入

存放在中央银行的各项存款取得的利息收入，根据有关凭证编制借贷方记账凭证办理转账，会计分录如下：

借：存放中央银行款项

　贷：金融企业往来收入——存放中央银行款项利息收入

（2）存放同业款项利息收入

存放同业款项利息收入，根据有关凭证编制借贷方记账凭证办理转账，会计分录如下：

借：存放同业

　贷：金融企业往来收入——存放同业款项利息收入

（3）拆放同业款项利息收入

拆放同业系统和其他金融机构的资金取得的利息收入，根据利息通知或划款凭证编制借贷方记账凭证办理转账，会计分录如下：

借：同业有关科目

贷：金融企业往来收入——拆放同业款项利息收入

（4）存放系统内款项利息收入

商业银行系统内利息收入主要发生在两方面：一是因资金清算或其他需要，下级行按规定在上级行开立账户存入款项，下级行收取的利息；二是下级行资金不足向上级行申请借款，上级行借出资金按规定收取的利息。

上级行借出资金收取利息时，会计分录为：

借：系统内借出

贷：系统内款项存放

金融机构往来收入——系统内借款利息收入

下级行收到上级行支付的备付金账户存款利息时，会计分录为：

借：存放系统内款项

贷：金融企业往来收入——系统内存款利息收入

3.手续费及佣金收入

手续费及佣金收入是金融企业为客户办理各项业务所收取的手续费，包括支付结算手续费、结售汇手续费、委托贷款手续费、咨询业务手续费、担保业务和其他代理业务的手续费。

（1）支付结算手续费

金融企业办理支付结算业务应按规定的范围和标准向客户收取手续费。手续费采取当时计收和定期汇总计收两种方法。会计分录如下：

借：吸收存款——××单位活期存款户

贷：手续费及佣金收入——结算业务手续费

（2）结售汇手续费

其是金融企业在办理贸易和非贸易项目外汇结算中，根据具体的业务向客户收取的手续费。会计分录如下：

借：吸收存款——××单位活期存款户　　人民币

贷：货币兑换　　人民币

借：货币兑换　　外币

贷：存放国外同业或有关科目　　外币

手续费及佣金收入——结售汇手续费　　外币

（3）委托贷款手续费

委托贷款手续费是金融企业受委托方委托，按委托方指定的对象和条件发放贷款后按一定比例收取的手续费。金融企业收到委托贷款利息分成而得的手续费，计入手续费及佣金收入，会计分录如下：

借：代收委托贷款利息——委托人代收利息户

贷：手续费及佣金收入——委托贷款手续费及佣金收入

4.保费收入

保费收入包括原保费收入和分保费收入，是保险公司的主要收入项目。保险公司应设置“保费收入”科目进行核算。本科目属损益类科目，贷方登记取得的保费数额，借方登记期末转入“本年利润”科目的数额，期末结转后，本科目无余额。本科目应按投保人设置明细账。

公司确认的原保险合同保费收入，借记“应收保费”“预收保费”“银行存款”“库存现金”科目，贷记本科目。非寿险原保险合同提前解除的，按原保险合同约定计算确定的应退还投保人的金额，借记本科目，贷记“银行存款”“库存现金”科目。确认的再保险合同分保费收入，借记“应收分保账款”科目，贷记本科目。会计分录如下：

借：应收保费、预收保费、银行存款、库存现金等

贷：保费收入

5.汇兑收益

汇兑收益是指金融企业在从事外汇交易、外币兑换业务中，因不同期限、不同货币之间，以及国际上的利率、汇率水平的差异而获得的收入。“汇兑损益”科目应根据货币兑换的币种设置明细账进行核算，会计分录如下：

借：货币兑换

贷：汇兑损益——××币种

6.其他业务收入

其他业务收入是指金融企业除主营业务以外取得的营业收入。由于目前我国金融企业实行的是分业经营、分业管理，金融企业在核算其业务收入时应依据自身业务特点，区分主营业务收入和非主营业务收入进行核算。主营业务以外取得的营业收入通过“其他业务收入”科目进行核算。“其他业务收入”科目的账务处理应根据不同的情况设置明细账进行核算。会计分录如下：

借：××科目

贷：其他业务收入

## 二、金融企业成本费用

金融企业开展业务必然会发生相应的成本和费用支出，准确地组织成本和费用的核算，将收入与费用进行适当的配比既是对外进行报告的需要，也是金融企业加强内部成本控制的要求。

（一）成本费用概念及内容

1.成本费用的概念

成本是金融企业为提供劳务而发生的各种耗费，不包括为客户垫付的各种款项。费用是金融企业为销售商品、提供劳务等日常活动所发生经济利益的流出。成本和费用是两个并行的概念，成本是对象化了的费用，是指一定业务所发生的耗费；而费用是与一定的会计期间相联系的，无法与特定的对象相联系。

金融企业的成本是指金融企业在从事业务经营过程中与业务经营有关的耗费与支出。金融企业在从事业务经营过程中，不仅大量吸收资金而相应地支付利息，而且需要支付业务经营和管理人员的工资等费用，同时耗费一定的物品，所有这些耗费以货币价值形式表现出来，共同构成了成本和费用。金融企业的成本反映的是金融企业为经营而必须耗费的货币支出，是计算金融企业经营成果的基础。只有与金融企业业务经营活动有关的各项支出才能计入成本，同金融企业业务经营活动无关的各项支出不能计入成本。要正确区分成本与费用的开支范围，是加强金融企业财务管理的重要内容，也是正确进行财务收支核算、真实反映金融企业成本的主要方面。

2.成本费用的内容

金融企业成本费用是指与业务经营直接有联系的营业支出，主要包括利息支出、金融企业往来支出、手续费及佣金支出、卖出回购证券支出、汇兑损失、赔款支出、业务及管理费等。

（二）成本费用的确认原则

费用本质上是经济资源的耗费，但并非所有的经济资源的耗费都可以作为费用。因为费用的发生都是为了取得收入，因此费用的确认应当与收入的确认相联系，费用的确认必须坚持以下基本原则：

（1）划分收益性支出与资本性支出原则

金融企业的成本核算，应当严格区分本期成本与下期成本的界限、成本支出与营业外支出的界限、收益性支出与资本性支出的界限。如果某项支出的效益惠及于几个会计年度，则该项支出应该予以资本化，不能作为当期的费用；如果某项支出的效益仅惠及于本会计年度，则应作为本期的费用。正确地划分资本性支出与收益性支出，可以保证正确地计量资产的价值和计算各期的劳务成本及期间费用。

（2）权责发生制原则

金融企业会计制度规定，凡是当期已经发生或应当负担的费用，无论款项是否支付，都应当作为当期的费用；凡是不属于当期的费用，即使当期款项已经支付也不能作为当期的费用。权责发生制原则界定了确认费用的时点。

（3）配比原则

金融企业应当注重费用支出与经济效益的配比，实行费用支出的归口、分级管理和预算控制，确定必要的费用支出范围、标准和报销审批程序。按照配比原则，凡是为了当期取得收入而发生的费用，都应当确认为当期的费用；相反，不以取得收入为目的的支出都不能作为费用。当收入已经实现，某些业务已经发生，则应当在确认收入的同时确认相关的成本和费用。如果收入要到未来才能够实现，则与之相关的费用要递延分配于未来实际受益期间，因此，要根据与收入的相关程度，确定哪些资产的耗费或负债的增加应当从本期收入中抵减。如果耗费不能产生一定的收入，则应当作为损失处理，而不能作为费用。

金融企业应当强化费用支出约束，对业务宣传费、业务招待费、差旅费、会议费、通信费、维修费、出国经费、董事会经费等实行重点监控。金融企业的业务宣传费、委托代办手续费、业务招待费一律按规定据实列支，不得预提。

只有根据以上原则才能准确地划分本期营业成本、营业费用和下期营业成本、营业费用，不得任意预提和摊销费用来调节利润。

对于业务成本的核算，必须注意以下几点：

（1）必须严格按照财务制度的规定如实反映成本支出，不得随意摊提费用和擅自提高开支标准，扩大开支范围，以便正确地计算本期损益，保证经营成果的真实性。

（2）划清成本界限，正确计算成本。在成本核算中必须划清以下界限：一是本期成本与下期成本的界限，不得提前或者延后列支；二是划清成本支出与营业外支出的界限，不属于成本开支范围的不得列入成本，属于成本开支范围的也不得作为营业外支出。

（3）金融企业的成本核算，应当以季（月）、年为计算期。同一计算期内，核算成本和营业收入的起止日期、计算范围和口径应当一致。

除国家规定的专用账户外，金融企业每一独立核算单位分币种只能设立一个费用存款专户，除税金及附加、折旧、资产摊销、准备金和坏账损失以外的各项费用，应当从费用专户中开支。

（三）金融企业成本费用的核算

为了全面反映和监督金融企业营业成本费用发生情况，金融企业应设置相关的成本费用类科目，主要有“利息支出”、“金融企业往来支出”、“手续费及佣金支出”、“赔款支出”、“提取保险责任准备金”、“税金及附加”、“业务及管理费”及“资产减值损失”等科目。由于不同金融企业成本费用的核算有不同的内容，下面主要以金融企业主要业务支出为例进行阐述。

1.利息支出

利息支出是金融企业以负债方式筹集资金所发生的利息费用。负债筹资的方式包括吸收存款、发行金融债券、办理票据的转贴现和再贴现，这些债务都需要支付利息。利息支出是金融企业营业成本中最重要的项目之一。以上利息支出都在“利息支出”科目下核算，可以根据不同的利息支出种类设置明细账。

（1）存款利息

单位存款利息一般采用定期结息的方式于结息日转入存款人的活期存款账户，会计分录如下：

借：利息支出——××利息支出户

　贷：吸收存款——××单位活期存款户

单位定期存款利息是在到期时一次还本付息，但按照权责发生制的原则要在会计期末对已经发生尚未支付的利息进行计提，期末计提利息时的会计分录如下：

借：利息支出——××利息支出户

　贷：应付利息——××单位

存款到期时，转入相关账户：

借：应付利息——××单位

　贷：吸收存款——××单位活期存款户

储蓄存款利息支出按照同样的方法核算，转入活期储蓄存款或者定期储蓄存款账户。

（2）债券利息

金融企业发行的金融债券应根据不同的计息和利息的支付方式定期提取利息计入当期的损益。提取利息的会计分录如下：

借：利息支出（非资本化部分）

　　在建工程（资本化部分）

　贷：应付利息——××单位（分期付息债券）

或　　应付债券——应计利息（到期付息债券）

2. 金融企业往来支出

金融企业往来支出是商业银行在经营过程中，与中央银行、其他商业银行和非银行金融机构之间，以及与同系统其他行处之间由于存入款项、资金拆借和资金账务往来而发生的利息支出，包括借入中央银行款项的利息支出，同业拆入、同业存放款项、系统内存放款项的利息支出。以上支出均通过“金融企业往来支出”科目核算，同时按照不同的支出项目设置明细账。

发生金融企业往来支出时，按照业务发生的凭证，会计分录如下：

借：金融企业往来支出——××支出户

　贷：存放中央银行款项（存放同业、辖内往来）

3. 手续费及佣金支出

金融企业根据经营情况支付必要的佣金、手续费等支出，应当签订合同，明确支出标准和执行责任。除对个人代理人外，不得以现金支付手续费。

手续费及佣金支出是指金融企业委托其他单位代办业务而支付的手续费，如银行卡手续费及佣金支出、票据交换手续费及佣金支出、其他业务手续费及佣金支出等。“手续费及佣金支出”科目按照手续费的种类设置明细账。手续费可以转账支付，也可以用现金支付，支付手续费时的会计分录如下：

借：手续费及佣金支出——××支出户

　贷：库存现金（存放中央银行款项、存放同业、辖内往来）

4. 业务及管理费

（1）固定资产折旧和无形资产的摊销

固定资产折旧费是商业银行根据不同种类的固定资产的特点所确定的折旧率定期提取的折旧。会计分录如下：

借：业务及管理费——折旧费

　贷：累计折旧

固定资产发生减值需提取减值准备的会计分录如下：

借：资产减值损失——固定资产减值准备

　贷：固定资产减值准备

有限寿命的无形资产需要在一定的期限内摊销，原理与固定资产的折旧相同，当期所摊销的无形资产成本的会计分录如下：

借：业务及管理费——无形资产摊销

　贷：累计摊销

寿命不确定或者无限寿命的无形资产不需要摊销，只需要定期进行减值测试，如果发生减值则需要提取减值准备，提取的减值准备计入当期损益。

无形资产提取减值准备的会计分录如下：

借：资产减值损失——无形资产减值准备

　贷：无形资产减值准备

（2）业务宣传费

业务宣传费是金融企业在开展业务宣传活动中所支付的费用，所发生的业务宣传费根据相应的凭证转账，会计分录如下：

借：业务及管理费——业务宣传费

　贷：银行存款

（3）职工工资和相关费用

金融企业根据有关法律、法规和政策的规定，为职工缴纳的基本医疗保险、基本养老保险、失业保险和工伤保险等社会保险费用，应当据实列入成本（费用）。

参加基本医疗保险、基本养老保险且按时足额缴费的商业银行，具有持续盈利能力和支付能力的，可以根据有关法律、法规的规定，为职工建立补充医疗保险和补充养老保险（企业年金）制度，相关费用应当按照国家有关规定列支。

职工工资是指在职职工工资、奖金、津贴和补贴。职工工资的核算通过“应付职工薪酬”科目核算，每月月初按照规定的开支渠道，将本月应发放的工资按照不同的开支项目进行分配，编制工资分配表，根据工资分配表编制记账凭证办理转账，会计分录如下：

借：业务及管理费——职工工资

　贷：应付职工薪酬

同时需要按照工资总额的一定比例拨交工会经费和提取职工教育经费，会计分录如下：

借：业务及管理费——工会经费

　　　　　　　　——职工教育经费

　贷：应付职工薪酬——工会经费

　　　　　　　　　——职工教育经费

（4）税金

在业务及管理费中列支的税金包括房产税、车船税、城镇土地使用税和印花税，期末计算前三项税金时，会计分录如下：

借：业务及管理费——税金

贷：应交税费——应交房产税

——应交车船税

——应交城镇土地使用税

金融企业在发生印花税应税行为后，应以自行贴足印花税票的方式纳税，因此不需要与税务机关结算，无须通过“应交税费”科目，而是直接通过“银行存款”科目核算，会计分录如下：

借：业务及管理费——印花税

贷：银行存款

5.汇兑损失

汇兑损失是指金融企业在进行货币兑换和外币兑换时因汇率变动而发生的损失。“汇兑损益”科目应该按照货币兑换的币种进行明细核算。发生汇兑损失时，会计分录如下：

借：汇兑损益

贷：货币兑换

## 第三节　金融企业利润的核算

### 一、利润的含义及其组成

利润是金融企业在一定会计期间的经营成果，由营业利润、利润总额和净利润组成。

（一）营业利润

营业利润是金融企业主要的利润来源，是金融企业日常经营活动产生的利润，也是利润总额的重要组成部分。金融企业营业利润是营业收入减去营业支出后的净额。

（二）利润总额

利润总额是营业利润加上营业外收入，减去营业外支出后的金额。营业外收入和支出应当分别核算，在利润表中分别反映。

（三）所得税

所得税是金融企业按照《企业会计准则第18号——所得税》的规定确认的应当计入当期损益的所得税费用。

（四）净利润

净利润，又称为税后利润，是指利润总额减去所得税费用后的净额。

以上各项目的关系用公式表示如下：

1. 商业银行的营业利润组成

营业利润=营业收入-营业支出

营业收入=利息净收入+手续费及佣金净收入+汇兑收益+投资收益+公允价值变动收益+其他业务收入

营业支出=利息支出+业务及管理费+税金及附加+资产减值损失+其他业务成本

2. 保险公司的营业利润组成

营业利润=营业收入-营业支出

营业收入=已赚保费+汇兑收益+投资收益+公允价值变动收益+其他业务收入

已赚保费=保费收入-分出保费-提取未到期责任准备金

营业支出=退保金+赔付支出-摊回赔付支出+提取保险责任准备金-摊回保险责任准备金+保单红利支出+分保费用-摊回分保费用+业务及管理费+税金及附加+资产减值损失+其他业务成本

3. 证券公司的营业利润组成

营业利润=营业收入-营业支出

营业收入=利息净收入+手续费及佣金净收入+汇兑收益+投资收益+公允价值变动收益+其他业务收入

营业支出=业务及管理费+税金及附加+资产减值损失+其他业务成本

利润总额=营业利润+营业外收入-营业外支出

净利润=利润总额-所得税费用

净利润集中反映当期的经营成果，是衡量金融企业经营管理的重要综合指标，经过上述计算，如果利润总额为正数，则表示盈利；如为负数，则表示亏损。

**二、税金及附加的核算**

2016年3月23日，财政部和国家税务总局以财税〔2016〕36号文件发布营业税改征增值税的各项具体实施办法，全面推开“营改增”试点，明确自2016年5月1日起，将金融业纳入试点范围，全面开征增值税，并适用6%的税率。由于我国金融业涉及范围和主体广泛，将金融业纳入“营改增”范围，将有助于推动我国增值税整体抵扣链条的建立和完善，是我国税收制度改革史上具有划时代意义的重要节点。

金融企业增值税缴纳规定：

第一，金融服务，是指经营金融保险的业务活动，包括贷款服务、直接收费金融服务、保险服务和金融商品转让。一般纳税人提供金融服务按增值税税率6%缴纳增值税，小规模纳税人提供金融服务按照征收率3%缴纳增值税。

第二，经营金融保险业务的机构。证券公司、保险公司、金融租赁公司、证券基金管理公司、证券投资基金以及其他经中国人民银行、国家金融监督管理总局、证监会批准成立且经营金融保险业务的机构发放贷款后，自结息日起90天内发生的应收未收利息按现行规定缴纳增值税，自结息日起90天后发生的应收未收利息暂不缴纳增值税，待实际收到利息时按规定缴纳增值税。

增值税核算分一般纳税人和小规模纳税人。金融业一般纳税人为经营活动而购买的货物、服务等，符合规定的，允许按增值税专用发票等扣税凭证上注明的税额抵扣进项税额。小规模纳税人购买的货物、服务等不得抵扣进项税额。

由于增值税是价外税，不通过“税金及附加”科目核算。按照现行金融业的一般核算方法，当开具防伪税控增值税专用发票时，会计分录如下：

借：库存现金、银行存款或其他有关科目

　贷：其他有关科目

　　　应交税费——应交增值税（销项税额）

城市维护建设税和教育费附加以按规定已缴纳的增值税税额为计税依据，税率按照国家法律、法规的有关规定执行。

期末计提应纳城市维护建设税和教育费附加时，会计分录如下：

借：税金及附加

　贷：应交税费——应交城市维护建设税

　　　　　　——应交教育费附加

缴纳时的会计分录如下：

借：应交税费——应交增值税

　　　　　——应交城市维护建设税

　　　　　——应交教育费附加

　贷：存放中央银行款项

期末结转利润时，应将“税金及附加”科目的余额转入“本年利润”科目。

借：本年利润

　贷：税金及附加

**三、营业外收支的核算**

营业外收支是金融企业发生的与其经营业务无直接关系的各项收入和支出，应分别设置“营业外收入”和“营业外支出”科目进行核算，两个科目属于损益类科目，应按照内容分别设置明细科目，期末转入“本年利润”科目。

### （一）营业外收入

营业外收入是与金融企业经营无直接关系的各项收入，具体包括固定资产盘盈、处置固定资产净收益、出纳长款收入、处置抵债资产净收益、罚款收入等。

1. 固定资产盘盈和出售净收益

发现固定资产盘盈时，按照重置完全价值和估计折旧报经批准以后列为营业外收入。会计分录如下：

借：待处理财产损溢

　贷：营业外收入——固定资产盘盈

出售固定资产净收益是指因固定资产不需用或不适用时将其出售所得到的净收益，即出售所得价款减去固定资产账面净值、清理费用和税金后的差额。当银行发生固定资产出售净收益时，将净收益金额从“固定资产清理”科目转入“营业外收入”科目，会计分录如下：

借：固定资产清理

　贷：营业外收入——固定资产出售净收益

2. 出纳长款收入

出纳发生长款时，应及时查明退原主，如果当天无法查明，经会计主管批准，填制现金收入传票，先做以下处理：

借：库存现金

　贷：其他应付款——待处理出纳长款

经过查找，无法退还的，经过一定的批准手续，列为营业外收入，会计分录如下：

借：其他应付款——待处理出纳长款

　贷：营业外收入——出纳长款收入

3. 罚没、罚款收入

罚没、罚款收入是由于客户在有关方面违反合同和结算规定而向其收取的罚款收入。金融企业在收取罚款时的会计分录如下：

借：库存现金等

　贷：营业外收入——罚款收入

### （二）营业外支出

营业外支出是金融企业发生的与经营业务无关的支出，包括固定资产盘亏、处置固定资产净损失、处置无形资产净损失、处置抵债资产损失、债务重组损失、罚款支出、非常损失和捐赠支出等。

1.固定资产盘亏、损毁、报废和出售净损失

固定资产盘亏首先要通过“待处理财产损溢”科目核算，发生固定资产盘亏时，按照原价扣除累计折旧后的余额入账，经过批准后列为营业外支出，会计分录如下：

借：营业外支出——固定资产盘亏

　贷：待处理财产损溢——待处理固定资产损溢

固定资产损毁净损失是按照原价扣除累计折旧、过失人的赔偿和保险公司赔偿后的差额；固定资产报废损失是固定资产的清理收入减去清理费用和账面净值后的差额；固定资产出售净损失是固定资产出售收入减去清理费用和账面净值后的差额。发生固定资产的清理、报废和损毁净损失后，“固定资产清理”科目为借方余额，结转固定资产清理损失时，会计分录如下：

借：营业外支出——固定资产清理损失

　贷：固定资产清理

2.出纳短款

在出纳工作中发生短款，应组织力量查找原因，在当天未能查明原因和找回时，经过一定的审批手续，填制现金付出传票，做出账务处理，会计分录如下：

借：其他应收款——待处理出纳短款

　贷：库存现金

经查确属责任事故又无法找回时，按照规定的审批权限转为损失，会计分录如下：

借：营业外支出——出纳短款

　贷：其他应收款——待处理出纳短款

3.非常损失

非常损失是指非正常的出乎意料的灾害造成的各项资产净损失，即被毁坏的各项资产的净值扣除保险公司的赔偿和废料残值后的差额。损失发生后，经过批准应将扣除废料残值和保险赔偿后的余额作为营业外支出，会计分录如下：

借：营业外支出——非常损失

　贷：待处理财产损溢——待处理流动资产损溢等

4.捐赠支出

金融企业发生的公益性救济性捐赠应作为当期的营业外支出，会计分录如下：

借：营业外支出——捐赠支出
　贷：银行存款等

5.违约和赔偿支出

违约和赔偿支出是金融企业因未履行经济合同而向对方支付的赔偿金、违约金、罚息等惩罚性支出。发生违约和赔偿支出时，会计分录如下：

借：营业外支出——违约赔偿金
　贷：银行存款等

**四、资产减值损失的核算**

根据会计准则和企业会计制度的规定，金融企业应当定期检查各项资产，根据谨慎性原则的要求，合理预计各项资产可能发生的损失，并计提资产减值准备。根据现行的会计制度的要求，金融企业应当提取以下资产减值准备：坏账准备、贷款损失准备、固定资产减值准备、长期股权投资减值准备、债权投资减值准备、其他权益工具投资减值准备、无形资产减值准备、抵债资产减值准备和在建工程减值准备。

金融企业应当合理计提资产减值准备，但不得设立秘密准备。如果有确凿证据显示金融企业设立了秘密准备，应当作为重大会计差错予以更正，并在会计报表附注中说明事项的性质、调整金额，以及差错对金融企业当期财务状况和经营成果的影响。

金融企业设置“资产减值损失”科目，核算金融企业根据资产减值准则计提的各项资产减值准备所形成的损失。该科目应按照资产减值损失项目进行明细核算。

金融企业根据资产减值准则确定资产发生减值的，按应减记的金额进行账务处理，会计分录如下：

借：资产减值损失
　贷：贷款损失准备（坏账准备、固定资产减值准备、长期股权投资减值准备等）

**五、所得税费用的核算**

金融企业发生年度亏损的，可以用下一年度的税前利润弥补；下一年度的税前利润不足以弥补的，可以逐年延续弥补；延续弥补期超过法定税前弥补期限的，可以用缴纳所得税后的利润弥补。

所得税费用是应计入当期损益的所得税，它是根据当期的会计利润总额按照税法的规定予以调整以后，按适用税率计算得出的，通过“所得税费用”科目进行核算。该科目的借方登记当期的所得税费用，期末转入“本年利润”

科目。

由于税法和会计制度、准则对收入和费用的确认标准不同，会计利润和应纳税所得之间会存在差异，两者之间的差异可以分为两类：暂时性差异和永久性差异。《企业会计准则第 18 号——所得税》要求企业全面采用资产负债表债务法核算资产负债表项目的暂时性差异，并确认、计量递延所得税。

在确认当期的所得税费用、递延税款和应交税费时，会计分录如下：

借：所得税费用

　　递延所得税资产（或者递延所得税负债，记入贷方）

　贷：应交税费——应交所得税

转回以前各期所确认的递延所得税资产时，会计分录如下：

借：所得税费用

　贷：递延所得税资产

转回递延所得税负债时，会计分录如下：

借：递延所得税负债

　贷：所得税费用

**六、期末利润的结转**

金融企业应于会计期末将实现的利润或亏损通过“本年利润”科目进行核算。将各项收入类科目的余额转入“本年利润”科目的贷方；将各项成本费用类科目的余额转入“本年利润”科目的借方；如果该科目的期末余额在贷方则表示盈利，在借方则表示亏损。

期末结转收入类科目时，会计分录如下：

借：利息收入

　　手续费及佣金收入

　　保费收入

　　分保费收入

　　其他业务收入

　　汇兑损益

　　公允价值变动损益

　　投资收益

　　营业外收入等

　贷：本年利润

期末结转成本和费用类科目时，会计分录如下：

借：本年利润

贷：利息支出
　　手续费及佣金支出
　　提取未到期责任准备金
　　提取保险责任准备金
　　赔付支出
　　分出保费
　　分保费用
　　其他业务成本
　　汇兑损益
　　投资损失
　　营业外支出
　　业务及管理费
　　税金及附加
　　所得税费用等

期末，将“本年利润”科目的余额转入“利润分配——未分配利润”科目，如果“本年利润”科目的余额在贷方，则会计分录如下：

借：本年利润
　贷：利润分配——未分配利润

如果是借方余额，则结转的会计分录相反。

## 第四节　金融企业利润分配的核算

利润分配是将金融企业所实现的税后利润，按照有关法规和投资协议所确认的比例，由金融企业的股东大会或类似权力机构决定当期利润分配方案。董事会或者类似权力机构向股东大会或类似权力机构提出利润分配方案，由股东大会或类似权力机构批准通过后实施。在股东大会或类似权力机构召开会议前，应按照董事会或类似权力机构提请表决的分配方案列入报告年度的利润分配表，如果最终通过的方案与提请表决的分配方案不一致，其差额应调整报告年度会计报表有关项目的年初数。

### 一、利润分配的顺序和原则

金融企业本年实现净利润（减弥补亏损，下同），应当按照提取法定盈余公积金、提取一般风险准备金、向投资者分配利润的顺序进行分配。

法定盈余公积金按照本年实现净利润的10%提取，法定盈余公积金累计达到注册资本的50%时，可不再提取。

金融企业还应当于每年年终根据承担风险和损失的资产余额的一定比例提取一般风险准备金，用于弥补尚未识别的可能性损失。

以前年度未分配的利润，并入本年实现净利润向投资者分配。按照《金融企业财务规则》的规定，金融企业应当按照以下顺序向投资者分配利润：

（1）支付优先股股利；

（2）提取任意盈余公积金；

（3）支付普通股股利；

（4）转作资本（股本）。

资本充足率、偿付能力充足率、净资本负债率未达到有关法律、行政法规规定标准的，不得向投资者分配利润。

任意盈余公积金按照公司章程或者股东（大）会决议提取和使用。

经股东（大）会决议，金融企业可以用法定盈余公积金和任意盈余公积金弥补亏损或者转增资本。法定盈余公积金转为资本时，所留存的该项公积金不得少于转增前金融企业注册资本的25%。

## 二、利润分配的核算

金融企业在期末将“本年利润”科目的余额转入“利润分配——未分配利润”科目，按照规定的顺序分配利润。

### （一）提取盈余公积

从税后利润中提取盈余公积时的会计分录如下：

借：利润分配——提取法定盈余公积
　　　　　　——提取任意盈余公积
　贷：盈余公积——法定盈余公积
　　　　　　　——任意盈余公积

### （二）提取一般风险准备金

按规定，从事存贷款业务的金融企业应于每年年度终了，根据承担风险和损失的资产余额的一定比例提取一般风险准备金，用于弥补尚未识别的可能性损失。一般风险准备金的计提比例由金融企业根据其承担的风险状况等因素确定，原则上一般风险准备金余额不低于风险期末余额的1%。

在会计上设置“一般风险准备”科目，为总行或总部专用科目。用于核算本机构按规定从当年净利润中提取的一般风险准备金。本科目属所有者权益类，余额应反映在贷方。

金融企业提取一般风险准备金作为利润分配处理，同时一般风险准备金计入所有者权益。会计分录如下：

借：利润分配——提取一般风险准备金

　　贷：一般风险准备

（三）向投资者分配利润

金融企业按照董事会或其他权力机构制定的利润分配方案向投资者分配利润时的会计分录如下：

借：利润分配——应付利润（或应付股利）

　　贷：应付利润（或应付股利）

最后，将当期的利润分配转入“未分配利润”科目，会计分录如下：

借：利润分配——未分配利润

　　贷：利润分配——提取法定盈余公积

　　　　　　　　——提取任意盈余公积

　　　　　　　　——提取一般风险准备金

　　　　　　　　——应付利润（或应付股利）

如果“未分配利润”科目有贷方余额，即为当期的未分配利润，留待以后年度进行利润分配。

**本章小结**

作为经营货币资金的金融企业与其他企业一样，需要独立核算、自负盈亏、自担风险，利润最大化是其经营业务的重要目标。金融企业的利润是金融企业各项收入减去各项支出和税金后的余额。它是金融业务经营的财务成果。各项收入包括营业收入、金融机构往来收入、营业外收入。各项支出包括营业支出、金融机构往来支出、业务及管理费用以及营业外支出等。

从收入的内容看，金融企业的贷款利息收入是最主要的收入，其次是金融企业往来收入及中间业务收入。按照权责发生制原则，金融企业应当按期反映并确认当期实现的各项收入，应当收到但尚未收到的作为应收处理。从成本费用的构成来看，金融企业的主要支出为吸收存款的利息支出。按照权责发生制原则，金融企业应当按期地反映其各项成本费用，应当付出但尚未支付的作为应付处理。

金融企业的利润是其各项收入减成本费用后的净额。金融企业为了实现利润，一方面需要扩大收入的来源渠道，同时也要不断地降低成本费用。

**综合训练**

1．单项选择题

（1）设分支机构的全国性商业银行，其最低的实收资本金为（　　）。

A．5亿元　　　　　　　　B．10亿元

C.20亿元　　　　　　　　　　　　D.50亿元

(2) 某股份制商业银行按法定程序以资本公积转增本金，会计分录的贷方为（　　）。

A.资本公积　　　　　　　　　　　B.实收资本

C.股本　　　　　　　　　　　　　D.盈余公积

(3) 下列属于金融企业营业收入的是（　　）。

A.委托贷款业务中向借款企业收取的利息

B.固定资产处置形成的收益

C.接受政府的补贴

D.手续费收入

(4) 商业银行与非银行金融机构之间由于资金拆借而发生的利息收入，核算时使用的科目是（　　）。

A.利息收入　　　　　　　　　　　B.金融企业往来收入

C.其他业务收入　　　　　　　　　D.应收利息

(5) 下列属于金融企业成本费用的是（　　）。

A.捐赠支出　　　　　　　　　　　B.支付的滞纳金

C.汇兑损失　　　　　　　　　　　D.固定资产盘亏

(6) 小规模纳税人的年应征增值税的销售额不超过（　　）。

A.50万元　　　　　　　　　　　　B.100万元

C.500万元　　　　　　　　　　　 D.1 000万元

(7) 下列属于金融企业营业外收入的是（　　）。

A.出纳长款收入　　　　　　　　　B.手续费及佣金收入

C.买入返售证券收入　　　　　　　D.保费收入

(8) 金融企业向投资者分配利润时，应当首先（　　）。

A.支付优先股股利　　　　　　　　B.提取任意盈余公积金

C.支付普通股股利　　　　　　　　D.转作资本（股本）

第十二章即测即评

2.复习思考题

(1) 阐述金融企业收入确认的基本原则。

（2）阐述金融企业成本费用的核算原则。

（3）金融企业收入包括哪些内容？其账务处理手续如何操作？

（4）金融企业支出包括哪些内容？其账务处理手续如何操作？

（5）金融企业利润由哪几部分组成？

# 第十三章

## 金融企业财务会计报告

**本章导读**

金融企业和其他企业一样需要按期对外提供会计报告。财务报告作为金融企业与外部沟通的桥梁，有着重要的意义。财务报告不仅能反映金融企业的财务状况、经营成果和现金流量等信息，也是投资者评估企业价值、判断投资风险的重要依据。真实、准确及时地提供财务报告既是法律法规的要求，也是企业经营透明度和管理水平的重要体现。金融企业财务会计报告的核心是财务报表，包括资产负债表、利润表、所有者权益（或股东权益）变动表、现金流量表和附注。本章主要介绍财务会计报告（包括资产负债表、利润表、现金流量表以及所有者权益变动表）的编制，以及会计报表附注的内容。

**基本概念**

资产负债表　利润表　现金流量表　所有者权益变动表　会计报表附注

## 第一节　财务会计报告概述

金融企业需要按照规定定期对外报告经营成果、财务状况和现金流量信息，为外部信息的使用者提供决策所需要的信息。财务会计报告的核心是财务报表，包括资产负债表、利润表、所有者权益（或股东权益）变动表、现金流量表和附注。财务报表是会计核算的最终成果，也是金融企业对外提供信息的主要手段。

### 一、财务会计报告的含义

财务会计报告是指企业对外提供的反映企业某一特定日期财务状况和某一会计期间经营成果、现金流量等会计信息的文件。

金融企业必须定期编制财务会计报告，金融企业的财务会计报告是根据日常会计核算资料，按照一定的格式和内容要求定期编制，总括反映经营成果、财务状况和现金流量状况的文件，是金融企业对外传递信息的主要手段，也是投资者、政府管理当局和其他利益相关人员进行决策的重要信息来源。

## 二、财务会计报告体系

财务会计报告按照编制时间可以分为年度、半年度、季度和月度财务会计报告。除年度报告以外，半年度、季度和月度报告统称为中期财务会计报告。年度财务会计报告的会计期间是指公历每年的1月1日至12月31日；半年度会计报告的会计期间是指公历每年的1月1日至6月30日或7月1日至12月31日；季度会计报告的会计期间是指公历每一季度，即公历每年的1月1日至3月31日、4月1日至6月30日、7月1日至9月30日、10月1日至12月31日；月度财务会计报告的会计期间是指公历每月1日至该月最后一日。年度、半年度财务会计报告应当包括财务报表、财务报表附注、财务情况说明书，而季度和月度报告则相对简单，一般只包括财务报表。我国已上市金融企业的年度报告必须经过会计师事务所的审计，而中期报告则无此强制性要求。财务情况说明书至少应当对下列情况做出说明：企业生产经营的基本情况；利润实现和分配情况；资金增减和周转情况；对企业财务状况、经营成果和现金流量有重大影响的其他事项。

## 三、财务会计报告的编制要求

财务会计报告作为对外提供信息的主要工具，为了保证提供信息的真实可靠，金融企业在编制财务会计报告时必须遵循以下要求：

### （一）财务会计报告必须真实完整

真实性是一项基本的会计原则，金融企业的财务会计报告必须坚持真实性原则。为了保证财务报告的真实性，在编制财务报告之前，要认真核对账簿、表册和财产物资，保证账账、账实、账表、账据、账款和内外账相符。同时，财务会计报告必须完整，不得遗漏对报告使用人决策有重大影响的会计信息。金融企业的财务会计报告包括财务报表、财务报表附注、财务情况说明书，必须按照规定编制，对决策有重大影响的信息，无法用数字反映的必须在财务报表附注中说明。

### （二）编制口径必须一致

可比性是会计核算的一项基本原则，为了保证会计信息具有可比性，金融企业的会计报告应当按照国家统一的会计准则规定的编制基础、依据、原则和方法编制。

### （三）及时编制财务会计报告

及时性是会计信息有用性的基本要求，再有用的信息如果不能及时提供，也就失去了其应有的价值。月度财务报告应当在月度终了6天内提供；季度财务报告应当在季度终了15天内提供；半年度财务报告应当在年度中期结束后60天内提供；而年度财务报告应当于年度终了后4个月内提供。

# 第二节 资产负债表

财务报表是金融企业财务会计报告的核心，它通过有固定格式的表格文件向会计信息的使用者提供所需的信息。金融企业必须向外提供的财务报表包括资产负债表、利润表、现金流量表、所有者权益（或股东权益）变动表和附注。

## 一、资产负债表概述

资产负债表是反映金融企业在某一特定日期的资产、负债和所有者权益状况的财务报表。

### （一）资产负债表的性质和作用

资产负债表是根据“资产=负债+所有者权益”的基本会计等式，按照一定的编制要求编制而成的反映金融企业资产、负债、所有者权益财务状况的会计报表。资产，是指过去的交易、事项形成并由企业拥有或者控制的资源，该资源预期会给企业带来经济利益。负债，是指过去的交易、事项形成的现时义务，履行该义务预期会导致经济利益流出企业。所有者权益，是指所有者在企业资产中享有的经济利益，其金额为资产减去负债后的余额。

通过资产负债表，有关方面可以了解金融企业资产、负债、所有者权益的构成及其合理性；了解金融企业资产、负债的流动性；了解财务弹性，即金融企业应对意外情况如意外灾害、意外机会等的能力。

### （二）资产负债表的内容及格式

资产负债表的格式按照报表项目的排列方式不同，可以分为报告式与账户式两种。

报告式资产负债表，又称为垂直式资产负债表，按照“资产-负债=所有者权益”的等式垂直排列，先列示资产，然后是负债，最后是所有者权益。账户式资产负债表又称为水平式资产负债表，按照“资产=负债+所有者权益”等式分左右双方排列，左边列示资产，右边列示负债和所有者权益。我国商业银行资产负债表采用账户式，具体格式内容见表13-1。

在资产负债表上，资产应当按照其流动性分类分项列示，包括流动资产、固定资产、无形资产及其他资产等。金融企业的各项资产有特殊性的，按照其性质分类分项列示。

表13-1　**资产负债表**　会商银01表

编制单位：　年　月　日　单位：元

| 资产 | 期末余额 | 年初余额 | 负债及所有者权益 | 期末余额 | 年初余额 |
|---|---|---|---|---|---|
| 现金及存放中央银行款项 | | | 负债 | | |
| 存放同业款项 | | | 向中央银行借款 | | |
| 贵金属 | | | 同业及其他金融机构存放款项 | | |
| 拆出资金 | | | 拆入资金 | | |
| 衍生金融资产 | | | 以公允价值计量且其变动计入当期损益的金融负债 | | |
| 买入返售金融资产 | | | 衍生金融负债 | | |
| 应收利息 | | | 卖出回购金融资产款 | | |
| 发放贷款和垫款 | | | 吸收存款 | | |
| 金融投资——以公允价值计量且其变动计入当期损益的金融投资 | | | 应付职工薪酬 | | |
| 金融投资——以公允价值计量且其变动计入其他综合收益的金融投资 | | | 应交税费 | | |
| 金融投资——以摊余成本计量的金融投资 | | | 应付利息 | | |
| 长期股权投资 | | | 预计负债 | | |
| 投资性房地产 | | | 应付债券 | | |
| 固定资产 | | | 递延所得税负债 | | |
| 在建工程 | | | 其他负债 | | |
| 无形资产 | | | 负债合计 | | |
| 递延所得税资产 | | | 所有者权益（或股东权益） | | |
| 其他资产 | | | 实收资本（或股本） | | |
| | | | 资本公积 | | |
| | | | 减：库存股 | | |
| | | | 盈余公积 | | |
| | | | 一般风险准备 | | |
| | | | 未分配利润 | | |
| | | | 所有者权益（或股东权益）合计 | | |
| 资产总计 | | | 负债及所有者权益总计 | | |

在资产负债表上，负债应当按照其流动性分类分项列示，包括流动负债、非流动负债等。金融企业的各项负债有特殊性的，按照其性质分类分项列示。

在资产负债表上，所有者权益应当按照实收资本（或者股本）、资本公积、盈余公积、未分配利润等项目分项列示。

**二、资产负债表的编制**

1.资产负债表“年初余额”填列方法

资产负债表“年初余额”栏内各项数字，应根据上年末资产负债表“期末余额”栏内所列数字填列。如果本年度资产负债表规定的各个项目的名称和内容同上年度不相一致，应对上年年末资产负债表各项目的名称和数字按照本年度的规定进行调整，填入资产负债表“年初余额”栏内。

2.资产负债表各项目的内容和期末余额填列方法（以商业银行为例）

（1）“现金及存放中央银行款项”项目，反映商业银行库存现金和存放在中央银行的往来款项及各项准备金存款。本项目根据“库存现金”、“银行存款”、“存放中央银行准备金”和“存放中央银行财政性存款”科目的期末余额合计填列。

（2）“存放同业款项”项目，反映商业银行与同业之间资金往来业务而存放于境内、境外银行和非银行金融机构的资金。本项目应根据“存放同业”科目的期末余额和“法定存款准备金”的借方余额填列。

（3）“贵金属”项目，反映商业银行在国家允许的范围内买入的黄金、白银等贵重金属。本项目应根据“贵金属”科目的期末余额填列，反映的是“贵金属”的成本或者市价（成本与市价孰低法计价）。

（4）“拆出资金”项目，反映商业银行与其他商业银行之间进行的资金拆借减去“贷款损失准备”所属明细科目后的余额，反映银行拆借给境内外其他金融机构的款项。本项目根据“拆放同业”、“拆放金融性公司”和“同业透支”等科目的期末余额填列。

（5）“衍生金融资产”项目，反映衍生工具、套期工具、被套期项目中属于衍生金融资产的部分，应根据“衍生工具”、“套期工具”及“被套期项目”等科目的借方余额计算填列，如果衍生金融工具科目的余额在贷方，则填入“衍生金融负债”项目。

（6）“买入返售金融资产”项目，根据“买入返售金融资产”科目的期末余额填列，反映商业银行与交易对手签订返售协议先买入再按照固定价格返售的票据、证券和贷款等金融资产的摊余成本，如果提取了坏账准备，还应该减去“坏账准备”科目所属相关明细科目的期末余额。

（7）“应收利息”项目，根据“应收利息”科目的余额填列，反映商业银行所持有的交易性金融资产、债权投资、其他债权投资、其他权益工具投资、发放贷款、存入中央银行款项、拆出资金、买入返售金融资产应收取而尚未收到的利息。

（8）“发放贷款和垫款”项目，反映商业银行发放的各类贷款和信用证、银行承兑汇票业务而垫付的款项减去“贷款损失准备”所属明细科目后的余额。本项目应根据“贴现”、“短期贷款”、“单位短期透支”、“国际贸易融资”、“短期个人消费贷款”、“银行卡透支”、“垫款”、“中长期贷款”、“中长期房地产贷款”、“个人住房贷款”“中长期个人消费贷款”、“质押贷款”、“应收进出口押汇”、“贷款损失准备”、“开出信用证”及“逾期贷款”等科目余额计算填列。

（9）“以公允价值计量且其变动计入当期损益的金融投资”项目，根据商业银行的“交易性金融资产”科目的余额填列，反映商业银行为短期获利目的而持有的债券投资、股票投资、基金投资等交易性金融资产的公允价值。

（10）“以公允价值计量且其变动计入其他综合收益的金融投资”项目，反映商业银行持有的既以收取合同现金流量为目标又以出售该金融资产为目标的金融资产，根据“其他债权投资”及“其他权益工具投资”科目的余额计算填列。

（11）“以摊余成本计量的金融投资”项目，反映商业银行持有的旨在通过金融资产存续期内收取合同付款来实现现金流量，而不是通过持有并出售金融资产产生回报的资产，期末根据“债权投资”科目余额减去“债权投资减值准备”科目的余额计算填列。

（12）“长期股权投资”项目，反映商业银行持有的按照成本法和权益法核算的长期股权投资，应根据“长期股权投资”科目的余额减去“长期股权投资减值准备”科目的余额计算填列。

（13）“固定资产”项目，根据“固定资产”科目的余额减去“累计折旧”科目的余额计算填列，反映商业银行所有自用的各种固定资产，包括使用的、未使用的固定资产的净值。如果固定资产发生减值，还要减去“固定资产减值准备”科目的余额。

（14）“在建工程”项目，反映尚未完工的在建工程。本项目根据“在建工程”科目余额减去“在建工程减值准备”后的金额填列，“在建工程”科目的期末余额反映商业银行期末各项未完工程的实际支出和尚未使用的工程物资的实际成本。

（15）“无形资产”项目，反映商业银行各项无形资产的原价扣除摊销后的净额。本项目应根据“无形资产”科目的期末余额减去“无形资产减值准备”科目的余额计算填列。

（16）“递延所得税资产”项目，反映商业银行按照资产负债表债务法确认的可抵扣暂时性差异产生的所得税资产，根据“递延所得税资产”科目的余额填列。

（17）“其他资产”项目，反映商业银行除以上资产以外的存出保证金、应收股利、其他应收款等资产减去相应的减值准备。本项目应根据有关科目的期末余额填列。

（18）“向中央银行借款”项目，反映商业银行尚未归还的中央银行借款余额，根据“向中央银行借款”科目的余额填列。

（19）“同业及其他金融机构存放款项”项目，反映商业银行吸收的同业和其他金融机构的存款的余额，根据“同业存款”“同业定期存款”“法定存款准备金”的贷方余额和“联行存放款项”等科目余额填列。

（20）“拆入资金”项目，反映商业银行为了弥补头寸的不足而从境内外金融机构拆入的资金余额。本项目应根据“同业拆入”和“金融性公司拆入”或“拆入资金”科目的期末余额填列。

（21）“以公允价值计量且其变动计入当期损益的金融负债”项目，反映商业银行承担的交易性金融负债的公允价值，直接根据“交易性金融负债”科目的余额填列。

（22）“衍生金融负债”项目，根据“衍生金融工具”科目的贷方余额填列，如果衍生金融工具科目的余额在借方，则填入“衍生金融资产”项目。

（23）“卖出回购金融资产款”项目，反映商业银行与其他企业按合同或协议，卖给企业一批金融资产，到一定日期后，再买回该批资产。卖出金融资产时收到的款项在本项目反映，本项目应根据“卖出回购金融资产款”科目的期末余额填列。

（24）“吸收存款”项目，反映商业银行吸收的各类存款的余额，包括吸收的单位存款、居民储蓄存款和财政性存款，期末根据“单位活期存款”、“单位定期存款”、“活期储蓄存款”、“银行卡存款”、“定期储蓄存款”和“财政性存款”科目的有关明细科目的期末余额计算填列。

（25）“应付职工薪酬”项目，反映商业银行应支付给职工的各种薪酬，包括工资、福利、补贴、解除劳动关系的补偿和以现金结算的股份支付，根据“应付职工薪酬”科目的余额填列。

（26）“应交税费”项目，反映商业银行根据税法的规定计算应缴纳的各种税费，包括增值税、所得税、土地增值税、城市维护建设税、房产税、城镇土地使用税、教育费附加和车船税等。本项目应根据“应交税费”科目余额填列。

（27）“应付利息”项目，反映商业银行按照合同约定应支付的利息，包括吸收存款、分期付息到期还本的长期借款和金融债券的利息，直接根据“应付利息”科目余额填列。

（28）“应付债券”项目，反映商业银行发行在外的债券余额，包括长期债券和短期债券，根据“应付债券”以及商业银行为弥补资本不足而发行的“长期次级债券”科目余额直接填列。

（29）“递延所得税负债”项目，反映商业银行确认的应纳税暂时性差异产生的所得税负债，根据“递延所得税负债”科目余额填列。

（30）“其他负债”项目，根据“本票”、“外汇买卖”（轧差后贷方余额）、“应解汇款”、“汇出汇款”等科目的余额计算填列。

（31）“实收资本（或股本）”项目，反映商业银行实际收到的资本（或股本）总额。本项目应根据“实收资本”科目及各明细科目的期末余额分析填列。

（32）“资本公积”项目和“盈余公积”项目，分别反映商业银行的资本公积和盈余公积的期末余额。本项目根据“资本公积”科目和“盈余公积”科目的期末余额填列。

（33）“库存股”项目，反映商业银行为减少注册资本激励高级管理人员和与其他企业合并而回购尚未注销的本公司股份，根据“库存股”科目的借方余额填列。

（34）“一般风险准备”项目，反映商业银行根据金融监管规定提取的一般准备金的余额，其作用是为了弥补尚未识别的风险，根据“贷款损失准备——一般准备金”科目的余额分析填列。

（35）“未分配利润”项目，反映商业银行盈利尚未分配的部分。本项目根据“本年利润”科目和“利润分配”科目的余额计算填列。未弥补的亏损应在本项目内用“-”号表示。

## 第三节　利润表和所有者权益变动表

利润表是反映会计主体在某一时期经营结果的财务报表，即会计主体经营成果的财务报表。所有者权益变动表是反映会计主体当期所有者权益变动及其影响因素的财务报表。

### 一、利润表的内容及格式

利润表通过将本期的收入与相应的成本与费用配比来核算当期的经营成果，我国企业会计制度规定利润表的结构为多步式利润表，主要分为以下几个部分：第一部分反映主要经营业务的构成情况，包括利息净收入、手续费及佣金净收入、投资收益、公允价值变动损益、汇兑收益和其他业务收入等；第二部分是营业支出，反映金融企业开展业务的成本和费用支出，包括税金及附加、业务及管理费、资产减值损失和其他业务成本；第三部分是营业外收支；第四和第五部分是利润总额和净利润。我国商业银行利润表格式见表13-2。

表13-2　**利润表**　会商银02表

编制单位：　年　月　单位：元

| 项目 | 本期金额 | 上期金额 |
|---|---|---|
| 一、营业收入 | | |
| 利息净收入 | | |
| 利息收入 | | |
| 利息支出 | | |
| 手续费及佣金净收入 | | |
| 手续费及佣金收入 | | |
| 手续费及佣金支出 | | |
| 投资收益（损失以“-”号填列） | | |
| 其中：对联营企业和合营企业的投资收益 | | |
| 公允价值变动损益（损失以“-”号填列） | | |
| 汇兑收益（损失以“-”号填列） | | |
| 其他业务收入 | | |

续表

| 项目 | 本期金额 | 上期金额 |
|---|---|---|
| 二、营业支出 | | |
| 税金及附加 | | |
| 业务及管理费 | | |
| 资产减值损失 | | |
| 其他业务成本 | | |
| 三、营业利润（亏损以“-”号填列） | | |
| 加：营业外收入 | | |
| 减：营业外支出 | | |
| 四、利润总额（亏损总额以“-”号填列） | | |
| 减：所得税费用 | | |
| 五、净利润（净亏损以“-”号填列） | | |
| 六、每股收益 | | |
| （一）基本每股收益 | | |
| （二）稀释每股收益 | | |

## 二、利润表的编制

（一）利润表反映金融企业本期利润（亏损）的实现情况

编制利润表是为了向外部的使用者提供金融企业经营成果的信息，利润表同时也是金融企业管理者和监管机构考核金融企业利润（亏损）计划的执行结果、分析盈亏增减变化原因的工具。

（二）利润表各项目均需填列“本期金额”和“上期金额”两栏

“本期金额”栏反映各项目本期实际发生数，“上期金额”栏反映上年同期实际发生数，如果上年度利润表与本年度利润表的项目名称和内容不相一致，应对上年度报表项目的名称和数字按本年度的规定进行调整，填入本年度利润表“上期金额”栏。

（三）利润表各项目的内容和填列方法（以商业银行为例）

(1)“营业收入”项目，反映商业银行取得经营业务各种收入的总额。本项目根据“利息净收入”、“手续费及佣金净收入”、“投资收益”、“公允价值变动损益”、“汇兑收益”及“其他营业收入”等项目汇总计算填列。

（2）“利息收入”项目，反映商业银行取得的利息收入，包括发放的各类贷款（银团贷款、贸易融资、贴现和转贴现融出资金、协议透支、信用卡透支、转贷款、垫款等）、与其他金融机构（中央银行、同业等）之间发生资金往来业务、买入返售金融资产和债券投资等实现的利息收入等。本项目应根据“利息收入”“金融企业往来收入”等科目期末结转利润科目的数额填列。

（3）“利息支出”项目，反映商业银行各项借款和吸收存款的利息支出，包括吸收的各种存款（单位存款、个人存款、信用卡存款、特种存款、转贷款资金等）、与其他金融机构（中央银行、同业等）之间发生资金往来业务、卖出回购金融资产和发行债券等产生的利息支出。本项目根据“利息支出”“金融企业往来支出”等科目期末结转利润科目的数额填列。“利息收入”与“利息支出”的差额填入“利息净收入”项目。

（4）“手续费及佣金收入”项目，反映商业银行办理包括结算业务、咨询业务、担保业务、代保管等代理业务以及办理受托贷款及投资业务等取得的手续费及佣金，如结算手续费收入、佣金收入、业务代办手续费收入、基金托管收入、咨询服务收入、担保收入、受托贷款手续费收入、代保管收入，代理买卖证券、代理承销证券、代理兑付证券、代理保管证券、代理保险业务等代理业务以及其他相关服务实现的手续费及佣金收入等。本项目根据“手续费收入”和“佣金收入”科目期末结转利润科目的数额填列。

（5）“手续费及佣金支出”项目，反映商业银行委托其他企业代办业务而支付的手续费、佣金等支出。本项目根据“手续费支出”和“佣金支出”科目期末结转利润科目的数额填列。“手续费及佣金收入”和“手续费及佣金支出”项目的差额填入“手续费及佣金净收入”项目。

（6）“投资收益”项目，反映商业银行对外投资，按合同或协议规定分回的投资利润、股利收入、债券投资的债息收入等。本项目应根据“投资收益”科目期末结转利润科目的数额填列，如为损失，则以“-”号列示。

（7）“公允价值变动损益”项目，反映商业银行所持有交易性金融资产、交易性金融负债，以及采用公允价值模式计量的投资性房地产、衍生工具、套期保值业务等公允价值变动形成的应计入当期损益的利得或损失。商业银行指定为以公允价值计量且其变动计入当期损益的金融资产或金融负债公允价值变动形成的应计入当期损益的利得或损失，也在本项目反映。“公允价值变动损益”项目根据公允价值变动损益余额填列。

（8）“汇兑收益”项目，反映商业银行进行外汇买卖或外币兑换等业务而发生的汇兑收益。本项目应根据“汇兑收益”科目期末结转利润科目的数额填列，损失以“-”号填列。

（9）“其他业务收入”项目，反映商业银行的其他营业收入，如买入返售证券的差价收入、咨询服务收入、证券销售差价收入、证券发行差价收入等。本项目根据“买入返售证券的差价收入”、“证券销售差价收入”、“证券发行差价收入”科目期末结转利润科目的数额填列。

（10）“营业支出”项目，反映商业银行各项营业支出的总额。本项目根据“利息支出”、“商业银行往来支出”、“手续费支出”、“销售费用”、“汇兑损失”、“其他营业成本”、“汇兑收益”及“投资收益”等项目汇总计算填列。

（11）“税金及附加”项目，反映商业银行按规定缴纳应由经营收入负担的各种税金及附加税费。本项目应根据“税金及附加”科目期末结转利润科目的数额填列。

（12）“业务及管理费”项目，反映商业银行为经营业务而发生的各种业务费用、管理费用以及其他有关的销售费用。本项目根据“销售费用”科目期末结转利润科目的数额填列。

（13）“资产减值损失”项目，反映商业银行计入损益的资产减值准备，不包括以公允价值计量且其变动计入其他综合收益的金融投资所提取的资产减值准备。新准则对商业银行应收款项、抵债物资、在建工程、采用成本计量的投资性房地产、长期股权投资、以摊余成本计量的金融投资、固定资产、无形资产、贷款等资产发生的减值都在本项目反映，而金融企业会计制度则根据不同的资产减值分别计入不同的项目，目的是便于使用者了解当期资产减值对损益的影响。

（14）“其他业务成本”项目，反映商业银行确认的除主营业务活动以外的其他经营活动所发生的支出，如卖出回购证券的差价支出等。本项目根据“其他业务成本”科目期末结转利润科目的数额填列。

（15）“营业利润”项目，反映商业银行当期的经营利润，发生经营亏损也在本项目反映，用“-”号表示。本项目应根据“营业收入”项目抵减“营业支出”项目后填列。

（16）“营业外收入”项目反映商业银行发生的各项营业外收入，主要包括非流动资产处置利得、非货币性资产交换利得、债务重组利得、与收益相关的政府补助、盘盈利得、接受捐赠利得等。

（17）“营业外支出”项目，反映商业银行发生的各项营业外支出，包括非流动资产处置损失、非货币性资产交换损失、债务重组损失、公益性捐赠支出、非常损失、盘亏损失等。“营业外收入”和“营业外支出”两个项目应严格区分营业和非营业的界限，不应将营业收入和支出列入营业外收入和支出。这两个项目根据“营业外收入”和“营业外支出”科目期末结转利润科目的数额填列。营业外收支各明细项目，还应在利润表补充资料内详细列示。

（18）“利润总额”项目，反映商业银行当期实现的全部利润（或亏损）总额，如为亏损，则以“-”号在本项目内填列。本项目应根据“营业利润”项目加上“营业外收入”项目减去“营业外支出”项目计算填列。

（19）“所得税费用”项目，反映商业银行根据所得税准则确认的应从当期利润总额中扣除的所得税费用。本项目应根据“所得税费用”科目填列。

（20）“净利润”项目，反映商业银行的税后利润。本项目应根据“利润总额”项目减去“所得税费用”项目计算填列。

（21）“每股收益”项目，包括“基本每股收益”和“稀释每股收益”，发行普通股的股份制商业银行应计算本项目。应当按照归属于普通股股东的当期净利润，除以发行在外普通股加权平均数计算基本每股收益。

## 三、所有者权益变动表的编制

### （一）所有者权益变动表的内容和结构

所有者权益变动表是综合反映构成所有者权益各组成部分当期增减变动情况的报表，包括会计政策变更和前期会计差错更正对期初余额的影响、当期损益对所有者权益的影响、直接计入权益的利得和损失对所有者权益的影响、所有者当期投入和减少资本的影响以及利润分配对所有者权益的影响，同时反映所有者权益内部结构的变化，具体结构见表13-3。

### （二）所有者权益变动表的编制方法（以商业银行为例）

1.“上年年末余额”项目

本表“上年年末余额”项目，反映商业银行上年资产负债表中股本（实收资本）、资本公积、盈余公积、未分配利润的年末余额。

“会计政策变更”和“前期差错更正”项目分别反映商业银行采用追溯调整法处理的会计政策变更的累积影响金额和采用追溯调整法处理的会计差错更正的累积影响金额。

表13-3　　**所有者权益变动表**　　会商银03表

编制单位：　　年　　单位：万元

| 项目 | 股本 | 其他权益工具 | 资本公积 | 其他综合收益 | 盈余公积 | 一般风险准备 | 未分配利润 |
|---|---|---|---|---|---|---|---|
| 一、上年年末余额 | | | | | | | |
| 加：会计政策变更 | | | | | | | |
| 前期差错更正 | | | | | | | |
| 二、本年年初余额 | | | | | | | |
| 三、本年增减变动金额（减少以“-”号填列） | | | | | | | |
| （一）净利润 | | | | | | | |
| （二）其他综合收益 | | | | | | | |
| 综合收益总额 | | | | | | | |
| 上述（一）和（二）小计 | | | | | | | |
| （三）所有者投入和减少资本 | | | | | | | |
| 1.所有者投入的普通股 | | | | | | | |
| 2.其他权益工具持有者投入资本 | | | | | | | |
| 3.股份支付计入所有者权益的金额 | | | | | | | |
| （四）利润分配 | | | | | | | |
| 1.提取盈余公积 | | | | | | | |
| 2.提取一般风险准备 | | | | | | | |
| 3.对所有者（或股东）的分配 | | | | | | | |
| 4.其他 | | | | | | | |
| 四、本年年末余额 | | | | | | | |

2.“本年年初余额”项目

为了反映会计政策变更和会计差错更正的影响，商业银行应当在上期期末所有者权益余额的基础上进行调整得到本期期初的所有者权益，根据“盈余公积”“利润分配”“以前年度损益调整”等科目的发生额分析填列。

3.“本年增减变动金额”项目

（1）“净利润”项目，反映商业银行当年实现的净利润（或亏损）金额，对应填在“未分配利润”一栏。本项目的数字应与利润表上“净利润”项目的“本期金额”一致。

（2）“其他综合收益”项目，指企业根据其他会计准则规定未在当期损益中确认的各项利得和损失。

（3）“所有者投入和减少资本”项目反映所有者当年投入和（或）减少的资本，其中：

①“所有者投入的普通股”项目，反映所有者投资所形成的股本和股本溢价，并对应填在“股本”（或者“实收资本”）和“资本公积”栏。

②“股份支付计入所有者权益的金额”，反映商业银行处于等待期内的权益结算的股份支付当年计入资本公积的金额，并对应填在“资本公积”栏。

4.“利润分配”项目

“利润分配”项目下的各项目反映商业银行当期对股东（投资者）分配的股利（利润）和按照规定提取的盈余公积金额，并对应填在“未分配利润”和“盈余公积”栏。其中：

（1）“提取盈余公积”项目，反映企业提取的盈余公积，对应填在“盈余公积”栏。

（2）“提取一般风险准备”项目，反映企业当期提取的一般风险准备金，对应填在“一般风险准备”栏。

（3）“对所有者（或股东）的分配”项目，反映企业应付给所有者（或股东）的利润，对应填在“未分配利润”栏。

## 第四节　现金流量表

现金流量表是反映金融企业在一定的会计期间内的经营活动、投资活动和筹资活动所产生的现金流入和流出情况的报表。利润表是建立在权责发生制基础上，不能反映金融企业的现金流量状况，而现金流量表是严格建立在收付实现制基础上来反映现金和现金等价物的变动情况，可以为投资者预测金融企业未来现金流量提供必要的信息。

现金是指库存现金和随时能够用于支付的存款。现金等价物是指持有期限短、流动性强、易于转换为已知金额的现金和价值变动较小的投资。对于商业银行来说，现金和现金等价物一般包括现金和银行存款、存放境内外同业的活期和3个月内到期的款项、存放中央银行的备付金。

## 一、现金流量表的内容及格式

现金流量表要求按照不同的业务分别反映现金的流入、流出和净流量，一般分为经营业务、投资业务和筹资业务三大类业务来反映每一类业务的现金流量。

现金流量表的正表要求用直接法编制，同时要求在附表中用间接法来反映现金的变动。具体格式见表13-4。

表13-4　　**现金流量表**　　会商银04表

编制单位：　　年　月　　单位：万元

| 项目 | 本期金额 | 上期金额 |
|---|---|---|
| 一、经营活动产生的现金流量 | | |
| 客户存款和同业存放款项净增加额 | | |
| 向中央银行借款净增加额 | | |
| 向其他金融机构拆入资金净增加额 | | |
| 收取利息、手续费及佣金的现金 | | |
| 收到其他与经营活动有关的现金 | | |
| 经营活动现金流入小计 | | |
| 客户贷款及垫款净增加额 | | |
| 存放中央银行和同业款项净增加额 | | |
| 支付手续费及佣金的现金 | | |
| 支付给职工以及为职工支付的现金 | | |
| 支付的各项税费 | | |
| 支付其他与经营活动有关的现金 | | |
| 经营活动现金流出小计 | | |
| 经营活动产生的现金流量净额 | | |
| 二、投资活动产生的现金流量 | | |
| 收回投资收到的现金 | | |

续表

| 项目 | 本期金额 | 上期金额 |
| --- | --- | --- |
| 取得投资收益收到的现金 | | |
| 收到其他与投资活动有关的现金 | | |
| 投资活动现金流入小计 | | |
| 投资支付的现金 | | |
| 购建固定资产、无形资产和其他长期资产支付的现金 | | |
| 支付其他与投资活动有关的现金 | | |
| 投资活动现金流出小计 | | |
| 投资活动产生的现金流量净额 | | |
| 三、筹资活动产生的现金流量 | | |
| 吸收投资收到的现金 | | |
| 发行债券收到的现金 | | |
| 收到其他与筹资活动有关的现金 | | |
| 筹资活动现金流入小计 | | |
| 偿还债务支付的现金 | | |
| 分配股利、利润或偿付利息支付的现金 | | |
| 支付其他与筹资活动有关的现金 | | |
| 筹资活动现金流出小计 | | |
| 筹资活动产生的现金流量净额 | | |
| 四、汇率变动对现金及现金等价物的影响 | | |
| 五、现金及现金等价物净增加额 | | |
| 加：期初现金及现金等价物余额 | | |
| 六、期末现金及现金等价物余额 | | |

续表

| 项目 | 本期金额 | 上期金额 |
|---|---|---|
| 补充资料 | | |
| 一、将净利润调节为经营活动现金流量 | | |
| 净利润 | | |
| 加：资产减值准备 | | |
| 固定资产折旧 | | |
| 无形资产摊销 | | |
| 长期待摊销费用摊销 | | |
| 处置固定资产、无形资产和其他长期资产的损失（收益以“-”号填列） | | |
| 固定资产报废损失（收益以“-”号填列） | | |
| 公允价值变动损失（收益以“-”号填列） | | |
| 财务费用（收益以“-”号填列） | | |
| 投资损失（收益以“-”号填列） | | |
| 递延所得税资产减少（收益以“-”号填列） | | |
| 递延所得税负债减少（收益以“-”号填列） | | |
| 经营性应收项目的减少（收益以“-”号填列） | | |
| 经营性应付项目的减少（收益以“-”号填列） | | |
| 以减值贷款利息冲转 | | |
| 经营活动产生的现金流量净额 | | |
| 二、不涉及现金收支的重大投资和筹资活动 | | |
| 债务转为资本 | | |
| 一年内到期的可转换公司债券 | | |
| 融资租入固定资产 | | |

续表

| 项目 | 本期金额 | 上期金额 |
|---|---|---|
| 三、现金及现金等价物净变动情况 | | |
| 现金的期末余额 | | |
| 减：现金的期初余额 | | |
| 加：现金等价物的期初余额 | | |
| 减：现金等价物的期初余额 | | |
| 现金及现金等价物净增加额 | | |

## 二、现金流量表的编制方法（以商业银行为例）

### （一）经营活动产生的现金流量

（1）“客户存款和同业存放款项净增加额”项目，反映商业银行本期吸收的境内外金融机构以及非同业存放以外的各种存款的增加额。本项目可以根据“吸收存款”“同业存放”“其他金融机构存放”等科目的记录分析填列。商业银行也可以根据实际情况将本项目分解成更为详细的项目反映。

（2）“向中央银行借款净增加额”项目，反映商业银行本期向中央银行借入款项的净增加额，根据“向中央银行借款”科目记录分析填列。

（3）“向其他金融机构拆入资金净增加额”项目，反映商业银行向境内外金融机构拆入款项所取得现金减去拆借给境内外金融机构款项而支付的现金后的增加额。本项目根据“拆入资金”和“拆出资金”科目的记录分析填列。

（4）“收取利息、手续费及佣金的现金”项目，反映商业银行本期收到的利息、手续费及佣金减去支付的利息、手续费及佣金的净额。本项目可以根据“利息收入”、“手续费及佣金收入”及“应收利息”等科目的记录分析填列。

（5）“收到其他与经营活动有关的现金”项目，反映商业银行收到的其他与经营活动有关的现金。

以上（1）~（5）项合计填列入“经营活动现金流入小计”项目。

（6）“客户贷款及垫款净增加额”项目，反映商业银行本期发放的各种贷款、办理商业票据贴现、转贴现融入及融出资金等业务的净增加额。本项目可以根据“贷款”、“贴现资产”及“贴现负债”科目的记录分析填列。

（7）“存放中央银行和同业款项净增加额”项目，反映商业银行本期存放于中央银行及境内外金融机构的款项净增加额。本项目根据“存放中央银行款项”“存放同业”等科目的记录分析填列。

（8）“支付手续费及佣金的现金”项目，反映商业银行支付的利息、手续费及佣金。本项目可以根据“手续费及佣金支出”等科目的记录分析填列。

（9）“支付给职工以及为职工支付的现金”项目，反映商业银行为职工支付的各种费用，包括工资、养老金、医疗保险、失业保险以及工伤保险、解除劳动关系的补偿及其他福利费。本项目根据“库存现金”、“银行存款”及“应付职工薪酬”等科目的记录分析填列。

（10）“支付的各项税费”项目，反映商业银行按照规定支付的各种税费，包括本期发生本期支付的税费、本期支付以前各期发生的税费和预缴的税费，包括增值税、印花税、房产税、土地增值税、所得税和教育费附加等。本项目根据“银行存款”“应交税费”等科目的记录分析填列。

（11）“支付其他与经营活动有关的现金”项目，反映商业银行支付的其他与经营活动有关的现金。

以上（6）~（11）项合计填列入“经营活动现金流出小计”项目。经营活动现金流入小计与经营活动现金流出小计相减后得到经营活动的现金流量净额。

（二）投资活动产生的现金流量

（1）“收回投资收到的现金”项目，反映商业银行出售、转让或者到期收回除现金等价物以外的“债权投资”、“投资性房地产”、“固定资产”及“处置子公司及其他营业单位收到的现金净额”。银行也可以根据实际情况将本项目细分。本项目可以根据“投资性房地产”、“固定资产”、“长期股权投资”、“库存现金”及“银行存款”等科目的记录分析填列。

（2）“取得投资收益收到的现金”项目，反映商业银行因股权投资而分得的现金股利，以及因股权投资和其他投资以现金方式实际分得的利润。本项目应根据“应收股利”、“应收利息”、“投资收益”、“库存现金”及“银行存款”等科目的记录分析填列。

（3）“投资支付的现金”项目，反映商业银行因对外投资而支付的现金，根据“长期股权投资”“库存现金”“银行存款”等科目的记录分析填列。

（4）“购建固定资产、无形资产和其他长期资产支付的现金”项目，反映商业银行购买建造固定资产、取得无形资产和其他长期资产而支付的现金及税款，根据“固定资产”“在建工程”“无形资产”“库存现金”“银行存款”等科目的记录分析填列。

（三）筹资活动产生的现金流量

（1）“吸收投资收到的现金”项目，反映商业银行以发行股票方式筹集资金实际收到的款项净额，其中发行过程中由银行直接支付的审计费用、咨询费用等直接费用在收到的款项中扣除，根据“实收资本（或股本）”、“资本公积”、“无形资产”、“库存现金”及“银行存款”等科目记录分析填列。

（2）“发行债券收到的现金”项目，反映商业银行以发行债券方式筹集资金实际收到的款项净额，其中发行过程中由银行直接支付的审计费用、咨询费用等直接费用在收到的款项中扣除，根据“应付债券”、“库存现金”及“银行存款”等科目记录分析填列。

（3）“偿还债务支付的现金”项目，反映商业银行偿还长期债务本金而支付的现金，根据“应付债券”、“库存现金”及“银行存款”等科目的记录分析填列。

（4）“分配股利、利润或偿付利息支付的现金”项目，反映商业银行因分配股利、利润或偿付债券利息支付的现金，根据“应付债券”、“应付股利”、“库存现金”及“银行存款”等科目的记录分析填列。

## 第五节　会计报表附注

会计报表附注是对在资产负债表、利润表、现金流量表和所有者权益变动表等报表中列示项目的文字描述或明细资料，以及对未能在这些报表中列示项目的说明等。

### 一、附注的定义和作用

附注是会计报表的重要组成部分，是对会计报表的补充说明，它主要对会计报表不能包括的内容或披露不详尽的内容，做进一步的解释和说明，从而有助于报表的使用者理解和使用会计信息。附注相对于会计报表而言具有同等重要性。

### 二、附注应当披露的内容

附注应当披露财务报表的编制基础，相关信息应当与资产负债表、利润表、现金流量表和所有者权益变动表等报表中列示的项目相互参照。金融企业应按照规定披露附注信息。

金融企业会计报表附注一般应当按照下列顺序至少披露有关内容，具体包括：

（1）金融企业的基本情况。

（2）财务报表的编制基础。

编制基础是指基于持续经营还是非持续经营，并披露财务报表是否以持续经营为基础编制。

（3）遵循企业会计准则的声明。

金融企业应当声明编制的财务报表符合企业会计准则的要求，真实、完整地反映了企业的财务状况、经营成果和现金流量等有关信息。

（4）重要会计政策和会计估计的说明。

重要会计政策的说明，包括财务报表项目的计量基础和在运用会计政策过程中所做的重要判断等。

重要会计估计的说明，包括可能导致下一个会计期间内资产、负债账面价值重大调整的会计估计的确定依据等。

金融企业应当披露采用的重要会计政策和会计估计，并结合金融企业的具体实际披露其重要会计政策的确定依据和财务报表项目的计量基础及其会计估计所采用的关键假设和不确定因素。

（5）会计政策和会计估计变更以及差错更正的说明。

企业应当按照《企业会计准则第28号——会计政策、会计估计变更和差错更正》的规定，披露会计政策和会计估计变更以及差错更正的情况。

（6）报表重要项目的说明。

金融企业应当按照资产负债表、利润表、现金流量表、所有者权益变动表及其项目列示的顺序，对报表重要项目的说明采用文字和数字描述相结合的方式进行披露。报表重要项目的明细金额合计应当与报表项目金额相衔接。

企业应当在附注中披露费用按照性质分类的利润表补充资料，可将费用分为耗用的原材料、职工薪酬费用、折旧费用、摊销费用等。

（7）或有和承诺事项、资产负债表日后非调整事项、关联方关系及其交易等需要说明的事项。

（8）有助于财务报表使用者评价企业管理资本的目标、政策及程序的信息。

**本章小结**

金融企业的财务报告从种类上除了有会计报表，还有会计报表附注，除了有表内信息披露，也有表外信息披露。提供的财务报告不仅要满足真实可靠的信息质量要求，也要体现相关性要求，了解不同使用者或阅读者的要求，确保报告内容的针对性和可理解性。同时，财务会计报告应与企业自身的经营业务紧密结合，不仅要运用合理的分析方法对数据进行系统、完整的分析，反映差异，还应有对财务数据的业务背景、业务过程中存在的问题的揭示，这样才能发挥财务会计报告的实用性和决策支持作用。

**综合训练**

1．单项选择题

（1）必须经过会计师事务所审计的财务报告是（　　）。

A．年度财务报告　　B．半年度财务报告

C．季度财务报告　　D．月度财务报告

（2）企业提供季度财务报告应当在（　　）。

A．季度终了的6天内　　B．季度终了的15天内

C．季度结束后的6天内　　D．季度结束后的15天内

（3）资产负债表中，反映商业银行持有的旨在通过金融资产存续期内收取合同付款来实现现金流量的项目是（　　）。

A．买入返售金融资产

B．以摊余成本计量的金融投资

C．以公允价值计量且其变动计入当期损益的金融投资

D．以公允价值计量且其变动计入其他综合收益的金融投资

（4）资产负债表中，反映商业银行为了弥补头寸的不足而从境内外金融机构拆入的资金余额的项目是（　　）。

A．吸收存款　　B．衍生金融负债

C．拆入资金　　D．存放同业款项

（5）利润表中，反映商业银行对外投资，按合同或协议规定分回的投资利润、股利收入、债券投资的债息收入的项目是（　　）。

A．营业收入　　B．利息收入

C．投资收益　　D．其他业务收入

（6）现金流量表中，应结合“贴现资产”科目记录分析填列的项目是（　　）。

A．向其他金融机构拆入资金净增加额

B．收取利息、手续费及佣金的现金

C．发放贷款和垫款

D．客户贷款及垫款净增加额

（7）金融企业会计报表的附注中，披露基于持续经营还是非持续经营的内容在（　　）中反映。

A．金融企业的基本情况　　B．财务报表的编制基础

C．遵循企业会计准则的声明　　D．重要会计政策和会计估计的说明

第十三章即测即评

2. 复习思考题

（1）金融企业财务会计报告由哪些部分组成？

（2）简述资产负债表的概念和作用。如何编制资产负债表？

（3）简述利润表的基本内容。如何编制利润表？

【本书内容】

金融企业会计总论
基本核算方法
存款业务的核算
贷款业务的核算
支付结算业务的核算
外汇业务的核算
资金清算业务的核算
金融机构往来的核算
保险业务的核算
证券业务的核算
信托投资业务的核算
所有者权益、财务损益及利润的核算
金融企业财务会计报告

# 金融企业会计（第三版）

王晓枫 毕金玲 主编

ISBN 978-7-5654-5553-7

为了方便教学，本书配有电子课件，请授课教师登录东北财经大学出版社网站（www.dufep.cn）免费下载

定价：46.00元